近代天津名人丛书

近代天津名厨师

中国人民政治协商会议天津市委员会
文史资料委员会编

天津出版传媒集团

天津人民出版社

图书在版编目（CIP）数据

近代天津名厨师 / 中国人民政治协商会议天津市委员会文史资料委员会编. -- 天津：天津人民出版社，2017.9
（近代天津名人丛书）
ISBN 978-7-201-12238-0

Ⅰ.①近… Ⅱ.①中… Ⅲ.①厨师-生平事迹-天津-近代 Ⅳ.①K828.9

中国版本图书馆 CIP 数据核字(2017)第 195861 号

近代天津名厨师
JINDAITIANJINMINGCHUSHI

出　　　版	天津人民出版社	
出 版 人	黄　沛	
地　　　址	天津市和平区西康路 35 号康岳大厦	
邮政编码	300051	
邮购电话	(022)23332469	
网　　　址	http://www.tjrmcbs.com	
电子信箱	tjrmcbs@126.com	
责任编辑	岳　勇	
装帧设计	刘丰杰　卢炀炀	
印　　　刷	高教社(天津)印务有限公司	
经　　　销	新华书店	
开　　　本	880×1230 毫米　1/32	
印　　　张	9.125	
字　　　数	300 千字	
印　　　数	5500 册	
版次印次	2017 年 9 月第 1 版　2017 年 9 月第 1 次印刷	
定　　　价	34.00 元	

近代天津名人丛书编委会

目 录

总　序

　　自明朝设置天津卫以来，已有六百余年历史；但自清末至今的百余年间，天津却历经沧桑，从外辱内患到阅尽人间春色，特别是19世纪末叶至20世纪中期，天津作为京畿门户、海防重地、北方经济中心，中国近代史上很多重大事件都与之有密切关系，很多著名历史人物都在天津留下了他们的足迹。曾几何时，各路豪杰在此舞旗弄潮，各方志士在此砥砺图强。于是，军事救国者有之，实业救国有之，教育救国者有之，科学救国者有之……然而大潮之中，不免泥沙俱下，除仁人志士风云际会于津门外，也有来此淘金的、冒险的、寓居的、醉生梦死的。正是这种珍珠与鱼目的共存，构成了五彩斑斓的近代天津，天津也因此而名传天下。

　　任何一个社会的发展、进步，都离不开人的活动，天津的发展更是如此。综观百年，每个历史阶段都有各种不同的人物活跃在天津这个舞台上，从不同侧面或者推动，或者阻碍天津乃至中国历史的发展。如果把这些历史人物的活动记录下来，并将其真实地再现，人们不仅可以更多地了解这些历史人物，而且可以更全面地了解过去、了解天津。有鉴于此，1996年下半年，首先由市政协文史委办公室的汤洪、方兆麟等同志提出来编辑一套"近代天津名人丛书"的设想，我对他们的设想十分赞赏，随即提到文史资料委员会主任会议上讨论，经过谢天培、南炳文、孙维甫、乔维熊、杨大辛、田桂林诸同志的充分研究，认为这件事不仅可行，而且十分有意义，对于宣传天津、进一步提高天津的知名度很有必要。同时一致推举我任该丛书的总主编。我当时作为文史资料委员会主任，义不容辞，欣然接受。于是这个设想被正式定下来，列入工作计划。为了使这个计划更具可行性和操作性，又由我主持召开了一系列座谈会，具体研究编辑方案。参加第一次座谈的同志有张澜生、徐景星、罗澍伟、乔维熊、杨大辛等同志，大家兴趣很高，七嘴八舌一下子提出了近二十个选题。经过议论，进一步明确了编书的宗旨、编辑体例，确定了首批编辑书目；同时也制定了担任这套丛书各分册主编的原则。大家认为各分册主编应尽量由熟悉选题的各方面专家学者担任。

然而编这样一套丛书并非易事，不仅要组织人力，还要下很大力量去收集材料，更重要的是出版这套丛书要有经费，有了"经济基础"这项工作才能保证。为此，我让文史委办公室尽快起草个申请专项经费的报告，并将报告立即上报给市政协主席刘晋峰，晋峰主席很快地将此件转报市领导。市政府非常重视此事，很快批下了经费，从而使这项工作的开展有了保证。经过各方面近两年的努力，现在终于看到这套书要陆续出版了，怎能不令人欣喜！可以说，这套丛书的编辑出版是集体智慧和力量的结晶，是各方面大力支持的结果。

首批确定的6个选题，即近代天津著名的实业家、教育家、收藏家、寓公、买办和京剧票友。在编写过程中既考虑到了其史料价值，同时又注意到了内容的可读性。每本书收录十人左右，都是经过与各方面专家学者充分研究后筛选出来的具有代表性的人物。各书的作者本着对历史负责的态度和实事求是的精神，对人物作了翔实、生动的记述，从而使那些有血有肉的历史人物又活灵活现地展现在读者面前。如周学熙是如何兴办北洋实业的？范旭东是如何研制出"红三角"牌纯碱的？宋棐卿是怎样纺出"抵羊"牌毛线，并使之行销全国的？教育家严范孙、张伯苓是怎样兴办南开教育的？民国初年林墨青是如何兴办社会教育的？收藏家张叔诚是如何得到无价之宝"窑变观音"，最后又怎样被毁掉的？夏山楼主韩慎先除了是名票外，他在鉴定与收藏文物方面有哪些绝活儿？北洋时期的总统、总理及一些大军阀下台后来天津干了些什么？清末宫廷大太监小德张出宫后在天津怎样度过了晚年？天津京剧名票"三王"对京剧发展做出了哪些贡献？天津早期的"四大买办"是哪些人？他们都做了些什么？我相信通过书中那些生动、翔实的描写，不仅可以使读者看到一个个丰满、有血有肉的历史人物，而且还可以知道很多鲜为人知的逸闻和趣事，而这些恰恰是在一般历史书籍中难以看到的。这些历史人物虽然生活在天津，但他们的所作所为不只局限于天津，而是反映了那个时代中国的一个侧面，因此这套书对于学习中国近代史、开展爱国主义教育、宣传天津有一定的积极作用。今后我们还将不断地充实这套系列丛书的内容，陆续推出新的书目，如天津著名的商人、银行家、报人、曲艺家、影剧名流、社会名流等。总之，我们将通过这套书使读者更加了解天津、认识天津，也可以为后人留下一点点有用的资料。同时，我们也欢迎更多的同志参加到编著这套丛书的工作中来，为社会主义精神文明建设做一些力所能及的事情。

这套书在编辑过程中得到了各方面的大力支持，首先是作者们的辛勤创作。各篇的作者都是学有专长的人士，而且在写作过程中花费了很大的力气去收集资料，他们的付出为成书提供了可靠的保证。再者得益于各书的主编们，他们都是各方面的专家学者，或各自主持某一方面的工作，他们在百忙之余，积极策划，审定稿件，去粗取精，去虚存实，才使这些书能顺利付梓。还有这些书的责编与出版者，也是花费了不少精力，一遍遍地审校，使这些书能得以出版发行。在这里我谨代表丛书编委会向这些同志表示衷心的感谢! 诚然，编辑这样一套丛书，特别是在历史资料比较缺乏的情况下，难免有疏漏和不妥之处，敬希读者指正和谅解。

（写于1998年11月，黄炎智同志曾任天津市九届政协副主席，分管文史工作，于2002年9月17日病逝）

序

罗澍伟

  《近代天津名厨师》就要出版了。中国历朝历代，技艺高超的大厨名厨何止万千？然而专为一代大厨名厨著书立传，这在历史上恐怕还是第一次。

  天津历来是大厨名厨云集之地，影响既深且远。我举一个例子，1999年12月，在全国第四届烹饪大赛中，天津代表团参加了热菜、冷拼、面点和中餐技术技能服务4个项目的角逐，一举夺得金牌48块，6名选手荣获"第四届全国烹饪技术大赛优秀厨师、服务员"称号，两名选手获"全国最佳厨师"称号。各地名厨观看了天津代表团的表演后赞叹不已，一致认为，天津厨师技艺精湛，底蕴深厚。

  在中国，天津虽属晚近成长起来的城市，但作为"地当九河津要，路通七省舟车"的水旱码头，餐饮业素称发达。尤其是清代中叶以后，天津发展成"蓟北繁华第一城"，餐饮业也一改此前"食宿不分"的状况，餐馆消费成为一时的风尚。

  乾隆年间举人杨一昆写有《天津论》，内中说："你请我在天兴馆,我还席在环佩堂……来到竹竿巷,上林斋内占定上房,高声叫跑堂:'干鲜果品配八样,绍兴酒,开坛尝。'有要炒鸡片,有要熘蟹黄,有要爆肚烧肠,伙计敬菜十几样。"天兴馆、环佩堂、上林斋,是天津最早见诸记载的几家饭馆,"敬菜"也最早见诸记载。在他写的《皇会论》中,又有"到晚来下了个名庆馆",这家名庆馆,一直存在到同光年间。此后,经营大饭庄的风气由北京传到天津,这可见于樊文卿的《津门小令》:"津门好,生业仿京城。剧演新班茶社敬,筵开雅座饭庄精,开市日分明。"这大约是嘉庆年间的事。

然而时隔不久,到了道光一朝,情况又有所变化。天津不但出现了著名的特色餐馆,而且形成了地方菜系,菜品之佳,也得到了食客的首肯。崔旭的《津门百咏》中有《酒馆》一首:"翠釜鸣姜海味稠,咄嗟可办列珍馐。烹调最说天津好,邀客且登通庆楼。"这通庆楼,便是史料记载中最早出现的一家著名的天津风味餐馆。

迨至天津开埠,中外互市,华洋错处,轮艘贸迁,各省宦商及四方人士来游者,接踵而至,进一步造成了天津餐饮业的空前发达。这时的天津,不但菜品精致考究,而且店堂装饰华丽,服务周到可人。

同治四年(1865),著名学者李慈铭从北京来天津等候轮船回浙省亲,偕友人宴饮于名庆馆、兴盛馆、万庆园、聚庆园等处,他的感受是:"津门酒家,布置华好,馔设丰美,较胜都中。"这16个字,是外地食客初到天津用餐后的第一评价。在李慈铭的旅津日记里,还有另一则记载:"饮名庆馆……津门酒家,以此馆为第一。然馔设布置,俱不及万庆园也。"可见万庆园的菜品,乃至店堂的装修,在当时都是异常考究的。天津的餐饮服务,当时也有独到之处,李慈铭在日记中说:"津门酒保,例于正餐外,进果羹四碗,食物四盘,杏酪人一盏,谓之'敬菜'。"用"敬菜"招徕顾客,很可能源自天津,不然,杨一昆、李慈铭等人不会特别加以记载。

据光绪二十四年(1898)出版的《津门纪略》，当时的天津已有饭庄、饭馆、京饭馆、山东馆、宁波馆、广东馆、洋菜(也叫番菜，即西餐)馆①、羊肉馆、素馆等35家，著名食品19种。迨至清末，天津餐馆"约五百有奇。其中著名者，为侯家后红杏山庄、义和成两家，其次则为第一轩、三聚园。装饰之华丽，照应之周到，味兼南北，烹调精绝。大有'座中客常满，樽中酒不空'之概。下箸万钱"。"侯家后本弹丸之地，而酒家茗肆，歌榭妓寮，大都聚于此处。就侯家后一隅而论，一日一夜，可费至千金"，因而被视为"销金窝子"。

到了清末民初，天津菜和天津菜馆发展到兴盛期，专营天津菜系的，有8家"成"字号的大饭馆，这就是：明利成、聚德成、聚庆成、聚合成、义和成、聚兴成、聚乐成、聚和成，通称"八大成"。天津的羊肉馆，有专门"包办教席，全羊大菜"的清真"九大楼"②。这些饭馆，绝大部分集中在当时的繁华中心侯家后和北大关一带。

这一时期，山东菜系即鲁菜也开始进入天津。③

天津的山东馆，大都由登州、莱州、青州"东三府"和济南府、东

---

①天津是中国北方最早传入西餐的城市，法式、德式、俄式、意式大菜均首屈一指，著名的西餐店有起士林、维克多利、福禄林、大华等；日式料理，也很正宗。中餐与西餐、中餐与日料的交融互补，丰富了天津厨师的烹饪技艺和菜品。

②即相宾楼、宾华楼、大观楼、迎宾楼、富贵楼、老会芳楼、会宾楼、鸿宾楼和畅宾楼。天津的清真大厨，技艺精绝，一只羊可烹制出72道佳肴美味，除皮毛外均可作为食材，享有"食羊不见羊，食羊不觉羊"的美誉，也就是所有的菜品均不带羊字，而且绝无羊的腥膻味道。

③山东菜被视为中国菜系的鼻祖。勤行的烹饪祖师爷易牙，传为齐桓公的宠臣。到了明清时期，山东菜进入宫廷，山东掖县人景启为乾隆皇帝御厨，曾授三品顶戴。后来景启在北京致美楼饭庄主厨，名噪一时，从此山东菜流入民间。

昌府人开设经营;"东三府"中又以登州福山人最多,被称为"福山邦"。由于选料讲究、刀工精细、烹调技艺全面、食材搭配得当,烹制出的菜品清爽脆嫩、鲜咸适口、汤醇味正、厚而不腻,很快在天津享有盛誉。20世纪初是山东菜在天津的大发展时期,山东馆出现了有名的"十大饭庄"①。比如,专营"东三府"菜的著名饭馆有同福楼、永兴楼、全聚德、登瀛楼、松竹楼、正阳春等,专营济南府菜的有明湖春、丰泽园等,专营东昌府菜的有四合楼、聚坊楼、东升楼等。

伴随着天津餐饮业的快速发展,饭馆的集中地也开始向南市及日租界、法租界一带扩展。后因九一八事变的爆发,时局动荡不稳,各大饭馆纷纷倒闭。

据已故美食家张澜生老人回忆,到了20世纪30年代初,天津菜竟被山东菜所取代,专营天津菜的"八大成"全部歇业,只剩下茗园一家勉强维持。直到1932年,才有聚合成、聚庆成两号的旧人,分别开办了先得月和福来临两家天津馆;在会芳楼旧址开设的鼎和居,以虎皮肘子闻名,也可勉强列入;但维持到1937年七七事变,均告歇业。

到了1940年,又有爱好美食、喜欢结交的地方富家子弟卞祝吾(名旴新,人称卞十八爷),联合了谦丰银号经理王西铭,共同出资,由原聚合成跑堂出身、为人精明强干的薛云笙(人称薛四)领东,任经理,在法租界35号路即今山西路,重新组建了大规模的天津菜系饭馆——聚合成饭庄。

重张开业的聚合成,内部装修华丽典雅、美观大方;在经营方

---

①即同福楼、全聚德、天源楼、登瀛楼、松竹楼、天兴楼、晋阳楼、万福楼、会英楼、蓬莱春。关于"八大成""九大楼""十大饭庄"的说法不一,此处采取了已故著名服务大师王钦宾及仇之秀先生的说法。

面,只卖整桌酒席,且以山珍海味的高档菜肴为主,尤擅燕窝鱼翅席。所聘大厨王恩荣,外号"王小头",以烹制鱼翅著称于时;聚合成更以此来宣传,在门口挂出"鱼翅大王"的招牌,以广招徕。①

这时候,天津菜系的中型饭馆,生意也渐渐转旺,著名的有天一坊、什锦斋、中立园、宴春坊、慧罗春、文华斋等,此外便是独具经营特色的酒席处了。酒席处以"外会"为主,专供红白喜事,前店办公,接洽生意,后灶专为"落桌"做半加工。当年著名的酒席处有西头太平街的鸿盛园,经理是康八;北马路万寿宫胡同的铭兴成,经理是王小辫。从此,天津菜和天津餐饮业进入了另一个兴盛期。

与此同时,各地风味餐馆亦纷纷来天津开业,江苏馆有五芳斋、鲜味斋、新园、玉华台,浙江馆有新亚楼、一品香,福建馆有周家食堂,四川馆有百花村、菜羹香(蜀通),山西馆有西来香、天义楼,河南馆有厚德福,保阳馆(河北保定)有山泉涌、保阳楼,东北馆有马家馆、马记仁义铺,北京羊肉馆有永元德、华兴楼。素馆分南北两派,南派多用冬菇面筋,素菜形象仿荤;北派多用豆制品口蘑,制作较粗,有六味斋、真素园等。

由此可见,近代天津大厨名厨云集且代有传人,不是偶然的。首先,还是因为天津餐饮业有着深厚的历史文化底蕴,以及来自四面八方的特色烹饪技艺。

天津大厨、名厨辈出的第二个原因,是无论大型还是一般饭馆,都在吸收传统管理经验的基础上,构建出一整套完善可行的规章制度。在烹调操作方面,有明细的管理方法,有职责分工,有技术指标。以至于一家著名饭馆的厨房,往往就是一处培育和锻炼高品

---

①重新开业的聚合成,一直经营到1954年,是著名京剧表演艺术家张君秋来津必到之处。1985年元旦,南市食品街建成,聚合成一度在食品街复业,张君秋先生特来祝贺。

质、高档次厨师的基地和熔炉。

比如大型饭庄的厨房，大都设置有四个不同分工、不同档次的小灶，这就是：头灶，专门烹制名贵菜和精细菜；二灶，专门烹制炒菜和熘菜；三灶，专门烹制鱼类菜和炸、烩菜；四灶，专门烹制一般的饭菜和汤类。一般的中型饭馆也要设两到三个小灶：头灶，烹制名菜、细菜和爆炒菜；二灶，烹制炸菜、烩菜和鱼类菜；三灶，烹制一般饭菜和汤类菜。这种明细分工，目的是培养厨师的精烹细饪，以保持和保证菜肴的高质量，而且有利于厨师技艺的全面培养以及技术等级的不断攀升，实际上，就是为厨师打造出了一个不断提高烹饪技艺和晋升技术等级的阶梯。

在管理系统方面，天津的大中型饭馆大都建有以"堂、案、灶、柜"为支柱的健全管理体制，这就是所谓的"四梁八柱"；基本要求是做到"响堂、静墩、哑巴灶、老虎柜"。

"堂"，指的是饭馆大堂的堂头和堂倌，即服务员（旧称跑堂的）。"响堂"就是服务员要用高亢洪亮的嗓门，对顾客做到"来有迎声，问有答声，走有送声"，烘托出饭馆经营的火爆炽热气氛。

"案"，指的是头墩师傅，即前墩或墩头。他们一要懂得各种食材的产地、品质和菜品的配料、投料，二要静听服务人员所要的菜品及碟面大小，然后带领后墩、帮墩师傅，给灶上师傅做好"过菜"的准备。

墩上的师傅要做到专心操作，一丝不乱，分毫不差，这就需要一个安静的工作环境，不能嘈杂有声，以免差错，这就是所谓的"静墩"。

"灶"，指的是厨房。"哑巴灶"，是指灶上师傅在烹制菜肴过程中，要心无旁骛，一丝不苟，不得喧哗，不能耳语，除了拍勺碰炒勺或煸锅的清脆声音之外，不准再有别的声音，以保证灶上师傅能够按照工序要求，专心操作，烹制出亮丽和高品质的菜肴。

"柜"，指的是饭馆的财务后勤部门，管理账面的银钱往来，严管收支手续和物料进出等，负责人叫柜头；与此同时，柜头还要指导堂头和堂倌的服务，严把各种关口，因此有"老虎柜"之称。

此外，无论饭庄或饭馆，对厨房墩上、灶上师傅的操作规程，也都有严格的标准和要求，不符合质量规格的，下一道工序有权拒绝接受。比如，配料和刀工达不到标准和要求的，灶上可以拒绝操作；灶上的师傅在烹制过程中也要严格恪守操作规程，做到精烹细饪，烹制出的菜品不合格，服务人员有权拒绝上桌。用这种环环相扣、彼此监督的办法，培养厨师和服务人员一丝不苟与精益求精的作风。

天津大厨名厨辈出的第三个原因，是无论大小饭馆，争相聘请名厨掌灶掌案。所聘厨师的烹饪技艺，一定要精湛，以保持菜品的高质量，同时亦能够代表该饭店的高水平，进而出现了大厨、名厨云集天津的效应。

比如，什锦斋开业于清末，最初只售什锦蒸饼，1920年，由张起山任经理，改营饭馆。张起山聘用名厨张凤林为头灶师傅，名厨王凤鸣为头墩师傅，名厨秦文义为查头，研发和创制出极具天津特色的菜肴四扒、八扒和粗、细"八大碗"及什锦火锅。[①]

---

①四扒和八扒是指一桌席上有四道或八道碗盛或盘盛的的菜品，制作上分粗细两个等级，食材也有档次高低之分，但不一定均用扒法烹制。据王钦宾和仇之秀两位先生的说法，四扒为：扒鸡或扒鸭子、扒肘子、红烧鲤鱼、独面筋，加口蘑汤或氽三片。粗"八大碗"是：烧肉、松肉、清汤鸡、氽白肉丝、氽白丸子、烩滑鱼、烩虾仁、独面筋，加口蘑汤或氽三片。细"八大碗"是：红烧海参、美工肉、烩虾仁、氽鱼肚等；高级"八大碗"是：鱼翅四丝、烩鱼钱羹、烩两鸡丝、氽鲍鱼鸭肝等。什锦火锅包括鸡鸭鱼肉，主辅料不少于20种，由墩、灶师傅合作配制。当年，这些菜品以什锦斋和天一坊烹制的最为有名。

登瀛楼聘用的头灶师傅为名厨王维功和王梅,头(前)墩师傅为名厨于业环、王旭。王维功原在北京名饭庄任灶,对清宫宴席和南北全席的烹制和席面的安排都有丰富的经验,是当年公认的烹饪技术权威;王梅曾在北京福兴居任头灶,也是当年烹饪界出类拔萃的技术人才。

晋阳楼的头灶师傅朱丕宾,原为北京东兴楼的小灶师傅,技术高超,业内有名。此外,全聚德的王铭佑、天和玉的王懂、聚合成的王恩荣、丰泽园的李正新、会芳楼的穆祥珍、什锦斋的张凤林、天合居南菜馆的李寿、美丽川菜馆的王正庭等,都是当年公认的技术高超的名厨大师。

1944年开业的川苏菜馆为四川菜系,聘请名厨李寿任头灶师傅,后来又由名厨宋国起、魏天成任头灶,在厨房还设有一名老师傅当查头,负责检查菜品的质量和上菜的次序。

1947年开业的福建馆周家食堂,聘用曾在北京福建饭馆的主厨安筱岩,安大厨又请来了擅长"三江"(闽江、浙江、江苏)菜肴、以闽江菜为主的大厨甄永贵。这些大厨共同的技艺特点是以炒、熘、炸、煨、炖、蒸见长,选料严格,操作精细,滋味清鲜,色泽美观,尤重鲜、淡、香、烂。

天津大厨名厨辈出的第四个原因,是彼此间能够虚心学习、广泛采集、择优选良、博采众长,经常找出不足,取长补短,以求改进。

中华人民共和国成立前,饭庄饭馆为了营业上的竞争,彼此实行技术封锁,要想取法他家之长而补自家的不足,不得不另谋他路。

一个办法是由经理带着厨师扮成食客,到特色饭庄饭馆,品尝特色菜。比如说,专门到"八大成"品尝天津馆的扒鱼翅、高丽银鱼;

到二荤馆和酒席处品尝炒虾仁、什锦火锅;到回民馆品尝扒鸭子、芜爆散丹、烩银丝;到南菜馆品尝川香酥鸡、烧冬笋;到北京的羊肉馆品尝爆、烤、涮……目的是从中找到自己饭庄的技术、食材或投料的差距,然后悟出其中特有的烹制方法。

还有便是针对性地把别家名菜、特色菜买回来,由经理和堂、灶、案等师傅共同品尝,如到丰泽园买回九转大肠、扒双菜,到什锦斋买回烩滑鱼、海杂拌,到南菜馆买回宫保鸡丁、南扣肉等。通过品尝、分析,对自家的烹制方法进行改进,以取得菜品的高质量。又如核桃酪原是道山东馆的名菜,各家都在经营,但质量均不如丰泽园的好;经买回后品尝、分析,发现山东馆经营的核桃酪系用团粉勾芡,而丰泽园用的是水磨江米糊勾芡,口感自然高人一等。

此外,一些身怀绝技的大厨名厨虽然在不同的饭庄饭馆工作,但彼此间又是朋友,于是不惜带上厚礼,去对方家中做客,借以观察名菜的质量,品尝名菜的味道,作为改进烹调技艺的标准和借鉴。某次,登瀛楼的大厨品尝到泰华楼的葱烧海参,葱香浓郁,且火候不老,回来后与其他师傅共同研究改进办法,最后达到了同等的水平。

正是通过这些方法,山东馆致美斋的大厨学到了南菜馆的不少名菜,学到了天津馆的什锦火锅;天津馆的大厨学到了山东馆的九转大肠、奶汤鱼肚,以及回民馆的两吃肚、烧蹄筋,学到了南菜馆香酥类、干烧类等名菜。

其实,品尝他人菜品的过程,就是不断总结经验,提高自己的过程,天津的厨师大都善于取长补短、融会贯通,因此技艺全面、一专多能,同一名大厨,可以烹制不同菜系的多种名菜。

天津一些著名饭馆的大厨,还不断虚心采集公馆菜中的名品,丰富自身的烹调技艺,并使之成为本菜系中的名菜。如山东馆的大厨从北洋寓公张志潭那里，学到醋椒鲤鱼烹制方法，经张志潭本人亲自品尝后，挂牌面市，极受欢迎；从代总统冯国璋那里，学到了糟蒸鸭肝和糟蒸鸭头；从天津著名书法家华世奎那里，学到了拌庭菜……最终，这些菜品都成了山东菜的代表菜。

天津大厨名厨辈出的第五个原因，是业内有辗转相授、悉心传承的优良传统，因此后继人才能够不断涌现。俗话说："名师出高徒""强将手下无弱兵"，天津的大厨、名厨，绝大部分都是由老一辈的大厨、名厨亲传亲授，手把手带出来的。

明清两代，鲁菜曾在宫廷御膳中占有一席之地。辛亥革命后，光禄寺和紫禁城内的御茶膳房先后解散，不少宫中的鲁菜御厨为谋生计，先后来到天津。1918年开业的江南第一楼，就是一家聘用曾经做过清宫御厨的梁忠掌灶，专门烹制宫廷菜的饭庄。1919年，13岁的唐克明只身来到天津，拜在梁忠门下；1934年，唐克明被伪满皇帝溥仪聘为"御厨"。1983年，天津全聚德特派厨师王天佐前往沈阳，拜唐克明为师，专门学习宫廷菜。宫廷菜的特点之一是操作精细，比如菜品所用的鸡泥、鱼泥，不能用刀在菜墩上剁，而是在菜墩上铺好肉皮后砸制而成，为的是防止木渣混入菜汤。一些名菜的烹制，还需使用复合技法，如先烧后熘，或先炸再熘、再煎等。

当年，著名天津菜馆慧罗春的主灶为"八大成"传人、名厨牛宝山，人称牛三爷，他身怀绝技，名震一方，满汉全席、南北大菜，特别是天津菜，做出来精到无双。牛三爷喜收爱徒史俊生后，每天都向他传授基本知识和烹饪技法，从原料的鉴别到发制，从"八大碗"到鸭翅席、燕翅席，又从燕翅席到满汉全席。每当有重要客人或一些高档宴席，牛三爷就交给史俊生操作，自己站在一旁观察指导，就像戏曲表演中的老师给学生"把场"一样。从1928年到1938年，史俊生先后在五家饭庄学习和主灶，因有名师亲传，打下了扎实的基本功,开阔了眼界,积累了丰富的经验,练就了一身绝活,刀功之娴熟,勺功之精湛,在天津餐饮界中堪称巨擘,从而跻身津菜大师行列。

1963年,史俊生调入红旗饭庄,他用口传心授的办法,规范菜品质量,从投料、口味、色泽、特点等方面,为每道菜都制定了明细标准。然后从刀工丁、丝、片、粒、泥、茸及各种刀口方面规范操作。史俊生还利用一切时间,传道解惑。他认为,一定要用天津特产、以天津独有和天津擅长的技法,烹制出独具特色的菜肴,才会有真正的天津味。史俊生以他高超的厨艺和高尚的人品,培养出众多高徒,如姜万友、王鸿业、金宝林、田景祥、殷志刚、李赤涛、辛宝忠、吴玉书等人,他们在全国烹饪大赛及天津历届烹饪大赛中摘金夺银,成为新一代的中国烹饪大师,有的还被评为天津市劳动模范或五一劳动奖章获得者。

当年慧罗春的大厨崔文德,出自"八大成"之一的聚庆成,厨艺精湛,活路甚宽,传统津菜为看家绝活。崔文德授徒从不就菜论菜,而是把烹调与书画、戏曲相比。他经常对爱徒杨再鑫说,墨分焦、浓、重、淡、清,音分宫、商、角、徵、羽,味分酸、甜、苦、辣、咸,火分文、武、次、细、微。做菜如同绘画,只有色彩丰富,画面才丰富;颜色对比强烈,画面才有层次;音乐只有高低长短、抑扬顿挫,才能优美动听。同样的道理,一道美食只有五味调和才能称为美食,而味美的关键,全靠厨师对原料特点的认知和对火候的把握,不同的原料运用不同的火候,老而硬的用文火或微火长时间慢炖才能耗出味道,鲜嫩细小的要用武火爆炒才能炒出香味,有的原料要文武兼施才能味道醇厚……然后再让杨再鑫在灶上不断感悟,从中得出心得体会。这些道理使杨再鑫受益终身,对于日后形成自己独有的烹调风格起到了极大的作用。

在厨行的师徒关系中,也有很特殊的情况,这就是国家特一级厨师、市特等劳动模范魏天成,在中华人民共和国成立时为把两道名菜——周家排骨和周家鱼——学到手,放下身架,拜周家食堂的主厨安筱岩为师的故事。

当时,这件事曾让周家食堂上下震动不已,也惊动了当时天津的烹饪界。周家食堂的主人和主厨安筱岩十分犹豫,但魏天成拜师的请求至诚至恳。安筱岩思考再三,最后提出,在魏大厨拜自己为师的同时,也要派自己的三位门徒向魏大厨拜师。当年的天津市市长李耕涛闻讯后,亲自到场,主持这场隆重热闹的双重拜师典礼。在拜师仪式上,魏天成恭恭敬敬地向安筱岩鞠了三个躬,然后安筱岩的三位门徒又向魏天成鞠了三个躬,从而在天津的餐饮界留下了一段名厨双拜师的佳话。拜师仪式结束后,安筱岩把一本自己亲手书写的《周家食堂菜谱》,送给了魏天成。

20世纪六七十年代,经过老一辈厨师辗转相授、悉心传承、精心培养出来的特级厨师和特级服务大师数不胜数,榜上有名和书中列举的就有:登瀛楼的董玉浩、丛大嵩、由芝炳、张尚志、孙元明,全聚德的吴兴基,天和玉的臧镜,宴宾楼的王春彤,红桥饭店的赵克勤,天合居南菜馆的魏天成,面案点心师傅李文旭,墩上技师吴俊峰、葛品三、韩世文,服务大师王钦宾、王维岱、吕世鉴、丛培汗等人。

近代以来天津的名厨、大厨人才辈出,是被国内餐饮界公认的。20世纪涌现出的这批大厨、名厨,使天津的餐饮界进入了一个群星璀璨、精英荟萃的时代。他们的才智、品行、功力和贡献,在今天仍然有着巨大的影响。

习近平主席指出,世界观是一个人一生的"总开关",而一个人的事业观,则是人们对待自己所从事工作、事业的根本态度,是履行工作职责、实现自己理想的行为规范。这些位大厨、名厨，在那个特定的年代，虽然都没有多么高的文化水平，但他们对自己的工作都是无比热爱，对所从事的事业都无不忠诚，对他人都无比热心，而且毕生都在努力奋进。

现在，我们都在努力实现中国梦，但中国梦的基础在哪里？

我以为，中国梦的基础，就是让大家在继承前辈优秀品德的基础上，共同享有人生出彩的机会，共同享有梦想成真的机会，共同享有和祖国、和时代一起成长与进步的机会。

我想，这既是我们编辑、出版本书的初衷，当然，也可以看成是我们最希望、最愿意得到的结果。

良师名厨魏天成

吕舒怀　　刘新田　　王治强

魏天成
（1919-1998）

每行每业都会出现翘楚式的人物，他们继往开来、推陈出新，将专业技能升华至一种炉火纯青的境界。厨师行当同样如此。凡在同行内出类拔萃的人，除了他本身的天赋及后天的勤奋之外，更有经历过生活中的种种磨难。除此之外，还有重要一点就是机缘。机缘改变人生，塑造人生，助其功成名就。

厨师魏天成16岁那年，在天津得遇一种机缘，遂造就他成为津门一代名厨。

一、千里逃荒　结缘津门

魏天成，1919年出生，河南滑县人。那是灾祸频仍的年头，军阀混战，民不聊生；天灾不断，食不果腹。1934年，河南大旱，庄稼绝收，赤地千里。16岁的魏天成不得不离开家乡，告别依依不舍的亲人，逃荒到天津谋生。

20世纪二三十年代，作为北方大城市的天津，经贸发达，华洋杂处。魏天成一旦踏进这座城市，就必须选择一个糊口的职业，幸好他13岁时在老家河南开封市三井街中原旅社的餐厅学过做河南菜，从事厨业有一点基础。如今我们无法确定当初魏天成托人介绍还是毛遂自荐，反正他进入南市一家有名的川菜馆——蜀通饭庄，成了名厨华老四的徒弟。

华老四的本名叫华士元，为当时津门赫赫有名的厨师，号称"川菜大王"。原籍四川，曾是四川督军府上主灶大厨师。四川蜀地，自古牛羊猪狗鸡鸭鹅，六畜兴旺，笋韭芹茄瓜藕蔬，四季常青。蜀道难行，财富无缘外流，人们得以专心制作美食消受，川菜由此而盛。华老四得惠于此天时地利，又得督府豪门三日一宴，五日一席，小姐太太少爷老爷的舌尖栽培，练得一手绝活儿，烧山珍烹海鲜，出味、出奇、出胜。可好景不长，督军下野，迁居天津英租界，出资在南市开了一家蜀通饭庄，仍命华老四掌勺主灶，他的川菜绝活儿不仅享誉天津卫，而且驰名京冀沪一带。

魏天成拜华老四为师，不能不说是一种机缘。那时学徒艰难而辛苦，难在为师者有所保留，并不倾心所教，怕被徒弟抢了饭碗。苦在不光跟师傅整天盯厨，还要从早到晚伺候师傅饮食起居，不可出现任何差池。少年魏天成为人忠厚，待师真诚。每天他伺候华老四起床、漱口、倒痰盂、洗衣、扫地，然后跟随师傅到厨房，提前捅火、擦锅灶，恭候华老四上灶，格外辛勤。华师傅要的十几把铜勺、铁勺、钢种勺，刮下红粉砖头面儿，磨得大勺个个锃光瓦亮，师傅使的葱花、葱段、葱丝、葱条，姜片、姜末、姜块、姜芽，蒜丁、蒜片、蒜泥、蒜瓣，分寸不乱，刀码分外整齐。华老四上灶从不穿围裙，只着一袭雪白轻柔的纺绸短裤短褂；一条垫锅擦手的白手巾，如染有半星儿油渍污垢，就甩手扔掉。这落户津门的川菜大王，玩不尽的派头和潇洒,谁助他有这份名厨风度?是小心谨慎的徒弟魏天成。华老四不由心生偏爱,便时常地把一些绝活儿传授给魏天成。

魏天成年岁不大心却细,有一股韧劲。他知川菜关键要点在于"味","味"这种东西看不见、摸不着,却隐藏于厨师技法之中。识味、懂味,洞悉味之缘由,便可掌握川菜的真谛。所以魏天成抢下刷锅的差使,偷用舌尖尝锅底,夏的清淡,冬的醇厚,各路食客喜爱的酸甜辛辣,下的料中都有分寸,刷得多了,尝得多了,华老四的诀窍就被品出了四五成。

华老四生平养成不良嗜好,抽大烟、吸白面,时常出入南市三不管的烟花柳巷,淘虚了身子,渐渐抢不动大勺了,不得已让魏天成替他抢。要勺端锅的手艺,魏天成早就偷偷练过,每日半夜准时起来,在勺里放块垫锅毛巾,由易到难耍着练,再放半勺盐粒,左翻右翻,上翻下翻,直翻得满勺晶莹旋转飞腾,180度鹞子回荡不泼不撒,方才算功行圆满;魏天成按华老四的节奏、华老四的火候、华老四的心路掌厨,否则绝不是华老四的味道。华老四嘴上不说,心中惊喜,师徒二人教学相长,配合默契。功夫不负有心人,魏天成终于把华老四厨艺学得八九成,炒出的菜同他师傅别无二致。

华老四名声在外,经常应邀去给达官贵人办婚宴、庆寿宴、同庚宴、接风宴、送别宴、游春宴,而每次必带魏天成随行,"魏天成"三字在天津众老饕食客中,已小有名气。

魏天成一举成名,起因于华老四的意外失踪。日寇侵占天津不久的一天,外出的华老四再也没有回来。有人传是暴毙街头,被日本人拉去埋了。"川菜大王"华老四只活了50多岁。魏天成悲伤、呆愣几天后,就正式顶替华老四上灶。饱经人世忧患的魏天成,仅凭一身绝技,一步步地迈向名厨之路。不久,年仅20岁的魏天成便被称为天津市新的"川菜大王"。

二、遭逢国难　四处谋生

天津沦陷期间，在日寇的铁蹄下，民不聊生，百业凋敝。已成名厨的魏天成为了养家糊口，不得不四处奔波，辗转于各大小饭馆餐厅掌勺炒菜。有时在天津，有时赶往北京、唐山等地，如下的一份简单履历表，记录了他颠沛流离的经历：

1939年8月，在天津东马路青年会食堂任厨师；

1939年11月，在唐山小山大街金城饭庄任厨师；

1940年6月，在北京观音寺紫竹林餐厅任厨师；

1941年3月，在天津南市五芳斋南菜馆任厨师；

1942年5月，在天津丽娜食堂任厨师；

1944年3月，在北京石头胡同政鸿宴厅任厨师；

1944年8月，在天津丽娜食堂任厨师；

1946年1月，在天津金龙酒家任厨师；

1946年4月，在天津万顺成南菜馆任厨师。

……

1945年10月，天津光复，经济开始复苏，魏天成也有了施展自己高超厨艺的机会。1947年他被聘为川苏天合居南菜馆的厨师。

川苏天合居南菜馆于1944年开业。开办人姜旭光和掌灶师傅都是当时颇有名气的川菜厨师。已驰名京津的名厨师魏天成又被聘请进来掌灶，成为该店技术骨干，使该店声誉日隆。菜馆取名为"川苏天合居南菜馆"也有一番讲究。原来，四川菜肴讲究，江苏点心精美，取名川苏，立意天合，寓有川菜苏点、天作之合之意。天合居开业以后，专门经营川菜苏点，包办酒席，广受食客称道。自此，魏天成长期在天合居掌厨，直到中华人民共和国成立初期。

魏天成作为精通南北大菜的名厨，在京津一带声名远播，有几则轶事足以佐证——

当年,魏天成被北京前门外的政鸿餐馆慕名聘去,专为梨园名人做佳肴,座上常客有谭富英、言慧珠、叶盛章、叶盛兰等京剧界名伶,那些名人食客无不赞美新的"川菜大王"。

1945年8月国共谈判期间,很多宴席都出自魏天成之手。其实在多年前,美国副总统华莱士、总统特使威尔逊就在国民党政要举办的欢迎宴上吃过魏天成做的菜。正是在这些宴会上,魏天成给中共领导人也留下了深刻的印象。当年在重庆吃过魏天成的菜后,毛泽东一直念念不忘,1949年后曾向周总理询问他的下落。

日寇侵华,烧杀抢掠无恶不作。魏天成怀着满腔愤恨,发明了一道菜叫"轰炸东京",也就是流传至今的锅巴海参,做法是将一盘带汤的海参迅速浇到另一盘油炸好的锅巴上,发出刺啦刺啦的响声,好似心底对日本鬼子的怒火在燃烧。

历尽沧桑,魏天成终于迎来了人生的曙光。

三、新社会当家做主人

中华人民共和国的成立,标志一个新时代的开始。

新旧社会两重天,这是魏天成切身感受到的。旧社会即便是名厨也难免受剥削受欺压,而新社会劳动人民当家做了主人,魏天成由衷感受着这样的荣耀。于是他以主人公的姿态,积极工作,将平生所学毫无保留地奉献给社会,全身心地投入为人民服务之中。由于成绩突出,魏天成自1956年开始连续3年被评为天津市劳动模范和先进工作者,1959年至1962年被评为天津市特等劳模,多次到北京参加全国群英会,受到国家领导人的接见。1958年他光荣地加入中国共产党。

魏天成（前排左二）和新党员的合影

一代名厨魏天成有幸多次赴京参与国宴的配膳任务。

国宴菜品博采国内各菜系之长，按"以味为核心，以养为目的"的要求，上及宫廷肴馔谱录，下采民间风味小吃，外涉世界各国名菜，内及国内八大菜系，广采博取，撷英集精，形成独具特色的系列菜系。口味中西结合，科学合理配膳，注重保健养生的功效。人民大会堂国宴菜被称为"堂菜"，其特点是，用料珍贵，选料精细；以味为本，鲜咸为主；刀工严谨，调味细腻；质地软嫩，色泽素淡；点缀得体，造型典雅。堂菜具有清淡鲜嫩，形美色绝的独特风格，是中华饮食文化的一朵奇葩。

每次承接和参与组织国宴的配膳，魏天成不仅把它当成一种荣誉，而且把它当作一项重大的政治任务来完成。

中华人民共和国成立后，印度总理尼赫鲁是魏天成服务的第一位外宾。当年尼赫鲁访华，周总理在北京饭店设宴招待，由魏天成主厨。尼赫鲁对国宴上的菜品赞不绝口。在国宴之外接待尼赫鲁的另一顿便宴上，魏天成又做了一道拿手菜——蝴蝶海参。这道菜对刀工的要求非常高，海参不好片，要把海参片成蝴蝶翅膀的形状，片薄了一蒸就化，片厚了不美观，这个度很难把握。"蝴蝶"的身子是由鸡蛋清和团粉调好后浸透过高汤的，口感又软又鲜。将"蝴蝶"沿着盘子边摆一圈儿，翅膀必须对称，勾上栩栩如生的触须，中间再堆放上片剩下的海参块，然后一起上锅蒸。出锅后的蝴蝶海参被浇上上好的高汤，端至餐桌，形象高雅，口味清淡，营养极高。便宴快结束的时候，尼赫鲁提出要见见厨师，周总理派人把魏天成叫到宴会厅，向尼赫鲁介绍道："这是我们的川菜名厨，国宴上的菜也是他做的。"还让魏天成向尼赫鲁敬酒碰杯。

紧接着当年的年底，缅甸总理吴努首次访华。当时中缅双方刚建交，存在一些问题需要协商。吴努住在北京饭店，访华期间的饮食都由北京饭店负责。周总理下达指示，吴努总理是虔诚的佛教徒，饮食上不能出一点问题。当时的北京饭店只有川菜、淮扬菜、粤菜三大菜系，没有专门的素菜系。除了清真菜单有专用锅，宴会上的素菜都是用炒过荤菜的锅烹制出来的，那些锅内外都浸透了各种荤油，做素餐一顿都混不过去。筹备会上一时间大家竟然不知道怎么办了，魏天成不慌不忙地说："那还不简单，比着现在的锅再买俩新的，用素油处理一下。"散会后由北京饭店的罗国荣负责，由几个人找来红砖和砂纸，把买来的新锅里外的毛边、铁屑和铁锈都打磨干净。在魏天成的指导下，又让人用卫生棉蘸着香油擦拭，最后把浸满香油的卫生棉贴在锅壁上，晾到第二天就能用了。事后周总理知道了这两口素菜锅的来龙去脉非常感慨地说："外交无小事，这就是最好的证明！"

每位国家首脑访华前，承担国宴任务的厨师都要对来访国家的气候条件、风俗习惯以及首脑的喜好、个性进行了解，以便制定出稳妥的方案。

1956年印尼总统苏加诺访华，周总理以最高规格接待。印尼潮湿，那儿的人喜欢吃辣的，两国领导人见面交谈的时候，毛主席也说过，在吃辣椒方面，我不如苏加诺总统。宴会上炒了一道川菜名品宫保鸡丁，没想到苏加诺赞不绝口，筷不离手，眼看盘子要见底儿，细心的周总理立刻派人通知厨房马上再做一份。同一道菜在国宴上上两次，也算是奇闻。正宗的宫保鸡丁选的是雏母鸡的鸡腿肉，去皮、抽筋、切丁。小母鸡的鸡腿才多大？一盘子宫保鸡丁怎么也得七八只鸡腿，现切根本来不及。多年后，后厨的人回忆起来，也都说墩子上就有一份现成的鸡丁，是魏天成提前准备时让多切出来一份以备用。三五分钟不到，又一份宫保鸡丁出锅，主宾都有些惊讶。宴会结束后，周总理亲自到厨房给魏天成敬酒，夸赞他："老魏，你今天的表现太好了！"

1963年2月，周总理在钓鱼台宴请西哈努克亲王。开好菜单了，魏天成却因哮喘发作无法工作。距离开席没多长时间的时候，另一位主厨才汇报头道菜的原料腥味去不掉，肯定上不了席了，头道菜要废了这还了得？饭店的领导立刻派专车赶到魏天成休息的罗国荣家。魏天成得知情况后，坚持着从床上起来，在同事搀扶下乘车到了厨房，并让他的徒弟从旁协助完成了头道菜的制作，化解了一场危机。事后，周总理还表扬"今天的头菜烧得好"。

不仅菜做得好，魏天成在后厨的组织、掌控能力非常强，井井有条、临危不乱，有大将之风。周总理就不止一次地管他叫"魏大帅"。1959年国庆十周年，国家领导人在人民大会堂举办5000人的大宴会，招待80多个国家的宾客和国内各界知名人士。这么大规模的国宴摆桌难、呈菜难、协调难，需要前台、后厨的高度配合，不亚于一次"战役"。当时任前台总指挥的是国宝级的宴会设计大师郑连福，后厨总指挥就是魏天成、范俊康和王兰。此外，魏天成还要负责第一主桌的菜品。宴会执行两个菜单,主桌是5个冷双拼、10多个热菜。为了保证主桌和其他桌步调协调,主桌动一步,其他桌则跟着行动,实行卷地毯式的服务。由于组织精当、调度有方,这场空前盛大的国宴获得了圆满成功。总理给前台后厨的工作人员敬酒时,拍着魏天成的肩膀说:"老魏,你不愧是个帅才!"

1958年秋末冬初,魏天成带着几个徒弟去主厨中央的高干俱乐部举办的宴会。魏天成选了两道菜亲自动手,一个是烤方,一个是开水白菜,其他的让徒弟们一起做。烤方的方肉取的是猪的肋条肉,先腌制小半天,再烤几个钟头,直烤得红黄金亮,非常能激起食欲。烤方时烟熏得呛人,看师傅咳得厉害,徒弟提出要替魏天成来烤,考虑那天的场合很重要,魏师傅没同意,只是在烤好后让徒弟改刀、装盘。

烤方比较油腻,之后魏天成又给每人做了一道他的经典名菜开水白菜。开水不是真的开水,而是高汤澄清后清澈如水。白菜要选黄秧白菜,只用中间的芯,撕去膜皮,抽掉叶筋,用开水烫熟,再漂冷挤掉水分。清汤烧开后加盐、料酒、胡椒粉,注入放了白菜的小碗里,然后一起上笼蒸透。魏天成的开水白菜被人称为"菜中之王",周总理和很多领导人都非常爱吃。

宴会结束,正当魏天成在旁边小房间喘口气的工夫,服务员跑过来兴奋地学话,说今儿又露脸了:叶老总说"这方一定是魏天成烤的",我们回答"是";他又说"比我们广东的烤乳猪还好吃"。贺老总也接话说,"我说嘛,除了他哪个也烤不出这个味来"。陈老总更有意思,说了一句"诸肉不如猪肉,只有做到这个程度这句话才成立"。后来上开水白菜时,邓老总又指着他面前的碗说,还有一句"百菜不如白菜",做到这个程度才名副其实,跟"诸肉不如猪肉"合在一起才完整了。

　　徒弟将服务员说的这番话转述给师傅听，不断咳嗽的魏天成笑了笑，才说："山珍海味做得好是本事，普普通通的原材料做得好才更是本事。物有贵贱，菜无二品。你晓不晓得这是啥意思？就是不管原材料多普通，咋个不值钱，你都要有本事把它弄得品味俱佳，大家都说好才行。"

　　1959年10月6日，恰逢全国第一届运动会召开，5000人宴会刚刚结束，魏天成又受命率领黄子云、李治全、黄润、于存、李世宽、魏金亭等人，协同大批中西餐名师高手，完成了万人冷餐会的招待任务。

四、精益求精　谦逊拜师

　　魏天成是最早被评为天津市特一级厨师的，在全国饮食业享有很高的声望。

　　他16岁开始到天津蜀通饭店学徒，从事烹饪工作数十年。在长期的烹饪实践中，他虚心好学、刻苦钻研，继承了闻名于津、京、沪，号称"川菜大王"的华士元老前辈的烹饪技艺，能够在继承中创新；他广采其他名厨的长处为己用，精益求精，推陈出新，从而形成了自己独特的风格，以讲究配色，注重形态、操作细腻、干净利落著称。他所烹制的四川名菜，如小煎仔鸡、香糟鸡丝、宫保鸡丁、脆皮鱼、麻婆豆腐、干炒牛肉丝、鸡茸蛋花汤等，不仅具有麻、辣、清、淡、细的特点，而且口味香醇，有独到之处。

　　魏天成除了浸淫南菜技巧外，津菜技巧也达到了炉火纯青的地步。天津菜除在烹、炒、烧、爆、熘、扒、馇、酸沙、干煎、清蒸等技法上有独到之处外，精于调味也是天津厨师所擅长的。五味调和是中国菜的核心，味是中国菜的灵魂。为此调味品在菜肴"味"的形成上，起着关键的作用。魏天成在多年的实践中积累了丰富的经验，对五味调和、"有味使之出,无味使之入"有着深邃的见解和独到的功夫。

他曾说过:"从天津代表菜来讲,有满汉全席、八大碗,八大碗还分粗八大碗、细八大碗、成型八大碗、四季八大碗,种类不仅有烧肉丸子鸡、滑鱼焖面筋,而且用料很广泛,是应时应节而变。比如,春节八大碗中的烩海蟹羹,用的是渤海产大海螃蟹,到了夏季就吃鳎目鱼,冬天吃紫蟹、银鱼、铁雀。

"天津人有一个讲究,过年过节天津人最大的特点讲究四平八稳、六六大顺。天津人讲究一个'全'字,如满汉全席、烩全丁、全家福、扒'全'素,全字是天津人常用的。

"天津人讲究菜的口味分里外口,讲究口味醇厚、回味无穷。如同听马老的相声,当时听完了走到南门外大街一琢磨自己又乐了。菜也是这样。举个最简单的例子,天津代表菜红烧牛舌尾、煎烹大虾都是外口有点甜,吃到牛舌尾的骨头缝里都是咸的,体现了一种复合味。再比如锅塌银鱼、锅塌里脊,这是天津独特的做法。包括独面筋也是,其他菜系没有的。讲究一种阴阳文化,讲究三翻四抖,'文似看山不喜平'这是天津菜的特点。天津菜的味讲究,尤其九转大肠,在全国各大菜系中,苦辣酸甜咸五味都占的没有。天津菜的发展、文化沿革根基很深的。"

魏天成独到的见解,得益于他多年的苦心钻研和实践,才可能将南北菜系齐集一堂,使厨艺升华到一种艺术的境界。

魏天成是国家烹饪界凤毛麟角的特一级厨师、天津市特等劳动模范,出席过全国群英会。北京、上海、天津的照相馆,都抢着免费为魏天成照相,他的大照片被放置在橱窗内,供人们欣赏。尽管如此,魏天成并没有故步自封,依然虚心好学,博采众长,孜孜不断地追求厨艺。天津烹饪界至今流传一段他拜周家食堂安筱岩为师的佳话。

安筱岩何许人也？1949年前，天津有位出名的周衡律师，他有位能干的贤内助韩秀芬，她烧得一手闽菜佳肴，带出了两位烹饪高手，大徒弟便是安筱岩。1947年后，韩秀芬出山开一家饭庄，名曰周家食堂。主灶是安筱岩，他祖上曾在宫内御膳房供职。安师傅擅烹江苏风味菜，是三江（闽江、浙江、江苏）菜高级名厨，周家鱼、周家排骨都是他独创的，拿手菜为清蒸鱼、酱汁排骨、糟烩鸭丁，使人百吃不腻。周家食堂为家庭食堂，做的是家庭饭菜，选料精致，做法别致，味道独特，一时名噪全国，使得周家食堂（今苏闽菜馆）成为名人雅士的聚集地。梅兰芳、王光英、毕鸣岐、周叔弢等曾是周家食堂的常客。

而此时，鼎鼎大名的魏天成要拜安筱岩为师（魏天成是特一级厨师，安筱岩那时还不是特一级），周家食堂上下震动不已，也惊动了天津市烹饪界。魏天成当时名望正盛，这么大的份儿谁能驳面儿？韩秀芬和安筱岩十分为难，却经不得魏天成的恳求。安师傅思考再三，提出派自己得意弟子同向魏师傅拜师。

魏天成这么大的牌儿，能够放下架子拜师学艺，市长李耕涛亲自主持拜师仪式，书写了一段名厨双拜师的传奇佳话。

魏天成本来是烹制百鲜的行家里手，只需安筱岩只言片语的一点一拨，顿时对周家菜系已领会明白。惺惺惜惺惺，安筱岩悄悄送他一本手稿：《周家食堂菜谱》，是他一笔一画写出来的。

魏天成拜安筱岩为师，用心学习研究，逐步将鲁菜的火候、苏杭的刀工、川菜的调味、粤菜的作料熔于一炉，并保持了南甜、北咸、东淡、西浓的特色；用天津本土食材——河海两鲜烹出美食佳肴，成为一代享誉南北的名厨。

五、人品似金　孜孜奉献

虽说魏天成头上的光环很耀眼——市特等劳模、特一级厨师，但在亲朋好友和徒弟们眼中，他就是一位普普通通的人：在单位他是一心扑在工作上的普通劳动者；在家里，他是安静慈祥的老人；在徒弟中间，他是一位爱徒又严厉的师傅。下面我们不妨再现几段他身边人的讲述——

魏天成女儿魏智慧这样描述她父亲："从小就教育我们'不说假话，老老实实做人。'父亲对待徒弟特别好，在生活上经常帮助徒弟。父亲过生日、过年，徒弟、同事都去家里，有刘佩云、刘新田、王廷鑫、陈守和等，我们都不上桌。

"工作永远是第一位的，单位就是家。我们从小就和父亲很陌生，因为他总是不在家，每天早上很早就走了，晚上很晚才回来，还经常住在店里，即使在家也很少说话，记忆里没和父亲一起过过年。因为父母没有时间照顾我们，我们从小整托，在幼儿园一周回家一次，也正是这个原因，我大姐晚上两年学，和我一起上的学。父

魏天成和老伴

亲满脑子就是工作，基本没带我们出去玩过。记得一次父亲从北京开会回来，带我们去了一次人民公园，仅有这么一次。

"父亲在家里很少做饭，我们都没学到他的手艺。父亲做的抻面汤很好喝。我女儿说，有一次姥姥不在家，姥爷炒了一个绿豆菜和西红柿鸡蛋，别提多好吃了，那个味道再也没吃到过，记忆特别深……"

在外孙女的印象里魏天成是这样的："和姥爷在一起生活的时间中，那时我们的年龄还太小，姥爷给我的深刻印象就是他是一个说话不多、安静慈祥的老人，从来没有因为自己的技术而骄傲，对家人宽容，关爱孩子。我上学的时候，放学回到家里写作业，姥爷还会翻看我的作业本，总是夸奖我字写得好，给了我很大的鼓励……

"平时他在家的时候，总是喜欢种养一些花草，有文竹、米兰、茉莉花……姥爷是一个生活简单的人，每天吃饭就要求一碗挂面汤。只是在过年的时候，当桌上摆满了美味佳肴，他也只是吃吃蒸好的扣肉，自家做的泡菜，再配上一小杯白酒，桌上的其他饭菜几乎不碰。

"姥爷虽然厨艺精湛，但他从来不炫耀骄傲，他淡泊名利，未曾在家人、朋友面前炫耀自己的厨艺，也从来没有利用自己的优势有所图，他没著过书，自己对所掌握的技术没有过记录，在家里从来不谈及他所掌握的领域，几乎很难让我感受到他是位名厨，一直让我觉得他就是一位身边亲切的老人……每年当他过生日的时候，家里很热闹，亲戚朋友都来看望他，但给我的印象也是他安静地坐着，礼貌友善但说话不多，仿佛过生日的主角并不是他……"

曾经同魏天成工作过的刘新田这样回忆道：

"第一，我对魏师傅有一种崇敬心理；第二，曾跟魏师傅一起工作过感到骄傲。

"1974年,我在财贸学校实习后分配到川苏菜馆。魏师傅是这样一个人,他在技术上精益求精,社会上威望很高。在天津出名,北京、上海都有魏师傅的传说。我当时是学徒,家里住房紧张,仅10平方米,生活也比较困难,父亲得了癌症。我每天住在单位里,魏师傅也住单位里,还有一位胡师傅胡文魁,有时候晚上聊聊天。我不是魏师傅的徒弟,他徒弟很多,有康丽冀、王兴玉、王学田、王文通、张庸等。我正式学活儿是跟康丽冀学的,王兴玉那时在玉华台。我为什么感激他(魏天成)呢?晚上有时候师傅高兴了就告诉我,去把后头的火捅开,我开始以为是做点夜宵吃。不是,让我准备点原料,魏师傅要亲自教我活儿,当时魏师傅教过我鱼香肉丝、烹大虾、干炒牛肉丝。在菜品研究上,好多都是魏师傅的成果。那时候,魏师傅对菜是精益求精,前头炒菜,他在后头看着,看炒得不好,就掉脸儿。

"还有就是我结婚时,那时候我家里困难,结婚去北京转一圈就算旅行结婚了。回津后,魏师傅说结婚是人生大事,怎么着也要请双方家属、领导、好友、同事一起聚聚,就在宏业菜馆给我订了4桌,魏师傅给我掏了两桌的钱。所以我一直心存感激……有一个阶段我被调到永庆基层店工作(管理宏业、川苏、和平餐厅、永庆楼、江南面馆5家饭馆),后来组织上又让我学开车。魏师傅知道后很不高兴,两次找到我岳父,同时也和我说过多次,希望我学烹饪手艺,可见魏师傅对烹饪这行的热爱。"

下面是一位曾在玉华台工作过的服务员刘佩云的回忆——

"在玉华台时跟着魏师傅,我们都叫他魏大爷……

"魏师傅生活上很低调,虽然他是全国劳模,但是他不张扬,不讲吃穿,他早晨在家吃完早点,我们玉华台那会儿9点30分上班,他8点就去了,9点30分我们到了,他已经在那儿干上了。就看桌子上摆的很多虾,他就在那儿铰,把虾铰完以后给厨房。玉华台放酒的柜子前头有个条案子,中午营业了,魏师傅准站在条案子旁边,厨房做菜他都看得见,谁要做得不好,他马上到后边去,告诉你这个菜应该怎么做。他的眼很管事,徒弟们做的干烧鱼、鳝鱼丝,从他面前一过,哪个不行他马上让回去重做,他对菜的要求比较严格。魏师傅中午吃饭时,一般就喝点啤酒,然后回家吃饭,吃完饭我们还没到他就回来了。下午上班他还站那儿,他往那儿一站,客人就都来了。我们就说,怎么别人站那儿就不行呢……

"魏师傅人品好,对别人从来没有要求,但是你活儿干得不好他得说。老师傅对徒弟要求严格,你菜做不好,他有时也急。对技术上要求严格,其他方面随和……

"魏师傅人脾气好、随和,他工资高,我们就跟他逗,让他掏钱给我们买好吃的,他就掏钱,让我们到康乐买奶油冰棍,到泰隆路买好吃的,他看着我们吃他就乐。魏大娘手巧,原来在刺绣厂上班,做饭好吃,有时给魏大爷送来饺子,大伙儿你一个我一个捏着吃,最后一个也没给魏大爷剩,魏大爷也不生气,看着我们吃他高兴……"

如果还嫌不足,我们再摘录一段档案馆关于魏天成1962年劳模事迹表——

(1)1961年后,市领导为繁荣市场,扩大货币回笼任务,决定把玉华台恢复起来。原来玉华台的老师傅死的死,老的老,失散的失散,这时在和平烹饪技校任教师的魏天成带领12名学生主动接受了这个任务,担起了复业的担子。仅有的6个师傅中没有一个是玉华台的老人,而且很少是南方馆的师傅。技术力量弱,工具设备全无。他购买工具,垒炉灶,日夜奔忙,饭庄得以很快复业。1961年12月1日,玉华台饭庄复业开市了,为了把徒弟带好,业务搞上去,他重新制定经营时间。大家克服不断出现的困难,1962年,全年完成回笼任务80万元,上缴利润40万元的完美成绩。

(2)恢复经营品种,创制出了10多种北菜南做的新品种。通过改进制作方法,搞以猪代牛等办法,在其他师傅的配合下,一年来恢复了100多个菜品。经过他的积极建议及带头改进,先后恢复了名特产品:江南蟹壳黄烧饼、银丝卷等11个主食品种,营业额由每天的1500多元,增加到3000多元。他了解到许多顾客因为点不到爆三样、炒肝尖、炸丸子等北方菜快快而走时,魏师傅心里很不舒服。他和其他师傅商量能否增添些北方菜。有的师傅说,怕混淆了南北馆的特色。魏师傅说,玉华台坐落在北方人较多的南市,进饭馆的顾客中北方人很多,这是现实。当时附近的北方馆天和玉、全聚德也非常忙,他就向领导提出北菜南做这个建议,在试制操作时他给徒弟们示范。在他的努力和大家的配合下,创制了炒肝尖、熘鱼片等十余种北菜南做的新品,营业额上升了1/3。随着市场的好转,饭庄已不能满足顾客的需求了,顾客反映菜品丰富,主食单调了。他建议增添主食品种,门丁、银丝卷等,把玉华台非常有名的蟹壳黄烧饼也一起添上。仅用了3天时间, 就把主食品种由3种增加到11种,尤其是多年不见的蟹壳黄烧饼吸引了周边大批的南方顾客。

(3)改善经营管理,建议建立了原料的验收、领用保管制度。竹牌改用三联单的办法,改进服务、会计、厨房三核对的办法,改进按次序上菜的办法等。1962年1月,他学习全聚德灶的垒法,亲自动手把灶进行了改进。改进后,火力壮,出菜快,全年可节煤180多吨。他看到徒弟煮肉时,浮油都跑了,他就教撇油方法,每月撇油110多斤,全年撇油1000多斤。年初来的17个徒工,全部能顶岗。

(4)培养人才。1962年以前,在和平区烹饪技校时,他培养的90名徒工,有48名达到了中灶厨师水平,52名会做一般菜品,除了采取自己炒菜让徒弟看,边做边讲的方法外, 还组织徒弟们开展竞赛,同时让几个徒弟做一种菜,做好后共同评定谁做得好,就让谁炒,其他人观摩,调动了大家的积极性,掀起了比学赶帮热潮。他一有空就给学生讲基础理论知识,讲各种菜料的产地成分、用法和好的传统服务方法,年轻人总是把他围起来听他讲课,他把这种教学方法称作因地制宜。

也许没有比以上这些亲历亲闻之人的追述和档案记录更真实亲切的描述了,从中我们仿佛看到一位公而忘私、和蔼可亲且形象鲜活的名厨站在眼前。

六、振兴名店 厨艺超群

魏天成两次结缘玉华台饭庄,传承弘扬了淮扬菜的精髓。

玉华台是经营淮扬菜的餐馆。它的前身为玉华台饭馆,是淮安人马少云于1943年8月15日创建的。马少云看到天津是水陆交通要道,许多南方人来天津做生意,开设淮扬菜馆有利可图,于是在今和平区滨江道福厚里6号,开设了天津玉华台饭馆。1945年日本投降后,马少云离开本店,玉华台由一位姓裴的先生经营,后因多种原因,经营时间不长便关闭。

新中国成立后,天津市市长李耕涛为发展经济,繁荣市场,主张恢复各菜系的特色餐馆,并在南市重新筹建玉华台饭庄。李市长亲自题写了匾额。1964年,玉华台饭店迁到和平区黄家花园山西路,面积400多平方米。黄家花园一带南方人较多。玉华台饭庄开业后,顾客盈门,生意兴旺,1981年,玉华台改名为聚华楼饭庄。

1982年,王光英在天津任副市长时提议恢复玉华台的老字号及传统淮扬菜,王光英还请当时全国人大常委会副委员长胡厥文题写了"玉华台餐厅"牌匾。王光英亲自找到魏天成,提出要恢复淮扬菜。于是1983年在黄家花园重新成立了玉华台饭庄。魏师傅当时在川苏,调任玉华台经理后,他根据王光英副市长提出恢复淮扬菜的要求,亲自挑选四梁八柱人选。饮食公司为此专门组织相关人员去上海等地学习淮扬菜。

20世纪90年代初,魏天成(前排左三)、韩世文、张尚志三位评委与全市特一级厨师考评通过者合影留念

淮扬菜在我国各菜系中享有盛名。其特点是,选料严格、制作精细、造型美观、讲究汤口、口味清鲜,一向有"浓而不腻、淡而不薄、咸甜适中、南北皆宜和酥烂脱骨不失其形、滑嫩爽脆不失其味"的美誉。魏天成肯用脑子,苦心钻研,天津玉华台在魏天成等人的不懈努力下,传承保持了这些特点,其名菜有原汁鱼翅、清炖蟹黄狮子头、拆烩鲢鱼头、扒烧整猪头、镇江肴肉、大煮干丝等。玉华台的鳝鱼菜有上百种,如炒鳝鱼糊、炒鳝鱼丝、炒软兜带粉、大烧马鞍鳝、炝虎尾、炒生敲鳝鱼等。玉华台的特色面点有淮扬汤包、咖喱饺、蟹壳黄烧饼、萝卜丝饼、核桃酥、黑芝麻糊等。至此,玉华台老字号又以新貌面市,很受广大市民欢迎。

1991年,玉华台被扩建为6层大楼,面积3000多平方米,并改名为玉华台大酒楼,成为天津淮扬菜系涉外酒店。先后有一批现代名厨,如丁洪俊、王兴玉、韩世文、魏振生、张尚志等在玉华台主厨。国家和市级领导以及社会知名人士,多年来对玉华台都十分关心,全国人大常委会副委员长王光英、历届市领导对淮扬菜都给予了很高的评价。世界著名数学家陈省身教授曾多次来玉华台就餐并题字"淮扬美食"。玉华台大酒楼的经济效益在同行业中名列前茅,成为天津商业的支柱企业之一。

魏天成厨艺超群,在炒菜时特别地讲"范"、有"派",他的师傅华士元上灶时就是穿白色的绸缎衣服,从来不戴围裙。魏天成也是,他炒完菜,灶台对面是汤锅,锅沿上还有衣服上都没有油。所以当时传承了华士元的那个"范"。玩"派"就是讲究干净,他做完菜工作服上没有菜汁油污,就连脚下老美华便鞋的白边也从来没脏过。

魏天成对技术精益求精。他要求做南菜大的蒜片不能用,都是要把蒜切成米粒大,葱也切成米粒大,姜也切成米粒大。

川苏饭馆卖榨菜肉片汤,那时候烧煤,得把勺搭下来撇沫子,这虽然是一个最简单的汤,先汆肉片,把肉片汆熟了,又软又嫩,汤要好汤,要把沫子撇干净。有人说做这么简单一个汤还要那么细吗?魏天成提出,咱们南菜馆就讲究一个干净,一点沫子不能有。比如炒鱼香肉丝,据厨师刘新田所见,魏天成是用油煸,煸时连辣醋等一块下去,这样它(挂的糊)就抓了,然后再掂配着下主料,泡完的肉丝下去,再掂配肉丝,肉丝已经滑过,有几分熟了,为了把这个色裹到肉丝上,还要煸,肉丝就快熟了,所以在炒的时候就不允许多掂勺,最多掂三下就得出勺。魏天成认为,真正把一个菜炒好了里面学问很大。过去一些老菜制作起来都有难度,但都是老一代认真摸索出来的,全需要实实在在去操作,不能有半点虚的。如扒菜,大翻勺是基本功。

扒菜是常用的一种烹调技法,制作时先将原料经蒸、煮、焯、烫等初步熟处理加工制成半成品后,再改刀成型,排列整齐;然后炒勺上火、加油,五成热时放葱、姜炝锅出香味后,加高汤调好味,把葱、姜捞出,整齐地推入排好的原料,小火煨烧酥烂入味,改旺火,边晃勺,边慢慢淋入湿淀粉勾芡,并根据需要从锅四周淋入葱姜油、鸡油等,大翻勺,装盘。魏师傅说,精湛的大翻勺技艺要将勺内菜肴整体翻过来,达到不散不乱,干净整洁,明汁亮芡,成型大方,这是扒菜的完美条件。

魏天成的一大特长是娴熟运用各种花刀,将荤、素原料剞出橄榄、金钱、菊花、荔枝等造型,且能将完整的鸡、鸭、鱼去尽骨、杂而不伤其皮,灌水不漏;能将水豆腐和蒸熟的鸡血切成一寸长、一分宽的丝,不断不碎。素菜荤制亦为拿手,如用玉兰片仿制鱼翅、冻粉仿制燕窝、莲藕面筋仿制排骨、豆油皮仿制烤素鸭等,均可乱真;制作的象形点心形象逼真。

从事烹饪多年来,魏天成有一个重要体会,那就是要尊重每一种食材。厨师的工作就是唤醒每一种食材中那幽微的宜人滋味。甚至可以说,他的烹饪生涯是与食材相知的过程。以南瓜为例,魏天成曾说:"因为我们这个年龄的人小时候就是吃南瓜、山芋长大的,说实在的对南瓜没什么好印象。可是过了差不多10年之后,它在我的一个汤汁里面起了一个非常关键的作用。鲍汁在早年间,大部分都是用食用的色素来调的,红艳艳的颜色。突然有一天我在市场上看到这个南瓜,长得仅比拳头大一点。有一次我把它蒸熟,切开之后,突然发现它的肉汁非常非常艳红,于是我就把这个南瓜打成蓉放到了鲍汁里面,结果它彻底颠覆了我们对鲍汁的概念:第一,鲍汁颜色非常自然;第二,鲍汁呈现出非常好的一种浓度,带有浓度的口感出来了。从此我就觉得我们去审视每一种食材的时候,你都要去非常尊重地看待每一种食材,一种食材没有最好也没有最差,就是你如何在一个正确的位置上放上正确的食材,让它呈现一个最极致的状态。"

魏天成善于创新。他在跟餐饮公司去南方学习淮扬菜时，看见南方的麻婆豆腐很有特色，他就动脑子认真学习研究。

天津当时没有南方这么嫩的豆腐，魏天成就因地制宜，利用山海关豆腐，终于创造了一款具有南方特点、适合天津本地人口味的麻婆豆腐。还有他吸收淮扬菜清淡微甜的特点，创造了如最早的拔丝苹果、拔丝菠萝、拔丝水果等拔丝菜品。

魏天成的烹饪技巧，不像山东菜特别讲究翻勺，南菜能翻但不讲究翻。魏天成说，南菜，学会翻，但尽量不用翻勺，尤其川菜，小炒的菜最多，扒菜、烧菜这些川菜里很少。就像炒鱼香肉丝，拿油煸副料，魏师傅的徒弟是拿漏勺用油冲辅料，如冬菇丝、青红辣子丝、笋丝等；而魏师傅则是用油煸，煸后将调料配好，再下主料，烹入调料，最多掂两三下就出勺。

魏天成的川菜技巧一是借鉴了他师傅华老四的技术，自己又在这个基础上进行改良。有一个菜叫回锅肘子。川菜里有回锅肉，他这却是回锅肘子，把肘子搁锅里煮，抹糖色，然后盖上锅盖在油里炸，炸完再用炒回锅肉的料烧肘子。辣、香，还有些许甜，非常好吃。这是当时川苏菜馆独特的一道菜，这些都是魏天成的创新成果。他学习和继承名厨之长，利用沿海城市的海洋资源和天津人的生活习惯制作川苏风味菜肴，深受各地顾客喜爱。

魏天成擅长烹制创新名菜。他用绍兴酒糟烹制的香糟鸡丝，学习借鉴了苏州名菜东坡肉的原色、采用红曲米烹制而成的四喜肉（又称酱汁肉）；他利用川苏特有的鱼香味型烹制的素菜鱼香茄子、鱼香油菜等都是独创。

七、严师门下　高徒如云

魏天成既是中国烹饪名厨大师，还是一位烹饪教育家。

魏天成在20世纪60年代曾任和平区烹饪技术学校校长，80年代为天津市职工烹饪技术专科学校副校长、烹饪专业副教授，撰写和编辑烹饪理论教材，指导学生实际操作，培养了一大批专业技术人才，其中有的已成为著名特级厨师。

厨师这个行业有个传统，门派观念非常浓厚，师门之间相互保守，自家的技术从不外传。为什么会是这样？因为做菜的基本原理和技术大家都知道，水平高低全在于一点"小窍"，而这点"小窍"，同行识破不值半文钱。为了生存，大家都只好这样。但魏天成在教学和师带徒中从不计较这些，一心只为发扬中华厨艺。

如今，经魏天成调教授艺的门人徒弟，遍布东方、西方，穿一袭白色衫裤，抡一把魏氏大勺，引领着浩荡汹涌的老饕大军，神游酸甜苦辣，尝尽人间佳鲜。

儒厨教授魏天成，桃李弟子皆名厨。1983年，天津考评十佳厨师，魏师傅的徒弟就占3名，他们是康丽冀、王兴玉、王学田。从明星级厨师耿福林的风采中，可以见证魏天成传播华夏优秀的饮食文化对社会的特别贡献。

耿福林，国家高级烹饪技师、餐饮业国家级评委、天津烹饪大师、国际烹饪大师、国际名厨美食金绶带奖得主、天津餐旅职业培训学校名誉副校长、天津利顺德大饭店技术顾问。师承名厨荣益海、王梅景、魏天成、张振轩、崔小宝。精通津派本帮菜、冷拼雕刻、面点及多种地方风味菜。从业于利顺德大饭店任主厨，曾多次为毛泽东、周恩来配膳。他还研制推出了耿家宴，其中，荷叶米粉乳鸽、太极明虾、五香童子鸡、白叉烧肉、蟹粉狮子头等誉满四方。

魏天成(前排左二)与青年职工在一起

魏天成1991年在天津市职工烹饪技术专科学校副校长任上退休,7年后因病去世。

综上可见,魏天成长期从事中国餐饮文化研究和探索,德艺双绝,并在业内享有较高的声誉;对我国的南北大菜有深入的研究,擅长菜品开发;在培养人才方面成绩卓著,造就了一批优秀的厨界人才。魏师傅从事餐饮数十载,为华夏饮食文化的发展做出了突出贡献。

(部分资料提供者:佟庆荣、刘佩云、张荣、周秀云、姚铁臣、王淑华、
李振洋等)

安筱岩与周家食堂

方兆麟

安筱岩
(1901-1972)

上些岁数的天津人，几乎都知道"文革"前黄家花园有家赫赫有名的餐馆叫周家食堂，虽然不一定人人都去那里吃过饭，但它的周家排骨、周家鱼却尽人皆知。后来，该餐馆改名为苏闽菜馆，搬到天津医科大学总医院旁边经营，虽然地点繁华了，营业面积也扩大了，但招牌远不如周家食堂响亮。一家餐馆的影响力之大小，不在于它的招牌如何，最主要的在于它的大厨，如果大厨手艺超群，必然总有回头客，并会口口相传而闻名于"市"。反之，大厨手艺平平，招牌名字起得再响亮，题牌匾的人再有名、字再好，也是门可罗雀、无人问津。而当年营业面积仅有50多平方米的周家食堂，之所以能吸引全国各路名流前往品尝，就是因为它有一名擅做苏闽菜的大厨安筱岩，他的精湛技艺赢得了顾客们的盛赞，也为周家食堂创下了响亮的声誉。

一、从学徒到家厨

1901年农历八月初三(9月15日)安筱岩出生于北京一个贫苦家庭中。据他的后人讲,安筱岩的父亲曾在御膳房做过事。据当过御膳房掌案、后来成为太监总管的小德张回忆说,御膳房是宫内最主要的部门,仅厨师就有数百名,外雇年幼效力的还有200多名,但大多数不是太监,这些人每天早5时进宫,下午5时出宫,因为宫内规定,除太监外任何男人不准在宫内过夜。

安筱岩9岁时开始读私塾,5年后(1915)便到坐落在北京东四七条的醒春居饭馆学徒。这个醒春居饭馆现在很多人都不知道了,但当年在北京可是著名的江苏菜馆,糖醋黄鱼、粉蒸肉、糟熘鱼片等是它的拿手菜,与南味斋、春华楼、玉春楼齐名,都是北京有名的淮扬菜馆,喜爱淮扬菜的鲁迅就经常光顾这些菜馆。

醒春居出名不仅在于它的菜品,更在于它的景致。醒春居所在的地点,原是曾任成都将军、四川总督、内务府大臣奎俊的私人住宅,这是一所宽敞宏大的花园别墅,除住宅外,还有一个具有江南园林风格、有戏台的大花园。清政府垮台后,宅子主人将戏台、园林、厅房划出一部分,租给商人,开设了醒春居菜馆,因此醒春居既有淮扬名菜,又有园林之胜,成为官僚政客、各界名流等经常"雅集"的地方,盛极一时。北洋时期中国著名外交家伍廷芳之子伍朝枢[①],在其1917年日记中提到经常光顾的菜馆中就有醒春居。

---

①伍朝枢(1887—1934),广东新会人,民国时期外交家、法学家。生于天津,10岁起随时任驻美公使的父亲伍廷芳留美,20岁赴英国伦敦大学攻读法律。1911年从英国学成归国后,时值辛亥革命爆发,出任湖北都督府外交司司长,历任外交部条约委员会会长、国会众议员等职。1917年随父亲伍廷芳脱离北洋政府,南下参加护法运动,历任广东军政府外交次长、广东大元帅府外交部长、南京国民政府首任外交部部长、驻美公使等职。

然而让醒春居在历史上出名的还不是它的美食，而是1915年春夏之交号称"大总统门生"的女界名媛沈佩贞暴打国会议员的新闻。不过更准确地说，这件事应该是个龌龊的丑闻。

沈佩贞何许人，竟敢暴打国会议员？她是个崇拜政治领袖人物的风流女子，原籍湖北黄陂，与黎元洪是同籍。因是同盟会员，曾与黎元洪相识交好。后来为争取女权，来到北京，先是四处演说、上书，并纠集起一批所谓新女性，其中不乏名门闺秀、虚荣女生，组织了女子请愿团，自任团长。1912年8月，沈佩贞作为同盟会会员，参加了在北京湖广会馆举行的同盟会改组大会，会上因由宋教仁草拟的新党章中禁止女性加入，她与另一女盟员唐群英一起冲上主席台打了宋教仁，故被人称为"女志士"。之后，热衷于政治投机的沈佩贞，傍上了执掌京城治安大权的步军统领江朝宗，认其为"义父"，不久又认段芝贵为"叔父"，并借助这两位权贵的引荐，往来于新华宫，很受袁世凯赏识，将其收为"门生"。因此，沈佩贞的名片上赫然印上"大总统门生沈佩贞"几个字，风光一时。

1915年春夏之交的一天，沈佩贞率领靓装艳服"新女性"10多人来醒春居欢宴，置酒筵于假山边海棠树下。大家脱鞋解袜，换穿绣花拖鞋，谈笑风生，毫无拘束，并邀男宾加入。微醉时，有人提议以"闻臭脚"为酒令，如令到接不上来者的，罚醒春居酒一杯（一茶杯绍兴酒），闻臭脚一次。有些男客故意被罚闻脚，以此作乐。不想，此事被正在醒春居吃饭的上海《神州日报》记者看到，便在报纸上给曝了光，并连刊三日。

沈佩贞看到报道后十分愤怒，要求《神州日报》社长汪彭年登报澄清并赔礼道歉，被汪拒绝。汪彭年也是有来头的人物，他哥哥汪康年是《京报》的创办人；他本人与袁世凯的幕僚杨度私交甚密，因此根本不理会沈佩贞的要求，仍在报端揭露隐私，内容涉及江朝宗、段芝贵等要人。于是沈佩贞率领她的娘子军二三十人，会同她的干爹江朝宗的士兵10多名，浩浩荡荡直奔汪彭年的府上，高声叫骂，摔桌子砸板凳，闹得不亦乐乎。汪彭年见势不妙，早从后门溜走。当时寄居在汪府的国会议员郭同，看见她们胡作非为，便出来制止，结果被她们一顿暴打。郭同盛怒之下将沈佩贞告上首都地方审判厅。事情闹大了，江朝宗等也不敢出面了。袁世凯也感到自己的"门生"实在丢脸，就放出风来要求法办。最终的结果是郭同胜诉，沈佩贞罚禁押半年。但入押不久，江宗朝等即将其保释出来。这场风波过后，沈佩贞也就风光不再了。

这件事虽不太光彩，但无形中却给醒春居做了个大大的免费广告，使其更名扬四方。恰恰就是在这年，安筱岩来到了醒春居当学徒。

1918年，安筱岩在醒春居学了3年徒出师后，被师傅安排到铁路上做包饭①，一做就是两年。在这两年实践中，安筱岩勤学苦练，刻苦钻研厨艺，手艺大有长进。后经人介绍，于1920年来到在财政部任职的郑绍鹤家中当了私家厨师。

郑绍鹤，福建人，原在海军部军需司任职，后又去了财政部。北洋政府历任海军总长萨镇冰、刘冠雄都是福建人，福州马尾船政学堂也培养了大批海军人才，因此海军中福建人很多，所以郑绍鹤能在海军部谋个差事也不是多难的事。他为人很有公子哥的做派，好讲排场，夸夸其谈，善用心计。也正因为如此，1934年郑绍鹤靠着招摇撞骗当上了大中银行天津分行经理，以后他又在北平成立了分行，并利用大中银行有发行钞票的业务，私印私发了40万元钞票，并监守自盗14万元行款，案发后被送交北平市警察局法办，至此，

---

①包饭，即双方约定，一方按月付饭钱，另一方按一定标准供给饭食。

人们才知道他的所谓私家车、佣人等，都是借来的，此人原来是个拆白党。后来其家属托人说情，郑绍鹤才获得保释。不过这些都是后话了，那时安筱岩早已离开郑家来天津了。

安筱岩1920年来郑家当厨师时，郑绍鹤为了拉拢关系，经常在家里摆宴，以显示自己阔绰、交际广泛。安筱岩在醒春居学的是做淮扬菜，后经自己钻研，厨艺日增，到郑绍鹤家任私家厨师后，厨艺进一步得到提高，很受宾客称赞，因此在郑绍鹤家里日复一日地做了10年厨师。郑绍鹤是福建人，爱吃家乡菜，在这10年里安筱岩在一位擅长闽菜的师傅指点下，学会了做福建菜。这10年的历练，为他后来成为周家食堂的主厨，奠定了重要基础。

在这10年中，安筱岩的生活是比较稳定的，也有了一定积蓄，也就顺理成章地完成了娶妻生子的人生大事。安筱岩的夫人朱氏，是北京满族人，贤惠能干。安筱岩当私厨每天得从清晨忙到半夜，根本顾不上家里的大事小情。朱氏就将家中里里外外的事都承担起来，让安筱岩能安心做事。无论是在北京，还是后来搬到天津，朱氏都将家里家外的事料理得井井有条，丝毫不用安筱岩操心。不幸的是，1939年朱氏病逝，中年丧妻对安筱岩是一个很大的打击。原本就不爱说话的他，变得更加寡言少语。安筱岩心疼尚年幼的孩子，决心不再另娶，毅然一个人挑起了抚养三个儿女的重担。

1931年，天津有位周衡大律师，是江苏宜兴人，其夫人韩秀芬是天津人，二人都是美食家，对南北方的饮食文化多有研究，韩秀芬还能亲手烧几道好菜，并能结合南北方菜肴的不同特点，独创一些新菜品。周家曾聘请一位原在中国银行掌灶的陈师傅来家中做饭，该厨师厨艺高超，烹饪技艺别具风格。当周律师得知安筱岩既擅长淮扬菜，又会做福建菜后，便以高价将安筱岩聘到自己家中当私家厨师。这样，安筱岩携全家随周律师来了天津。刚来天津那几年,安筱岩一家就住在周律师家中。周衡律师的家在当时的英租界53号路,也叫益世斌路(1945年后改名柳州路)2号,是一个二层小楼,两家人住在那里还算宽敞,以后安筱岩才搬到了教堂后西宁道宝祥里居住。

江苏宜兴周家,是当地望族,历史上有名的"除三害"的周处,就是宜兴人。据有文章说,周衡律师的祖先周燕如曾任明朝首辅大学士(宰相),颇有名气。周衡自幼受过良好教育,早年留学日本学习法律。他本人兴趣广泛,对书法、绘画颇有研究,尤其收藏善本甚丰。周衡曾当过县官,但在当时中国官场中,周衡的才华难以施展。于是挂官卸任,闲居天津,后在周公馆挂起了律师牌子。

律师是个交际广泛的职业,使周衡结识了众多的社会中上层人士,其中尤以银行界居多。周律师与夫人韩秀芬甚为热情好客,每当有朋友来周家拜访,周家总要留饭,且必以美味佳肴相款待。因此,造访周家的银行、工商等各界的朋友,经常能够尝到几道色香味俱佳、清淡可口的菜肴。起先是朋友们,后来是朋友的朋友,久而久之,圈子越来越大。周家菜肴色香味俱佳、清淡可口,名声渐渐传开,慕名食客不断,更有甚者,欲借周家之地请客品尝周家美食。周公馆既不便拒绝,又深感应接不暇。于是周衡的一些朋友便出面劝说,干脆收起律师的牌子,多请几位精通厨艺的帮手,开设一家独具特色的"周家美食"菜馆。1947年,周律师与夫人几经核计,最终下定决心,腾出自家住房一楼,领取营业执照,开办了苏闽风味的私家菜馆,韩秀芬任菜馆经理。不过,由于营业面积仅50多平方米,要吃饭必须事先预订,不接受散座。安筱岩也从周家的私厨,转变为面向社会做公馆菜的主厨。他对自己的要求也更加严格,从选料到配菜,再到灶上,每一个环节都必须精益求精,绝不马虎敷衍。

二、任周家食堂主厨

周家私家菜馆一开张,便整日顾客盈门,应接不暇,区区50多平方米的餐厅难以满足"吃货"们的要求。每天从早忙到晚的安筱岩看到有这么多顾客登门,心里自然也很满足,因为这是自己的价值体现。常来菜馆吃饭的,不乏天津有名的美食家,像周叔弢、毕鸣岐、张学铭、陈亦侯等这样的名家,他们不仅能品尝出这些菜的特点,还能指出美中不足之处,这让安筱岩大为受益。俗话说,褒贬是买家。安筱岩把这些意见建议记在心里,闲时就反复琢磨推敲。为了保证菜品质量,韩秀芬和安筱岩一起,从选料到灶上,每一道环节都严格把关,原料不能以次充好,用料不能随意加减,火候不能马虎,一定要做到让所有顾客都吃得满意,吃到地道的苏闽风味。韩秀芬自己也会做福建菜,有时还亲自掌勺做几道菜。她也经常与安筱岩切磋,对原有菜品进行改良创新。安筱岩也从老板娘那里学了一些福建菜的做法,使自己厨艺得到进一步提高。

淮扬菜和闽菜,都名列中国八大菜系之中,深受人们喜爱。特别是淮扬菜,以中国"东南第一佳味,天下之至美"而享誉世界。

淮扬菜基本上是长江流域几省菜肴的总称,它吸收融汇了江苏、浙江、安徽、江西等地菜肴的基本特点,经过上千年的传承发展,形成了口味清鲜平和,咸甜浓淡适中,南北咸宜的特点,也被人们称为"三江菜"。淮扬菜选料严谨,原料多以江河水产为主,注重鲜活;制作精细,讲究刀工,造型美观,色彩鲜艳;在调味上讲究清淡,突出本味,鲜咸而略带甜味。淮扬菜重视调汤、火功,擅长炖、焖、煨、焐、蒸、烧、炒,著名菜肴如清炖蟹粉狮子头、煮干丝、三套鸭、水晶肴肉、松鼠鳜鱼、梁溪脆鳝、拆烩鲢鱼头、清蒸鲫鱼等。其菜品细致精美,格调高雅,色香味形俱全。

淮扬名菜馆早年在天津为数不多,只有紫竹林、鲜味斋、江南第一楼、新园(附设于新旅社楼上)、通商饭庄、新泰和及玉华台等数家。天津的玉华台餐厅建于1943年,是扬州人马少云来津开设的,在今和平区滨江道福厚里六号楼上,有扬州小吃汤包、核桃酪,又有淮扬炒鳝丝、炝虎尾等名肴。为了突出淮扬菜特点,还专门从扬州请来刁、邰、卢三位厨师掌勺。由于经营得法,在津的南方客人给予较高评价。

淮扬菜在我国各菜系中享有盛名,其特点是选料精细,突出主料讲究汤口,造型美观,味美清鲜,向有"浓而不腻,烂而不糊,淡而味鲜,咸甜适中"和"酥烂脱骨不失其形,滑嫩爽脆不失其味"的特点。天津玉华台餐厅保持了这些特点,如原汁鱼翅、清蒸蟹黄狮子头、肴肉、干燔大虾、水晶虾饼、番茄虾球、松鼠鳜鱼、梁溪脆鳝、莲花童鸡、镜箱豆腐、煮干丝等都是淮扬名菜中精品。玉华台擅长做鳝鱼菜,他们用鳝鱼为主料按淮扬做法有十几种,其中鳝鱼丝、炒鳝鱼糊、马鞍鳝、炝虎尾、炒生敲鳝鱼等更受欢迎。玉华台餐厅的淮扬面点有淮阳汤包、咖喱角、蟹壳黄萝卜丝、核桃酪、黑芝麻糊等多种小吃。

闽菜地域特点比较浓厚,分为以福州为代表的闽东、闽北菜,口味淡爽清鲜,重酸甜,讲究汤提鲜;以厦门为代表的闽南菜,口味以料调味,重酸辣;以客家为代表的闽西菜,食材多为山珍,口味偏重咸辣。故而闽菜有三大特色,一长于红糟调味,二长于制汤,三长于用糖醋。其烹调特点是,汤菜清,炒食脆,味厚鲜。其烹调技法以蒸、煎、炒、熘、焖、氽、煨、爆、炸、炖为特色。由于福建沿海盛产海鲜,因此闽菜中擅用海鲜为食材烹制佳肴,注重甜酸咸香、色美味鲜。

闽菜注重刀功,有"片薄如纸、切丝如发、剞花如荔"之美称,而且一切刀功均围绕着"味"下功夫,使原料通过刀功的技法,更体现出原料的本味和质地,使原料的自然美在经过精心烹制后,高度融合,达到表里如一的效果。闽菜中除了著名的佛跳墙外,还有七星鱼丸、乌柳居、白雪鸡、醉排骨、红糟醉香鸡、红糟鱼排等。

说到佛跳墙,这里就稍微多说几句,因为这也是周家菜馆安筱岩的一道拿手菜。

佛跳墙是闽菜中的首席名菜,至今已有100多年历史。相传这道菜始于清同治末年(1874),福州一钱庄老板设家宴招待福建布政使周莲。此宴由其夫人亲自操办,采用鸡、鸭、肉、海参、鱿鱼、鱼翅、干贝、海米、猪蹄筋、火腿、羊肘、鸽蛋等18种原料,辅以绍酒、花生、冬笋、冰糖、白萝卜、姜片、桂皮、茴香等配料,效法古人放在绍酒坛内文火煨制而成,取名福寿全。周莲大快朵颐,赞不绝口,回去即命衙厨郑春发前来求教。郑春发学会后,在用料上减少肉类,偏重海鲜,味道更加香醇可口。后来郑辞去衙厨,自己开办了聚春园菜馆,推出此菜,生意兴隆。一次几位举人和秀才慕名而来,当此菜端上来揭开盖时,香气四溢,众人品尝后无不赞好,争相吟诗作赋,有人当场吟诗赞曰:"坛启荤香飘四邻,佛闻弃禅跳墙来",由此此菜改名为佛跳墙。

另有一种说法,相传清道光年间,福建某山一庙中有个小和尚,平日打理清扫寺庙环境,偶尔会私藏些供桌上的牲礼,倒在瓦罐里存放。有天晚上小和尚饥肠难耐,想到瓦罐里还存着一些牲礼供品,遂把罐里各种材料集在一起,爬到庙外空地以柴火焖煮,结果瓦罐中杂烩味道颇佳,之后隔段时间小和尚就开次洋荤,偷偷打一番牙祭。直到有一天,庙内老和尚夜半起床方便,无意间闻到庙外有一缕奇香飘来,便循香而去,意外发现是小和尚偷偷以旧瓦罐装各种菜料煨在一起,烹调出这样不同凡众的异香,老和尚情不自禁地加入打牙祭行列,因此而得"坛启荤香飘四邻,佛闻弃禅跳墙来"的说法。

还有一种说法,有一饭馆大年三十封门前,掌柜的怕店里所剩食材坏掉,便让厨师将所有未用完的零散鸡、鸭、肉、海鲜等食材收集在一起,放在坛子里炖上,并招呼所有伙计一起喝酒吃饭。等待中,大家闻到从坛中飘出的奇香,觉得很奇怪,揭开坛盖时,坛中气味香飘四溢,令人垂涎三尺。这个香味吸引了一位正冒着寒风匆匆赶回家过年的秀才,秀才不由得走进店来。掌柜的一见,顿生"同是天涯沦落人"之感,热情地邀秀才一起吃年饭。又冷又饿的秀才感觉从来没有吃过这么香美的菜,问掌柜的这是什么菜?掌柜的一时语塞,答不上来,便对秀才说,这菜还没有名字,你是秀才,这顿饭不能白吃,给这个菜起个名字吧。秀才想了一下说,开坛香四邻,佛闻跳墙来,就叫它佛跳墙吧。

不论有几种说法和传说,大体意思都差不多,这些故事非常生动形象地表达了这道美食的诱惑力,即使没尝到过这道菜的人,听到这个故事后也会勾起食欲,令人产生遐想。

周家私家菜馆于1947年对外营业时,名为周家家庭食堂。之所以称为"食堂",大概有几个原因:一是在自家公馆中,营业面积小,只接受订餐,不卖散座;二是属于私家菜,有别于其他菜系类;三是低调经营,不张扬。经过两年运营后,到了1949年菜馆名称正式定名为周家食堂。1952年后才开始接待散座客人。1966的"文革"开始后,一度改名为红卫兵食堂,后正式更名为苏闽菜馆,一直沿用至今。安筱岩从1947年起至1965年退休,一直担任周家食堂主厨,可以说周家食堂响亮的名字与安筱岩的名字是紧紧连在一起的。

天津作为中国北方最大的工商业城市、国际大码头,论餐饮,可以说中西大餐、南北名菜、各路小吃,无所不有,那么一个后起之秀且营业面积很小的周家食堂凭什么而出名？又凭什么而赢得了这么多名人前来品尝并给予赞誉的呢？当然是它的菜品。当年安筱岩在周家食堂苏闽菜系基础上自创的几道独特的名菜，吸引了无数顾客，使周家食堂名扬天下。其中最具代表性、至今为人们所津津乐道的，就是周家排骨和周家鱼。

以猪排骨为食材做菜，可能所有普通家庭都会做，而且东、西、南、北有各种各样不同的做法，即使是清炖排骨，亦因每家手法、口味不同，也能做出千变万化的味道。那么周家食堂排骨怎么就能与众不同，而且受到各方顾客的欢迎呢？

周家排骨首先在选料上，是选用上好的西排。所谓上好，即肥瘦得当，瘦多肉柴，肥多肉腻，都会影响味道。每块猪排大小在1.2斤左右，洗净后放在锅中上色煮炖，待炖到七成熟，捞出晾干，然后放入碗中入进蒸锅，将以肉汤勾兑好的酱汁均匀浇在排骨上，大火蒸20分钟，出锅时排骨外形不散，颜色鲜亮，但肉已酥软如棉。这道菜说似简单，但做起来并不容易，是一道功夫菜。这道菜外表看上去有些像北方的红烧排骨，但做法、味道却不一样。色重，有鲁菜特点；煨炖，有闽菜技法；锅蒸，又有淮扬菜技法。所以这道菜是安筱岩结合了北方菜的特点，用了苏闽菜的技法和调味做出来的，与传统苏闽菜的做法不完全一样。有些人在介绍周家排骨时说周家排骨甜咸适中，甚至说它与无锡的糖醋排骨味道差不多云云，这些说法完全是不对的，据曾在周家食堂担任过厨师的薛兆东师傅说，做周家排骨根本就不放糖。至于周家排骨口感、味道到底如何，千万不要去看那些"香甜鲜嫩、质地酥烂，咸甜兼具，甘香宜人"等没有任何味道的、华而不实的评论词句，一定要自己亲自去品尝后才知道它独特在哪里。当年很多人在周家食堂吃过安师傅做的排骨后，都回家效仿他的色、香、味去做，但无论怎么做，最终都十分感慨地说，就是做不出人家那个味儿来。据说，周恩来总理当年只要到天津来，一定要尝尝这道菜。

周家鱼更是安筱岩师傅的拿手菜。做鱼不像做排骨，家家都会做。要说最会做鱼，而且做得很有味道的，在北方当属天津人了，天津人做的鱼味道就是与众不同。而安筱岩所做的周家清蒸鱼，则完全是淮扬菜的做法，但又有他独到的手法。

最初，安筱岩所做的清蒸鱼，选材是长江中的鲥鱼。鲥鱼是长江下游一带特有的洄游鱼，这种鱼全身银白光亮，鳞片不及绿豆粒大，鱼刺细密如毛。鲥鱼出水即死，所以要能吃到鲜活的鲥鱼是非常难得的。据记载，乾隆帝当年得"飞马传鱼"才能吃到。清蒸鲥鱼不是安筱岩的发明创造，而是自古就有。据史料记载，东汉初年，浙江余姚人严光，字子陵，"少有高名"，颇有才干，是刘秀老同学，曾帮刘秀打天下建立了东汉王朝，之后便退隐江湖。刘秀当了皇帝后想请严子陵辅佐朝政，曾三次派人前往他隐居钓鱼的地方，才将他接进京城。一天，刘秀亲临严子陵住所拜访，但他却假装在睡觉，刘秀无果而返。后来刘秀索性将他请入宫内叙旧论道，并让严子陵与他睡在一张床上，严竟"以足加帝腹上"，故意触犯君臣之礼。但刘秀为中兴大业网罗人才，并不介意，反笑曰："朕与故人严子陵共卧耳。"然而刘秀的大度并没有打动严子陵，反而总是给刘秀讲他垂钓鲥鱼清蒸下酒之美，刘秀亦听得津津有味，命人打来鲥鱼让严子陵清蒸，并与之共饮。最终严子陵难舍鲥鱼美味，婉言谢绝了刘秀的美意，回到江边安享隐居垂钓之乐。

清蒸鲥鱼，为江南三味之一，鱼肉细嫩，味鲜爽滑。吃时要蘸姜末香醋汁，才更能体味出其鲜美味道。制作时，要先将其纵向一分为二，然后带鳞切十字刀花，以葱姜盐酒入味后，配上玉兰片、火腿丁、猪油丁等再上锅蒸。吃这道菜与其他鱼不同，一是带鳞吃；二是要蘸醋料吃；三是因鲥鱼太名贵，故所有菜馆以鲥鱼这种鱼只上半条，从无整条。清蒸鲥鱼作为淮扬菜中的名菜，确实鲜美无比，在笔者吃过的各种清蒸鱼中，能与鲥鱼相媲美的，可能只有松花江白鱼了，但这种鱼现在也只在中俄边境的兴凯湖中有了。除此之外，其他任何鱼都无法与鲥鱼的鲜美相提并论。

安筱岩师傅如何做这道菜？有何与众不同之处？1956年3月20日的《天津日报》上有一篇报道，名为"周家食堂的清蒸鱼"，在文中安筱岩讲他是怎么做这个菜的。他说："做清蒸鱼最好选择松花江白鱼和青鱼做，其次是活鲤鱼和比目鱼、鳜鱼。做法是将一条约一斤到二斤重的鱼，搁在大汤碗里，在鱼背上排上真火腿、冬菇、玉兰片各六片，三钱虾干、五钱大油丁、两段一寸长的大葱、两片姜，再放红钟牌酱油、盐、白糖、熟大油各少许，绍酒二两、味精二钱、鸡汤一小碗，然后用毛头纸封住碗面(使鱼味不会跑掉)，搁在笼屉里约蒸20分钟，鱼就熟了。吃的时候，用一小碟姜末同醋蘸着吃。"这段报道中关于周家食堂清蒸鱼的做法，是安筱岩自述的，应该是具有权威性的说法。现在不少人在谈周家食堂清蒸鱼的做法时，其说不一，甚至还添油加醋，这样一来可信度就差多了。这里所引用当年报纸所载关于周家食堂清蒸鱼的做法，应该是准确的。

据安筱岩的徒弟薛兆东师傅说，最初周家食堂的清蒸是用名贵的鲥鱼来做，后来因鲥鱼稀缺，安筱岩就试着以其他鱼代替，如鲤鱼、目鱼、鳜鱼等，经过不断摸索，最后认为还是目鱼(学名比目鱼，天津人称之为鳎目鱼、塔麻鱼)效果最好，所以再做这道菜便多以目鱼为食材来做清蒸鱼。后来，也有人采用安筱岩的技法，以鲤鱼、鳜鱼为食材做这道菜。

天津人做目鱼，很少有清蒸的，多以红烧为主，这样比较容易入味，所以很多菜馆都有红烧目鱼这道菜。目鱼是渤海中比较常见的一种鱼,食材好选,价格不高,味道也很鲜美,因此安筱岩在清蒸鲫鱼的基础上,因地制宜,创制了清蒸目鱼,经过精细烹制,使之成为味美鲜嫩的周家食堂招牌菜——周家清蒸鱼。在这道菜中,安筱岩同样是结合了南北方食材的特点,用了淮扬菜的技法来制作的。在食材方面,闽菜与淮扬菜有个很明显的不同点,即闽菜多以海鲜为食材,而淮扬菜则多以河鲜为食材。而以目鱼为食材,又是闽菜中不多见的,所以这道菜又体现了北方菜的特点。安筱岩创制的清蒸目鱼之所以能成为周家食堂的招牌菜,不能不说是独具匠心。仿照前人,技法再好也成不了大师,只有在传承的基础上不断创新,并被人们所认可称道,才称得起是大师。

1952年,广州举办全国食品展览会,周家食堂代表天津参展。安筱岩现场烹制了当家菜品周家鱼,这道清蒸鲫鱼端上展台时,上面覆盖了一张绵纸,观者不解其由。当掀开绵纸时,一股浓郁的鲜香扑鼻而来,吸引了大批的参观者前来观看,可见周家鱼不同凡响之处。这次参展,也使周家食堂名扬全国。这年冬天,京剧艺术大师梅兰芳应邀来津参加第二工人文化宫开幕庆典,演出之余慕名到周家食堂品尝了周家鱼,食罢连连叫绝,对安筱岩大加称赞。在他的宣传推荐下,侯宝林、谭富英、张君秋、裘盛戎、谢添等京、津、沪文艺界名流纷至沓来,专门要尝这道菜。

周家食堂作为苏闽风味菜馆,除了自创的周家排骨、周家鱼外,还有其他一些名菜,如佛跳墙、宜兴头菜、通心河鳗、八宝芙蓉蟹、糟熘大肠、福州丸子、虾皮丸子、红糟响螺、椒麻鸡、大葱鸡、糟熘鱼片、糟熘大肠、糟熘肚片、蛋糟香螺、鸡茸洋粉、扒海参、红烧裙边、清炖鼋鱼等。当年周家食堂的美味,在很多天津人心中留下了非常深刻的记忆。

有位名叫“北京的老铁”的网友,原家住在天津柳州路益世里,他在网上发文回忆20世纪五六十年代的周家食堂时写道:"我印象比较深的是60年代的时期,当时供应匮乏,肉凭票供应,远远不够。奶奶为了让家人吃得好些,经常让我去周家食堂端菜。我就拿一个提篮,里面带上一个盘子,到周家食堂按奶奶说的,点一个菜装盘,带回家来。当时最常点的菜有两个,一个是四喜肉,一个是古老肉,四喜肉三块六,古老肉一块七。按当时的市价水平,这价格是高得惊人了。四喜肉是四块肉方,色、香、味俱佳,甜口,酥而不烂,肥而不腻,入口即化,这味道成了后来我评价炖肉类菜肴的标准,后来别处还真没吃过这么好吃的肉。和朋友说起,都说那是因为困难时期,肚里缺油,所以才吃着好吃,其实还真不是,我的口味我自己有数,好就是好。"

三、认真做事,低调做人

接触过安筱岩的人,都说他是一个不爱多说多道、非常厚道老实的人,而且做事很认真,做人很低调。儿女们说,父亲心地善良,性情温和,他早出晚归,几乎没有休息日,全部心思都用在了灶台上,灶台就是他的全部生活。他说话做事不急不躁,从来也不发脾气,在他们记忆中,只有一次不知是什么原因跟老板娘韩秀芬闹了别扭,自己生了几天闷气。安筱岩很疼爱儿女,中年丧妻后儿女由他自己一手带大。50年代末,组织上要安排安筱岩去国外大使馆工作,但为了儿女,他毅然婉拒,推荐其他同事前去。

安筱岩的徒弟薛兆东说:"我1963年去的苏闽菜馆,那时安师傅已经60多岁了,基本上不上灶了。安师傅脾气好,从不打骂徒弟。菜馆厨房面积小,就两三个灶,安师傅先让我们熟悉环境,没看几天就让我们上手,给上一拨来菜馆的厨师打下手。安师傅在一旁做案头指导,看到我们哪里没做好,就让我们重新去做,不多说什么。

安师傅总是千方百计地培养徒弟尽快达到二灶水平。"安筱岩原曾想收王宏斌为徒弟,但因他年龄大、爱面子,不大主动。尽管如此,安师傅还是主动耐心地指导王宏斌烹饪技术,使他的烹饪技术得到稳步提高。由于安筱岩教学耐心、诚恳、毫无保留,受到市饮食公司的表扬,并奖励了几个日记本,他把日记本分送给徒弟,每人一本,让徒弟把平时操作过程学到的知识记录下来。为了培养人才,安筱岩还参加了市饮食公司组织的菜谱研究编撰工作,毫无保留地将自己的经验和菜品配方奉献出来,供同行和学生们学习参考。他这种精神和做人做事的态度,赢得餐饮业同行们的好评和尊重。

安筱岩爱店如家,勤俭节约,而且非常重视食品卫生。他常说,饭菜是吃到嘴里的东西,绝不能马虎,一定要洗净、做熟,为顾客提供的菜肴要达到卫生标准,对顾客的健康负责。他要求厨房、灶台都要干干净净,各种食材要洗净。同时要求徒弟都要注重个人卫生,自己以身作则搞好个人卫生,给徒弟们起到了很好的表率作用。过去,店里处理猪大肠时把刮下的油不是送人就是扔掉了,为了尽量节约成本,安筱岩把这些油积攒起来,经过精心冲洗加工后,每月可以炼出9.5千克油,可为菜馆节省8元费用。当时,8元钱就是一个人一个月的基本生活费。

安筱岩工作兢兢业业,数十年如一日,不辞辛苦,做每道菜都一丝不苟,精益求精,同时他还刻苦钻研,勇于创新,按照四季变化推出节令菜,大受欢迎。安师傅还根据顾客的需求,不断发明创造一些新菜品,使周家食堂越发受到顾客的喜爱,名气也越来越大。店里的意见本上,写满对周家食堂菜品的好评。

安筱岩自1956—1958年连续3年被评为天津市饮食公司先进工作者,是天津市第三至第六届人民代表大会代表,曾多次受到表彰,并被安排到北戴河疗养。1964年,他光荣地加入了中国共产党。

安筱岩在党和人民给予他的荣誉面前谦虚谨慎，不骄不躁，继续以自己的辛勤工作默默地回报社会。

（1957年8月），安筱岩在北戴河休养留念

1959年8月25日，天津市服务行业在天津干部俱乐部举行了一场万人大联欢。中午12点，市委书记万晓塘、市长李耕涛等领导同志来到干部俱乐部，与服务行业职工们一起联欢。他们与基层职工亲切握手，促膝谈心。万书记还登上湖中的小船，亲自操桨为职工们划船。做了51年厨师的全聚德饭庄主厨董文礼对李市长说，过去我们这一行，最被人瞧不起。李耕涛说，现在不同了，为人民服务是光荣的，你们厨师和服务人员都很光荣。李耕涛还与特一级厨师魏天成谈起如何培养饮食行业接班人问题。就在大剧场里京剧表演正精彩的时候，满头白发的安筱岩独自一人眼含热泪走出了剧场。今天对他来说是令他高兴、兴奋的一天，他在想，党和政府这么关心我们，我拿什么来献给党、献给人民？正在这时，正阳春鸭子楼名技师张寅龄也从剧场里走了出来，他与安筱岩在想着同样的问题，于是二人便商量制订一个向国庆十周年献礼的计划。他俩正热烈地商量着，魏天成也走了过来，三个人一起研究制订了一个恢复断档多年的各种名菜和培养徒弟的计划。之后，他们三人兴奋地作诗一首："旧社会里真黑暗，厨师被人称下贱。今天解放十周年，党的关怀说不完。开大会来搞联欢，市长设宴来请咱。厨师厨师不简单，

回忆过去热泪含。今天只有加油干,培养徒弟我们担。增产节约掀高潮,创造成绩把礼献。"(《天津日报》,1959年8月26日)

经过魏天成、安筱岩等人的努力,他们培养接班人的想法终于在1962年1月12日实现了。那天下午,在和平区饮食公司的主持下,30名年轻厨师在玉华台饭庄拜8位名厨和一位有着55年服务经验的老服务员为师。这9位老师傅分别是:玉华台饭庄厨师魏天成、登瀛楼饭庄厨师吴行吉、周家食堂厨师安筱岩、永元德饭庄厨师高瑞亭、登瀛楼饭庄厨师杨承芝、正阳春饭庄技师张寅龄、玉华台饭庄厨师韩世文、全聚德饭庄老面案师董文礼、登瀛楼饭庄老服务员于永春。这次拜师会成为天津市餐饮业一次历史性的盛会。

然而在这次盛大的拜师会上,更令业内人意想不到的,是当时在天津厨师界排头把交椅的特一级名厨、天津烹饪学校校长魏天成,带着玉华台饭庄主厨韩世文,拜时为特二级厨师的安筱岩为师,专门学习周家排骨、周家清蒸鱼这两道名菜的做法;而安筱岩也带着三名厨师拜魏天成为师。这件事一时成为轰动全市的新闻,在天津餐饮业成为流传至今的佳话。

安筱岩兢兢业业、一丝不苟地做了一辈子厨师,有些人会好奇地问,安师傅就没有出过"闪失"吗?这话还真问着了,安师傅还真出过"闪失",而且还是一个很大的"闪失",这也在餐饮业老师傅口中成为津津乐道的故事。

这件事发生在1963年6月。当时任朝鲜人民共和国最高人民会议常务委员会委员长的崔庸健来中国访问。10—13日,他在全国人大常委会朱德委员长和国务院贺龙副总理的陪同下,来到天津参观。来津期间,中共天津市委第一书记万晓塘在天津干部俱乐部举行欢迎宴会。为此,市饮食公司选派魏天成、安筱岩、耿福林等几位天津名厨师前去献艺。那天,安筱岩准备的菜是糟烩鸭丁。这道菜是淮扬菜,以鸭丁为主料,以火腿丁、春笋丁、冬菇丁等为辅料,以香糟烧烩。香糟是以绍兴酒加工而成,呈白色。闽菜也擅长用糟,但是红色,故名为红糟。那天不知是什么原因,安筱岩在做这道菜时,辅料没用火腿丁和春笋丁,而用的海参丁和虾仁。菜端上桌以后,据说是崔庸健问道,糟烩鸭丁这道菜是不是改了做法?他的话可能也无意说出的,但对于接待方的主人来说,这可是个大失误。这下可砸锅了,当场重做是不可能的。朱德不动声色,在访问结束前,在市委交际处(今解放路市人大常委会)三楼又安排了一次送行宴会,这次请安筱岩做的菜是清蒸鲥鱼、周家排骨、糟烩鸭丁和佛跳墙,让他一下把看家菜全部亮出来了。这次安筱岩做的糟烩鸭丁,所用的辅料是火腿丁、春笋丁了。这顿送行宴不仅挽回了主人的面子,而且让安筱岩风风光光露了一手,宾主皆大欢喜。

小心翼翼做了一辈子饭,又一贯认真仔细、精益求精的名厨安筱岩,怎么会在这么一个严肃重要的政治任务中出差错呢?现在看来已是永远也解不开的谜了。是墩上配错菜了?还是安筱岩疏忽了?或临时出了意外?这些都不可能。现在分析起来,只有一种可能,可能是一向喜欢创新的安筱岩把淮扬菜与福建菜结合起来做的一道创新菜,大概是安筱岩想让客人在一道菜里品尝到两种不同的风味吧。为什么这么说?据笔者分析,糟烩分香糟与红糟,香糟产于杭州、绍兴一带,是用小麦和糯米加曲发酵而成,色泽清淡微黄,淮扬菜中多用。红糟产于福建,以糯米为原料加红曲酿制而成,色泽浓而鲜红,闽菜中多用。糟烩鸭丁本是淮扬菜,是不放水产的,菜品清鲜色白多彩;而福建菜的红糟烩菜中多用海鲜,菜品色重味浓。将两种不同风格的做法糅合在一起,也许会别有风味。

安筱岩1965年从周家食堂退休,但做了一辈子厨师的他,心中始终放不下自己心爱的灶台,仍不时地去店里看看转转,给徒弟们指点一二。他心里始终希望能将中国美食文化发扬光大。

1972年一代名厨安筱岩因病去世。安筱岩虽然离去,但他的周家排骨、周家鱼以及其他菜品却一代代传承下来,没有成为"绝响",人们现在去天津苏闽菜馆仍能品尝到这些菜品的美味。厨师在人们眼中不是多么显赫的职业,但一个人只要热爱自己的职业,兢兢业业,并能以"工匠精神"脚踏实地地苦心钻研,甘于默默无闻地为社会奉献,在平凡的岗位上就会做出不平凡的业绩,就会永远留在人们心中。安筱岩就是这样一个人。

(部分资料提供者:安绍生、吴丽华、薛兆东、韩福年等)

一代津菜大师杨再鑫

吴玉书

杨再鑫
(1921—2001)

杨再鑫是天津餐饮界公认的一代烹饪大师,在业内声誉颇高。他祖籍天津,家中三代皆从事厨师行业。

一、掌上明珠遭失学

1921年1月19日,这一天杨家喜得贵子,全家人异常高兴,望子成龙的父母希望儿子以后能过上那种世代钟鸣鼎食的生活,于是给孩子取名杨世钟。

杨世钟天生活泼可爱,虎头虎脑,全家人视若掌上明珠,希望孩子能够学习文化,长大以后有出息。虽然家境一般,不能延请塾师,但全家人还是节衣缩食,在杨世钟5岁时,送他到离家不远的一家塾馆学习。在塾馆杨世钟受到许多蒙学教育,什么《三字经》《百家姓》《千字文》《弟子规》等。杨世钟聪明伶俐,先生所教过目不忘,深得先生喜爱。杨世钟小小年纪便踌躇满志,因此格外地严格要求自己,每天写字、念书,寒暑不断。

　　然而天有不测风云,杨世钟8岁那年,父亲一场大病,使得全家一下陷入困境。父亲卧床不起,不能工作,还要支付大量的医药费,一家人的生活重担压在了爷爷身上。尽管如此,爷爷还是希望自己的小孙子有出息,不愿让其辍学,但是上学毕竟需要一笔费用。无奈之下,让杨世钟转到了天津市第九小学学习。这是一所新式学堂,面向平民百姓。杨世钟到了这里一切都觉得新鲜,这里有操场、教室、黑板,有语文课、美术课、音乐课、体育课,还有童子军,每天列队,打鼓吹号好不威风。几个月下来,杨世钟就能跟上老师讲课的进度,并以优异的成绩初小毕业。

　　然而命运总是捉弄人的,就在杨世钟刚刚进入高小阶段,爷爷由于年老体衰也不能工作了,家里再也没有能力供他读书了。在一个寒冬的夜晚,杨世钟收拾好家务后坐在昏暗的灯下开始写作业,父亲看着杨世钟的背影,又望望身边的老父亲,再瞧瞧自己的样子,不禁泪流满面。

　　等杨世钟写完作业,父亲把他叫到跟前,抚摸着他的头。杨世钟看到父亲一脸无奈,欲言又止的样子,知道父亲有话说。懂事的杨世钟说:"爸,您什么也别说了,我明白您要说什么,我不上学了,我已经长大了,我可以赚钱养家……"父亲还能说什么呢,看着懂事的孩子他再次流下了眼泪。

　　这一夜杨世钟辗转反侧,一夜未眠。第二天早上,他穿戴整齐,挎上书包来到学校,围着操场跑了一圈,又到教室自己的座位上坐了一会儿,不由得一阵心酸。同学陆续到了教室,杨世钟不愿意让同学知道自己的情况,站起来,默默地走出教室。来到办公室,向老师交上了自己最后一份作业,告诉老师自己不能继续上学了。老师听后也非常同情和惋惜,杨世钟也是依依不舍。临别时老师告诉他三百六十行,行行出状元,既然不能学习文化,学一门手艺也是可以安身立命的。老师又以不同寻常的心情批阅了杨世钟的最后一份作业,并写下"行行出状元"的评语,同时勉励他好好干,做一个有出息、有利于社会的人,希望他在未来的岁月里事业有成,财富兴盛,并赐给一字——再鑫,从此他以字而行——杨再鑫。

二、什锦斋中拜名师

杨再鑫告别了老师,告别了同学,告别了校园,告别了充满幻想、充满无限回忆和无限眷恋的学生时代。这是1931年的1月的事,年仅10岁的杨再鑫经人介绍来到了天津著名餐馆——什锦斋饭庄学徒。

什锦斋饭庄早在清光绪年间, 就以善烹风味纯正的天津菜肴而享誉津门,尤以善烹大小飞禽而著称。《天津文史丛刊》记载了世代承当钞关税房的津门豪富——大关丁家第四代丁伯玉、同族兄弟丁伯儒,最爱吃什锦斋的师傅做的玛瑙野鸭,即使家宴也要邀请什锦斋的师傅单做此菜。什锦斋的厨师大多来自"八大成",这里培养了许多津菜名师,技术力量雄厚。杨再鑫到了什锦斋最初只能干一些打杂的活计,每天打扫卫生、剥葱剥蒜、择菜洗菜等,有干不完的杂活。

离开学校,10岁的孩子,初到一个新环境,一切都是那么陌生,一切那么不随人所愿,不是被这个叫来就是被那个支去,每天忙得团团转,累得晕头转向,但他从不叫苦,总盼着有朝一日能站在灶台前,挥舞炒勺。杨再鑫每天朝起早,夜眠迟,不知疲倦,天天跟在师傅和师兄们的身边,随时听从召唤,小心侍候师傅、尊敬师兄,唯恐哪些地方做得不好。师傅们看杨再鑫伶俐肯学,都愿意教给他一些简单的活。从切作料开始,一把二三斤重的厨刀,拿在杨再鑫手中如同千斤重,不听使唤,一会儿手腕就肿胀得不能动了,歇会儿用热水焐一焐继续切,手切破了不叫疼,累了不叫苦,如此几个月下来,杨再鑫已能切得有模有样了,什么丁、丝、条、片都不在话下了。

3年以后杨再鑫拜在津门名厨、当时什锦斋主厨杨增福门下。杨增福人称"杨胡子",为人豪爽,精于津菜,善烹河海两鲜,尤以大小飞禽最为拿手。杨再鑫随师傅学徒3年,每天跟在师傅身边,观察师傅的一招一式,每道菜品从配菜到烹制的全过程都记在心中,从汁、色、芡、形等烧制过程中的每一个环节都仔细观察,从感观入手,并掌握了许多菜品的外在形态。然而这只是初入厨行的开始。

中国烹饪和中医药、京剧、国画并称四大国粹。中国菜博大精深,讲究色、香、味、形、意、养、器,这些被称之为菜肴的七大属性。所谓"色"包括主料与辅料色泽的配合;所谓"香"包括能嗅到的合乎标准的肉香、鱼香、菜香、果香的香气;所谓"味"是菜肴特有的,通过味蕾能尝到的甜、酸、苦、辣、咸以及通过牙咀嚼到的软、嫩、酥、脆、烂;所谓"形"包括菜肴中的主料、辅料的形态以及盛在容器中的形象;而构成菜肴属性的条件,是切配技术和烹调技术,其中烹调技术是构成菜肴属性的主要条件。道理很简单,概括地说,一般菜肴的制作都要经过原料整理、分档取料、切制成型、配料、熟处理、加热烹制、调味、装盘8个环节,前4个过程是切配技术范围,对构成菜肴的属性虽然也很重要,如原料整理细腻,分档选料恰当,切制形状适当和大小均匀,主料和辅料搭配合理等;但它仅是构成菜肴多种属性的先决条件,切配技术只能使菜肴原料发生"形"的变化,而烹调技术不仅使菜肴原料进一步发生"形"的变化,更重要的是使原料发生"质"的变化,最后构成菜肴的完美属性。这些理论对于初入厨行的杨再鑫可能有些高深,因为菜品的外在形态通过操作或观察就可以知晓,最难掌握的是菜品的"味",这是菜的

"魂"。而菜品的"味"又分单一味、复合味,每道菜有每道菜的口味,每种技法又有每种技法的味型,而不同的原料又有不同的处理,对这些味道的掌握看是看不会的,只有通过实践和品尝才能体会到,而其中有些道理只能意会,不可言传。这让还在懵懂之中的杨再鑫悟出了味道的重要性。这时的杨再鑫也十分苦恼,急于想抓住菜品的"魂",从哪下手呢?于是他记下每天师傅做的菜,然后再向师傅请教每道菜的口味及投料。杨再鑫看到自己收集记录的菜谱既高兴又着急,高兴的是自己知道了许多菜的色、香、味、形及特点,着急的是还不能亲自操作来验证自己的这些记录。杨再鑫终于等到了可以给师傅刷勺的机会。

三、聪明好学打基础

在中华人民共和国成立前厨行讲究给谁刷勺就是和谁学徒。每个徒工都盼望能有这一天。杨再鑫等这一天足足等了3年,而这3年时间里杨再鑫人长高了,身体也壮了;更重要的是这3年他细心观察师傅炒的每道菜,师傅的举手投足也细心揣摩,暗地里偷偷地练习抖勺、翻勺、投放作料。杨再鑫每天早上来到厨房,给师傅沏好茶,上好煤,把灶台擦干净,摆好作料盒,上好调料,还要注意调料要固定在一个位置,不能乱放,忙的时候师傅手勺伸出去的地方就有所需要的调料,所以不能摆错位置。然后做一些落桌的辅助工作。业务忙时,师傅上灶,杨再鑫就跟在师傅身边;杨再鑫非常聪明,师傅一个眼神,一个动作他就知道师傅要干什么。就这样杨再鑫凭借自己的聪明,一点一点地掌握了许多菜的口味、投料和特定的烹调技法。哪个味在前、哪个味在后,哪个味需要突出,哪个味需要抑制都是非常讲究的,这不仅需要掌握每道菜的技法、口味特点,还要有掌控火候的能力,非一朝一夕之功。

　　杨再鑫知道自己目前需要什么，但味道是一个神秘的东西，千百年来每个有成就的厨师都在探究味道，研究烹调技法，用各种不同的技法，体现不同的味道，并已经形成一套固定的味型。但作为一个刚入厨行的杨再鑫对此却茫然不知其然，更无从知其所以然了。

　　求知的欲望让杨再鑫跃跃欲试，他深知味道光靠看和记录是不能掌握的，小小的年纪，他已经体悟到，要想知道梨子的滋味，就得亲自尝一尝的道理。杨再鑫在利用给师傅装盘的机会用手指抹一下残留在勺底的汤汁，细细品味，回头再验证自己的记录；同时在闲时更加刻苦练习勺工，颠、翻、抖、晃，做得一丝不苟。杨再鑫的聪明好学和刻苦学艺的精神，师傅看在眼里，觉得孺子可教，是干勤行的一块料，愿意传授给他一些技术，在业务不忙时，一些单一口味的菜肴就让杨再鑫炒。

　　杨再鑫很有灵性，一上手就有模有样，深得师傅喜爱，师傅对他说，你天生一个干厨师的坯子，祖师爷有眼赏你一口饭吃，以后学有所成别忘了给祖师爷"传道"，杨再鑫似懂非懂地点点头。

　　再后来的几年里，师傅又传授给杨再鑫许多的技法及菜品。在什锦斋的5年时间里，杨再鑫打下了坚实的基本功，掌握了什锦斋许多的看家菜，如炸熘飞禽、软硬飞禽、麻栗野鸭、玛瑙野鸭等，尤以玛瑙野鸭最为拿手。这道菜一直是杨再鑫代表菜之一，其菜色泽美观，主料形似玛瑙，野鸭软嫩鲜香，豆皮酥脆清爽，上桌时将料汁浇在豆皮上，"吱吱"作响，口味酸甜适口。

四、慧罗春里得真传

　　1936年杨再鑫跳门槛（跳槽）来到当时天津著名的二荤馆慧罗春饭庄。所谓二荤馆，既包办整桌宴席又经营散座故称为二荤馆。

慧罗春饭庄与什锦斋饭庄、天一坊饭庄齐名，设备齐全，环境优雅，这里人才济济，技术力量雄厚，以善烹河海两鲜而著称。杨再鑫来到慧罗春饭庄，被这里的菜品震惊，这里不仅能烹制天津"八大碗"，还能烹制南北大菜、燕翅席、鸭翅席，还有多种高档原料如熊掌、鲍鱼、猴头，许多原料杨再鑫从未听过见过，故此处处小心谨慎，勤动口、虚心请教；慢动手，唯恐露怯被人耻笑。同时他暗中较劲，偷偷观察各位师傅的操作，不动声色，偶尔小露一手。就是这小露一手，被一直也在暗中观察他的主厨崔文德察觉。崔文德慧眼识珠，认为这个新来的小伙子深藏不露，后生可畏，日后必能成才。

崔文德何许人也？此人乃津门名厨，出自"八大成"之一聚庆成，精于鼎中之变，厨艺精湛，活路颇宽，能烹制满汉全席、南北大菜，传统津菜更是看家绝活。崔文德有意栽培杨再鑫，就特意把他放在自己身边，亲自培养，这也正中杨再鑫之意。

其实，杨再鑫到慧罗春也正是冲崔文德大名而来，只是自己年少技弱，不敢贸然，现在崔文德看中自己，真是三生有幸。崔文德授徒非常讲究，他从不就菜论菜，他把烹饪视为艺术，常把烹饪与书画、戏曲相比，让杨再鑫在实践中参悟，从中得出自己的见解与心得。杨再鑫牢记崔师傅的话，研究每道菜主味在哪，这种方式使他受益终身，为他在后来形成自己的烹调风格起到了极大作用。

崔文德每天在做菜时都会有意留点勺把，让杨再鑫品尝，然后让杨再鑫讲出这道菜的口味，哪个味在前，哪个味在后，哪个味重，哪个味轻。然后告诉他为什么这样处理味之间关系。杨再鑫在崔师傅的精心指导下技艺大增。

1年以后，杨再鑫正式拜在崔文德门下，成为入室弟子。杨再鑫跟随师傅6年，得其真传，深得津菜之精髓，掌握了多种高档原料的烹制方法和津菜的多种技法；同时学习了满汉全席、燕翅席等高档宴席的设计及烹制,技艺日臻成熟。现在的杨再鑫可以说煎炒烹炸样样精通,河海两鲜、大小飞禽无所不能。然而在那个年代徒弟学有所成就要离开师傅,不能和师傅唱对台戏,杨再鑫懂得礼义为先的道理。

五、大显身手中和楼

1942年,杨再鑫辞别师傅来到一家小饭馆——同和居,在这里得遇厨师赵克勤(后来的津菜大师),两位年轻人一见如故,从此一起切磋厨艺,研究菜品。杨再鑫在同和居也学到许多地方小炒及家常便饭,极大地丰富了菜路,后来在日本劳务期间推出的什锦炒面、两面焦肉丝炒面,就是在同和居学的。

1943—1945年,杨再鑫又先后在保阳楼和凤鸣楼两家饭馆炒菜,这是两家中型二荤馆,不仅卖散座,还包办酒席出外会("外台子")。杨再鑫在此积累了许多外会的经验,使得他在此后的工作中不管遇到什么特殊情况都能得心应手,从容不迫。

1945年,杨再鑫迎来了自己事业的高峰,在师傅崔文德的推荐下来到了著名津菜馆中和楼饭庄。

杨再鑫的到来给这座津门名店增加了活力,两年后杨再鑫升为主厨,当时他年仅26岁。精湛的技艺、丰富的阅历使杨再鑫一鸣惊人,他承袭了天一坊饭庄的精华,同时把什锦斋、慧罗春以及凤鸣楼的名菜汇于中和楼,凭借自己高超的厨艺奉献给天津美食家一道道佳肴美味,如玛瑙野鸭、炒青虾仁、罾蹦鲤鱼、官烧鱼条、炸熘软硬飞禽、熘油盖、银鱼紫蟹锅、煎烹虾饼、炸蹦两吃虾等上百种天津传统名菜。众多美食家慕名而来,使得中和楼名盛一时。杨再鑫也大名远扬,从此奠定了他津菜名师的地位。

六、抗美援朝赴前线

1950年6月,朝鲜战争爆发,杨再鑫作为一名优秀青年厨师响应国家号召,毅然报名赴朝服务。1952年,他受组织委派奔赴朝鲜战场,被安排在中国人民志愿军司令部,为首长司厨。这是一项艰巨的任务,不仅要安排好首长的一日三餐,保证首长的健康,还要根据首长们的口味调剂菜品,因为首长来自各地,生活习惯不尽相同,口味需求各不一样,有时为指挥战役常常没有时间吃饭。

为了做好工作,杨再鑫向警卫员询问首长们的生活习惯及饮食喜好,合理地安排首长的三餐。当得知彭德怀爱吃大白菜时,杨再鑫为彭老总精心烹制了醋熘白菜、奶油白菜、菜叶汤、芥菜炒白菜、佛手白菜、海米烧芽菜等几十个白菜品种;他还根据邓华、韩先楚等人的生活习惯为他们烹制许多他们的家乡菜,如东安仔鸡、冬笋炒腊肉、粉蒸肉、红烧野鸭、清炖鱼等。

在朝鲜期间,杨再鑫不仅要为首长司厨,还要负责为招待会准备菜品。而每次招待会之前,杨再鑫都会根据客人的情况把几道天津名菜推荐给膳食处处长,让客人在朝鲜战场尝到天津美食。如京剧大师梅兰芳、李多奎,豫剧大师常香玉等到朝鲜慰问演出期间,彭老总设宴招待祖国的亲人。杨再鑫根据艺术家们的职业特点,菜品设计得清淡素雅,美味营养。其中鸡粥鲜核桃这道菜深得梅大师喜爱,后来梅兰芳还特派人到厨房向杨再鑫请教鸡粥鲜核桃的烹制方法,并致以亲切的慰问。豫剧大师常香玉一生生活简朴,却为抗美援朝捐献了一架香玉剧社号战斗机,杨再鑫对此非常敬佩,特意准备了奶油白菜、丹凤朝阳两道芽菜。其中丹凤朝阳这道菜其实就是天津"八大碗"中的什锦蛋糕,杨再鑫稍加改进,取名丹凤朝阳以表示对艺术家们的敬意。

杨再鑫高超的厨艺及灵活多变的工作作风在朝鲜战场得到充分的展示。在一次庆功会上，杨再鑫和十几名厨师负责烹制庆功宴，由于战地条件艰苦，灶事用具不完备，杨再鑫负责的几道菜中有一道红烧鱼和一道拔丝山药，这本不是有什么技术难度的菜，但在战地野炊，又是几百人的盛宴，谈何容易？突然杨再鑫在战利品中发现一个大盆和几个美国钢盔，他喜出望外，又找到一个盛菜用的大竹浅子，心里有了底。拿出曾经出"外台"的经验，将鱼洗净，打好刀口，整齐地码在竹浅子内，然后将竹浅子放在大盆内，放入调料，架在火上，顿时香飘四溢，时间不长，几大盆鱼就做熟了。把竹浅子提出来，一条条鱼整齐鲜美，虽然没有用油炸，但却完整鲜嫩，又非常容易起锅。最后一道压底菜是拔丝山药。杨再鑫真乃艺高胆大，只见他不慌不忙，把改好刀的山药炸好，放在大盆里，然后用美国的大钢盔熬糖，将糖浆熬好后浇在炸好的山药上，撒上芝麻，迅速拌匀，装盘。不一会儿一盘盘丝长脆甜的拔丝山药送到了战士们的面前。战士们鼓掌致意，振臂高呼，感谢祖国！感谢人民！杨再鑫感到莫大的幸福。

杨再鑫用高超的厨艺表达了对最可爱的人的敬意，用一盘盘的拔丝山药表达了此时此刻对最可爱的人的情深意长。能在朝鲜战场上为最可爱的人服务也是杨再鑫一生最值得骄傲的事，他的高超厨艺一时成为美谈。杨再鑫在朝鲜战场展现了津菜美味，彰显了天津厨师的厨德、厨艺，多次受到首长的表扬。

七、炉火纯青踏新途

1956年，杨再鑫满载胜利的喜悦，完成抗美援朝的服务工作，重新回到中和楼饭庄。这时的杨再鑫经过了多年的历练以及朝鲜战场的洗礼，不论从思想上还是技术上都有了一个飞跃。在对津菜的认知上，杨再鑫也有自己的独到见解。他认为津菜除了要具备它的地域特性以及独特的技法外，更应富有文化气韵。而津菜的文化内涵就应像中和楼饭庄的名称一样，具有中和之美。当初，天一坊饭庄更名为中和楼的原因大概也在于此。要把中和楼饭庄建成集津门美食特色于一楼，适于八方来客的口味需求，让外地游客在品尝津门美食中，体会到儒家的中和之美，一菜一味道，一菜一境地，给人以回味，给人以遐想。杨再鑫一生都在追求这一境界。故此，他在烹饪实践中，大胆创新，从不墨守成规。在津菜复合味的菜肴中，有许多酸甜口味的菜如炸熘飞禽、焦熘里脊、罾蹦鲤鱼、官烧鱼条等，一般厨师都按酸甜味型来烹制。杨再鑫认为这样的菜百菜一味，缺乏层次，主味不突出，不耐人回味。而杨再鑫在处理这类菜肴时，则根据菜肴原料的大小、质地等因素来定味，如罾蹦鲤鱼体大肉厚，他把口味定为大酸大甜，咸在其中，他认为这种大酸大甜味型的菜肴只吃到酸甜味，会感到太飘，不稳定、不大气，只有加适量的盐才能使大酸大甜的菜更加厚重，也才能提高鲤鱼本身的鲜味。

　　炸熘飞禽是天津一道代表菜，大小饭店都做，甚至天津老百姓家也会烹制。杨再鑫在烹制这道菜时是非常讲究的，首先将飞禽内脏处理干净，用刀将飞禽骨头一改三块，用酱油煨上底口，再蘸上硬水粉糊，炸至骨酥肉脆，再炝勺烹入料酒、醋、姜汁、白糖、酱油、盐等调料，然后挂芡，放入主辅料，颠匀出勺。这道菜看似和别人没什么两样，其实非常讲究，首先他把这道菜的主味定在甜上，次味为咸，附味为酸，菜一上桌，客人闻到一种酸甜的香气，入口却是先甜，咀嚼后有一种淡淡的咸和飞禽的鲜香，这时的醋酸已挥发，留下的只有醋与料酒所产生的一种特有的香气。这道菜先用酱油打底口以去其土腥味，再用糖提高鲜味，用醋增香，使得此菜口味层次分明,后味无穷。杨再鑫烹制的干烧鱼更是一绝,不论多忙,从不走板,总是按传统的方法收汁,从不挂芡,让汁芡充分吸收到鱼肉内,辅料附在鱼上,油汁红亮。口味咸、甜、辣、香,层次分明,令人回味无穷。

为适应不同人群的口味需求,而又彰显津菜的特色,杨再鑫在烹饪实践中,忠实地继承传统津菜的精华,同时又在传承北方菜的粗犷豪放中融入了南方菜的精巧细腻,因此他烹制的菜品中绝少酷辣、猛酸、大甜、大咸。如有大酸、大辣、大咸的菜,他会巧妙地用少许的盐或糖来融合,使菜品体现一种中和之美。他在这一时期创制的菜,如干烧牛肉丝、铁扒鸡、辣鱼粉皮等就体现了其烹调特色。名店有名师,名师出名菜,一时间中和楼名气大增,四海驰名,一些美食家以能品到杨再鑫的菜为荣,杨再鑫大名远扬。

1956年公私合营后,杨再鑫被提升为中和楼副经理兼灶头(厨师长),同年被授予天津市先进工作者奖,1960年在范永安、王俊杰的介绍下,加入中国共产党,成为一名光荣的中国共产党党员。

八、西站饭馆也精彩

1965年,杨再鑫被调到新建成不久的西站饭馆任副经理,分管业务。

西站饭馆在当时是一个乙级饭馆,有大小两个餐厅,大餐厅为快餐厅,经营一些经济炒菜,主要服务于在西站候车的旅客,每天24小时营业。小厅是风味餐厅,主要经营天津风味菜肴。以杨再鑫的名望和技艺,到西站饭馆可谓是大材小用,但杨再鑫以一名共产党员的胸怀和一代津菜大师的魄力,不计个人名利,服从组织安排,欣然来到西站饭馆就职。他认为饭馆不分大小,级别只是饭店的分类。正所谓"山不在高,水不在深",一个饭馆的菜品取决于经营者的管理和厨师的整体水平，西站饭馆当时有"四大杨"，即杨再鑫是副经理兼厨师长，杨双奎司墩，杨士安司冷荤，杨文俊司面点，"四大杨"个个身手不凡，名扬津城。

　　杨再鑫到西站饭馆抓的第一件事就是技术培训，他每天坚持在生产一线主灶、带徒，着力培养一批年轻有为的厨师。在他的严格管理和精心培养下，一批青年厨师脱颖而出，如赵世伟、苏佩来、代存根等成为西站饭馆的中坚力量，他们多次在公司举办的比赛中夺魁，大大提升了西站饭馆的技术水平。在计划经济年代，有许多高档原料是不能配给乙级馆的，杨再鑫就和采购人员走出去，采购一些高档原料，如鱼翅、海参、鲍鱼等，用以满足餐厅的需要，提高餐厅的档次。他常讲，小饭馆要有大品位，要人无我有，人有我精，人精我廉，人廉我全。花乙级饭馆的钱，吃甲级餐馆的菜。在他的经营管理下，西站饭馆借助其优越的地理位置，名声远扬。外地游客到天津西站下车后用餐首选西站饭馆，许多美食家也都慕名而来，餐厅常常爆满。天津财贸学校(天津商业大学前身)看重西站饭馆的技术力量和杨再鑫的人品，将西站饭馆选为津菜培训基地和天津财贸学校实验餐厅。杨再鑫利用工作之余为学生授课，传授烹饪技法，讲授津菜历史、津菜特色。

　　1981年，杨再鑫又被调到红旗饭庄主灶，同时兼任红桥区饮食公司技术顾问。这时杨再鑫已年届花甲，依然坚持在生产一线，每天两个饭口从始至终。同时不忘培养年轻厨师，年轻人都爱向他问艺，而他从不保守，绝无门户之见，总是耐心传授技艺，王鸿业、吴玉书、辛宝忠、田景祥、殷志刚等都曾受教于杨再鑫，他传下的铁扒鸡、干烧牛肉丝等十几道菜至今仍是红旗饭庄的名菜。

九、东瀛献艺争荣光

1982年,天津外经委与日本大荣株式会社协议,商定在日本东京开办一家纯正中国料理——天津风味餐馆,并由杨再鑫率队。

杨再鑫先期和各级领导到日本考察,期间为日方演示了大量的天津传统名菜,日方录像、拍照,留下许多珍贵的资料。杨再鑫高超的技艺征服了日本朋友,双方正式签署劳务协议,在确定饭馆名称时,杨再鑫提议用"天一坊"这一天津百年老店店名。同年11月,年过花甲的杨再鑫率17名优秀厨师东渡日本,由于之前的疏忽,配备的厨师和实际经营的需要不符。尽管厨师们的热情很高,但有的厨师有劲用不上,像炸油条的师傅、做小吃的师傅人多,而炒菜的师傅偏少。

杨再鑫常常用挂在嘴边的一句话"丑不丑一合手"鼓励大伙,意思是只要齐心合力就没有完不成的事。杨再鑫根据每个人的技术特长,重新调配各角活,能者多劳,一人多职,如面点师傅兼烤鸭,切配师傅兼炒菜或冷荤。总之哪里需要哪里干,使每个人都能发挥自己的技能。

人员问题解决了,技术问题又接踵而来。18名厨师来自六七个单位,技术参差

杨再鑫在日本工作期间留影

不齐,做出的菜品多有差异。日方外食部长谷口像一个总监,每天一手拿筷子、一手拿勺,站在出菜口把关,每道菜都要过他这一关。日本人的饮食特点许多和天津不一样,他们喜欢吃中餐,但油腻要小,不吃肥肉,不喜欢羊肉、河鱼,喜欢牛肉、鸡、鸡蛋,尤其喜欢海鲜及素菜。上层知识分子喜欢吃清淡口味的饭菜,虽然酸、甜、苦、辣都不忌口,但都不能过。谷口先生在菜口把关未尝不是一件好事,但无形中给天津师傅造成极大压力,甚至反感,就连久经沙场的杨再鑫也时常提心吊胆,不知谁炒的菜会出问题。

日方对天津厨师的口味不统一多有微词。杨再鑫着急上火,又赶上一场大暴雨突然而至,有许多地方积水,厨师驻地与工作地点步行需要20多分钟,而杨再鑫腿脚不便,需要40分钟才能到达饭店,加上脚部感染不能行走,每天只能靠徒弟用地牛(一种推货小平板车)推着上下班,长达3个月之久。后来有了一点积蓄,在旧物店买了一辆二手小三轮,这才解决了上下班的交通问题。

面对一个接一个的难题,杨再鑫倍感压力,血压升高,常常在夜间被噩梦惊醒。当时日方在天一坊聘请一名日本名厨叫庄明义的为顾问,此人是日本厨师界第一人陈建民的高徒。

庄明义既是厨师又是一名精明的商人,这时他不失时机地推荐他的调料,如麻婆豆腐、棒棒鸡、回锅肉、古老肉等十几种复合味调料。这种调料使用方便,只需把原料改刀、过油,或焯水,然后放入一定量的调料,炒熟抖匀即可,据说深受日本家庭主妇的欢迎。杨再鑫迫于压力,当时只能接受,但使用后日本客人并不太满意,庄明义认为天津厨师使用不当;杨再鑫不服气,认为他的调味料呆板,缺少一种灵气。他凭着一颗为天津争光、为津菜扬名的雄心,和庄明义展开了一场暗战。庄明义能配制,我杨再鑫也能。于是他通过翻译和日本人聊天,和在饭庄打工的华人交谈,了解日本人的生活习性、饮食喜好、口味需求，并坚持每天为日本员工做工作餐，一天一换样，很快掌握了日本人的口味特点及喜好。

凭借几十年的精湛技艺和不服输的倔劲，杨再鑫研制出既保持原风味特色又符合日本人口味的调料汁，如麻婆豆腐、回锅肉、古老肉及一些复合型的津味调料汁，并开始在经营中应用。表面上餐馆还在用庄明义的调料，其实已暗中换成了杨再鑫配制的料，其他厨师在使用中也得心应手。

几个月后，还沉醉在得意之中的庄明义发觉自己的调料怎么没有进货，暗访才知已被杨再鑫所研制的调料替代。他在餐厅点了两个菜品尝，感觉果然高自己一筹。

庄明义毕竟是厨师出身，也是从中国到日本来打拼的，理解一名身在国外的厨师的心境。同时也被杨再鑫灵活多变的高超厨艺所折服，由衷地说："杨先生太了不起了，向您学习，还请您不吝赐教。"杨再鑫也客气地回答，咱们扎上围裙就是一家人，其实我要感谢你呀，是你的这些调料启发了我，希望你理解我们，咱们互相学习吧。

天津菜在日本打响了，日本各大媒体多次采访，杨再鑫通过媒体向日本人民介绍天津菜的历史渊源、风味特色及天津名菜种类，一时津菜享誉东京。日本前首相福田、社会名流西园寺公一以及大荣株式会社社长中内功也经常到天一坊宴请客人。西园寺公一还题写了"味压中华街，誉满东京都"的赞语。到日本考察的沈阳鹿鸣春饭店、广州白天鹭宾馆、天津"狗不理"包子总店等单位，经大使馆介绍，也来天一坊向杨再鑫请教，学习和切磋厨艺。

杨再鑫在日本期间，利用上下班时间，骑着小三轮，到各大小餐馆的橱窗观看人家的菜品展示，从中得到灵感，利用日本的物产研制了许多深受日本人喜欢的菜品，如牡丹鲜带子、津式牛排、炸蟹斗、金鱼戏燕、佛手鱼翅等。日本北海道一养牛场召开订货会,拉来一头肉牛,请天津厨师用他们养的牛烹制菜肴,来招待其客户。杨再鑫利用牛的各个部位烹制出36道味道鲜美的全牛席。客人被鲜美的牛肉菜品所折服,纷纷订购养牛场的牛肉,牛场主非常高兴,事后牛场主送来牛肉以示感谢。

杨再鑫(前排中)在日本天一坊和中国厨师合影

十、留得津菜瑰宝传

1986年,杨再鑫结束了近3年半的劳务工作,回到天津,重新组建天一坊饭庄。此时的杨再鑫已65岁,仍老骥伏枥,任天一坊饭庄副经理兼厨师长;同时被聘天津烹饪大学特聘讲师、天津市津菜研究中心顾问。直到1988年第二批赴日劳务人员归来,两批赴日人员在天津天一坊会师。

此时的天一坊饭庄人才济济,技术力量雄厚,大部分厨师都经过在日本的历练,技术过硬,视野开阔,更有杨再鑫、赵克勤、贾景奎三位津菜大师掌舵,使得天一坊盛况空前。此间,杨再鑫传授了国外的管理经验和新菜品,许多团体、个人慕名前来,如美国学者讲学团,京剧艺术大师张春华、吴吟秋,书画大家溥佐,以及众多演艺明星。

1963年,杨再鑫被评定为一级厨师,80年代被评为特二级厨师,是当时天津饮食公司唯一的特二级,同时担任天津历届烹饪大赛评委。

杨再鑫一生供职过十几家津菜馆,也曾为天津八大家的李善人家当过家厨。为掌握技能,学好本领而到处寻师访友,当得知哪家的某个菜做得好便去品尝;得知哪位师傅有专长,就去他那儿请教,甚至放下身价去给人家刷勺。

杨再鑫悟性极高,尤其在崔文德师傅的精心培养下,深得津菜之精髓。经几十年的实践,他博采众长,融会贯通,逐渐形成了"火候精准,调味细腻,口味层次分明,一菜一味,菜品丰润饱满,古朴大气"的烹饪风格。

杨再鑫能成为一代津菜大师,与其自身对津菜的热爱、对技艺的研究、师傅的栽培,以及在十几家饭庄主厨的经历有密切关系,这一切使他全面掌握了津菜的精髓,并能集津菜之大成于一身。此外,由于天津这座大都市有着丰饶物产以及独特的人文地理环境,这些都为杨再鑫超群技艺的形成与发挥,提供了物质保障和理论基础。

从某种意义上讲,天津菜不是一个简单的地方菜系,它是集各地方菜及食俗包括西式菜之大成的一个菜系,既有北方菜的粗犷豪放、庄重大气,如红扒鸭子、虎皮肘子,又有南方菜的清秀空灵、淡雅之美,如炒青虾仁、茉莉花肚仁等。天津菜所表露的文化色彩十分明显,它以河海两鲜、大小飞禽为特色,对外来美食及食俗来者不拒,化为己用。运用不同技法推陈出新。这从流传下来的传统津菜中可略见一斑,如金钱虾扁、红烧狮子头(四喜丸子)、松鼠鱼等源于南菜,吐司虾、炸板虾、吉利虾球等源于西餐,乌龙戏珠、红烧鱼卷等源于宫廷菜,美宫白菜、华阳鸭肝源于官府,糟熘鱼片源于山东菜等。这些外在条件促进了津菜的发展与形成,同时也丰富了津菜的内涵。生活在这样一个大环境中的厨师如鱼得水,任意驰骋,如果说一个菜系源于上述条件的话,那么一道道精美的菜肴就源于厨师的心灵。

杨再鑫就是一位用心做菜的人,他生于天津长于天津,经历颇丰,他熟知平民百姓的饮食习俗,了解商人的口味需求,深知达官贵人、文人墨客的饮宴雅好。古人讲,食无定位,适口者珍。同样一道菜,他会根据不同人的口味需求,在味道的细微之处加以处理。几十年的厨师生涯使杨再鑫养成了善于观察总结的习惯,杨再鑫是最早归纳总结出天津菜特点的大师,他常讲,味道味道,味离不开"道","道"就是做菜的规律法则,用"道"规范菜的味,使其有法可依。他把天津菜的口味特点归纳为以咸鲜为主,富于变化,讲究酥、脆、软、嫩、烂。酥而不散,脆而不艮,软而不绵,嫩而不生,烂而不塌。

杨再鑫精于调味,他善于根据菜肴的不同性质,运用不同的火候,根据菜肴的口味要求精准投放调料,根据菜品的不同属性,突出菜肴的本味。投料巧妙,特别讲究有些菜品在投放调料时要"点到而已",他在讲某些菜时,常讲放糖但不能吃出甜来,放醋不能吃出酸来,放盐不能吃出咸来,听来可笑,其实这是大师几十年精湛技术的点睛之笔,如烧肉、海杂拌放少许糖能提高菜的鲜味;如爆三样、烹刀鱼要吃出醋的香味,纯酸甜口的菜放少许盐其口味会更浓厚,这样烹制出的菜肴口味回味无穷。他不一味地默守成规,简单复制或效仿,而是把菜肴当作一件艺术品,赋予它一种灵性,或粗犷豪放,或清新隽永,或古朴厚重,或淡雅空灵,从而创造出有别于他人的美味佳肴,成为一位独具特色的津菜大师。他的烹饪技术影响了后辈厨师,丰富了津菜宝库。

杨再鑫于细小之处也绝不含糊,天津菜的作料一般有大作料(蛾眉葱丝、一字姜丝、象眼蒜片)、小作料(葱花)、蒜末、姜汁等。使用作料都有严格的规定,他会按菜品技法的要求,准确地投放作料,用以保证菜品口味的纯正。比如爆腰花和炒腰花,这是两道不同技法的菜,主料相同,口味不同,爆菜要突出蒜香所以要用蒜末;炒菜要突出清香,而腰花是"上水",有一些异味,所以不用葱花而用大作料,来抑制其异味增加鲜香。炒青虾仁是一道天津代表菜,属滑炒类,为突出其鲜味只用小作料辅以姜汁,给人一种清淡脆甜,吃姜不见姜的感觉,而不能用大作料替代。正因为他在细微之处操作认真,所以他烹制的菜肴味道纯正。

杨再鑫善于制汤,俗话讲"唱戏的腔,厨师的汤",制汤能考量一个厨师的技术水平。天津菜一般将汤分为高汤、清汤、白汤(奶油),各具用途,最为讲究的是吊汤,也就是提取高汤,这是烹制许多高档菜肴必用的汤。此汤需要一定的技术和经验才能制成。杨再鑫制汤要用新鲜的老母鸡、鸭、肋排、猪棒骨、牛肉或鸡鸭骨架。其步骤是先将原料用清水洗净,然后放入清水锅内,大火烧开,再转到微火上炖半天,原料骨酥肉烂,原料的香味及营养全部析出,融入水中,然后将原料捞出,这就是一般的清汤。第二步将牛肉或整只鸡斩成茸状(行业内叫红臊子),将汤重新上火,放入红臊子,用小火炖至红臊子浮起,这时红臊子遇热会慢慢收缩,在将自身的鲜味融入汤中的同时也将汤内的悬浮体吸附在红臊子上,从而使汤的颜色清澈透明。第三步是关键的一步,也就是提纯,这一步至关重要,说是关键其实也不复杂,就是一层窗户纸,不捅不破,用杨再鑫的话讲:"真传一句话,假传万卷书。"一般保守的师傅到这关键的地方不点破。提纯就是将吊好的清汤进一步提炼成为高级清汤,用新鲜的鸡胸肉斩成茸,放入蛋清(行内叫白臊子),调好备用,这时不要着急提汤,要等到汤温降到60℃以下,再将汤锅放到微火上,放入白臊子搅匀。这时白臊子遇热逐渐团聚在一起,形成一个大圆饼,慢慢地将汤内更细小的悬浮体全部吸收在白臊子上,然后将白臊子捞出,用细纱布过滤即成高清汤。许多人向杨再鑫请教,甚至有干了几十年的老厨师每到这一步就失败。杨再鑫耐心给他们讲解:把汤放凉了再吊汤,因为白臊子遇热会马上凝固,在高温的推动下,不但不能把白臊子的营养和鲜味析出,反而使汤变得更加浑浊了。这是杨再鑫凭着多年的经验总结出来的,他说白臊子是用鸡胸肉和蛋清组成,富含蛋白质,蛋白质在60℃以上高温中快速凝固,从而失去吸附汤内悬浮体的能力,所以也就达不到提纯的作用了。杨再鑫吊汤采用的是传统的"双吊汤"法,其特点是滋味浓郁香醇,清澈如同秋水,呈浅茶色,凉后成冻。

　　杨再鑫善于烹制高档名菜,已达到炉火纯青、随心所欲而不逾矩的最高境界。杨再鑫虽然文化不高,但通过几十年的工作实践,他掌握了高深的技艺,悟出许多道理,每道程序、每个菜看似漫不经心,其实都暗含烹饪原理。

　　杨再鑫烹制的扒通天鱼翅具有厚重大气、味道醇厚、软糯鲜香、汁芡饱满明亮的特点。鱼翅从发制到烹制,每道工序都非常讲究。杨再鑫烹制鱼翅遵循古法又别有新意,首先将鱼翅剪边泡软,然后上火煮至水开下火,锅里水凉去沙,再煮、再焖、去骨。然后将去骨的鱼翅梳理整齐、码在盘中,放入高汤、鸡肉、猪肉,蒸至软糯。一般发制到这一步就算可以了,但杨再鑫在蒸制入味阶段是要经三次金汤换味的。所谓金汤是宫廷菜中高清汤的一种称谓,他说鱼翅本身没有什么鲜味,有的只是鱼翅的腥味,只有多次换水焖煮和

杨再鑫(中)1998年天津市烹饪协会首届振兴津菜饮
食沙龙上对津菜进行点评

换汤蒸制才能把鱼翅的腥味换出来,把鲜味注入。杨再鑫的这一发
制方法也正契合了袁枚的"有味使之出,无味使之入"的烹饪理论。
在烹制扒鱼翅时去掉原汤,坐勺打入高汤烹入调料将鱼翅推入勺
中微火㸆透,挂芡;杨再鑫挂芡非常讲究,有的菜要一次挂住,有的
菜要多次一层层向内渗透着挂,因鱼翅的翅针多而密不易挂住芡,
这需要一定的技术和经验。他常讲:"会挂芡的一条线(即芡汁从手
勺淋入勺中时如同一条细长的线),不会挂芡的一大片。"挂好芡后
打明油,大翻勺装盘。值得一提的是,杨再鑫在烹制扒鱼翅的明油
上也极为讲究,他不只是一味地按照传统的只用大油或鸡油,而是
将鸡油或大油兑上一些烹调油用葱段炸香作为扒鱼翅的明油。这
样的处理使鱼翅成菜后汁芡明亮饱满,香气四溢,堪称一绝。更具
特色的是一般扒鱼翅要随带银菜和红醋,而杨再鑫在烹制扒鱼翅
时要随带炸香馍片和香菜末。他说,鱼翅是一道高档菜品,需要细
细品味。当鱼翅烹制完成端上餐桌时,客人已酒过三巡菜过五味,
口腔中已五味杂陈,这时再好的美味也不能真正地体味到,此时通

过炸香馍片与鱼翅交替品嚼,一个香脆清口,一个软糯醇厚,两者在口腔形成了巨大反差。这时鱼翅的最佳美味,就能呈现给客人了。难怪至今许多厨师不明白扒鱼翅为什么要带炸香馍片的道理。

杨再鑫的大菜精美绝伦,小炒同样独具特色,他用新鲜茉莉花、猪肚仁、高汤等食材烹制的氽茉莉花肚仁,清秀、灵透、素雅、隽美。其制作方法是:首先将猪肚头洗净去皮和油脂,剞成一寸见方的花刀,然后用碱水浸泡20分钟,捞出用清水换去碱味,坐勺打水,用响边水(80℃左右即似开不开状)快速将肚仁焯至卷起放入汤古(盅)中,再坐勺打高汤烧开放入调料,撇去浮沫浇在汤古(盅)中,撒上茉莉花即成。这道菜看似简单,其技术难度非常高。首先是吊制高汤需要高超的技术和经验,关键是肚仁烹制时火候的掌握非一般厨师所能,而杨再鑫烹制这道菜则信手拈来。此菜汤清味醇,肚仁脆嫩似瓜,食后脆嫩爽口,全然不知是肚仁,令人赞不绝口,如今这道菜几成绝响,很少有人知晓。

十一、满汉全席新现身

杨再鑫在20岁时拜在崔文德门下,得真教诲,受其真传。杨再鑫对恩师的技艺心慕手追,潜心专研。经多年的学习与实践,杨再鑫掌握和学会了满汉全席及许多南北大菜,并大胆创新,设计出独具天津特色的满汉全席。

现将当年流传于天津的满汉全席和杨再鑫做的满汉全席附录于下(根据吴正格选编的《满汉全席》)。

四干碟:葡萄干、琥珀桃仁、橘子饼、炒大扁。

四糖:桃脯、蜜枣、荸荠脯、藕脯。

四蜜汁:蜜汁金枣、绣球脆梅、蜜汁瓜条、蜜汁海棠。

四鲜果:汕头蜜橘、北山苹果、玫瑰葡萄、糖炒红果。

四冷荤：常州松花拼白斩鸡脯、北京咸鸭蛋拼时鱼、金华火腿拼龙须菜、酱虾钱拼冬瓜。

四香蔬碟：雪里蕻炒茭白、火腿笋丝炒豆苗、大虾干烧瓢菜、腊肉炒蒜薹。

酒类：绍兴酒、状元红、绿茵陈、莲花白。

四甜碗：汤汁莲子、京果羹、蜜汁元宵、烧水萝卜。

　　　　四大菜（每个大菜随带两个小菜）：

　　　　川燕菜——茉莉冰糖银耳、清炒虾仁。

　　　　扒黄鱼翅——熘双蘑、炸三台。

　　　　酒酥玉带白鳝——雪塔豆腐、星月金钱。

　　　　乌龙戏珠——如意冬笋、金汤三娇。

在四道大菜中间（即南大菜、四小菜后）夹上头道点心——盃头角、三鲜盒子、余龙眼桂圆、三鲜烧卖、炸枕头卷、鸽蛋挂面汤。

在四道大菜上齐后随即上五点一汤：冰霜荸荠鼓、石榴见子、三鲜水品乌菱角、油炸三角、素包、鲍鱼汤。

四红菜：红烧猴头、香蒸鹿尾、烤乳猪、挂炉烤鸭（随带荷叶饼、老虎酱、葱丝、椒盐、萝卜丝）。

四青碟：炒银菜、虾干烧鹦鹉、虾子烧芽菜、火腿炒菜花。

四白菜：白奶鸡、色肚扒春菜、四喜云片鸭子、哈巴肘子。

四大菜：酱汁鳜鱼（带荷叶卷和白菜卷）、红扒熊掌（带稻米饭）、余鸡脯、茉莉余竹蒜。

四粥碗：八宝粥、荷叶粥、秫米粥、小米粥。

四小菜：瓜姜里脊丝、虾子烧腐竹、烧莲菜、金钩挂银条。

四茶点：麒麟饼、莲花酥、状元糕、秫米面饼。

以下是杨再鑫设计过的满汉全席菜单，现附录如下：

到客茶

下马点心：云片糕、豌豆黄、核桃酪、猫耳朵。

四干：琥珀桃仁、开心果、大扁、腰果。

四鲜：橘子、香蕉、苹果、葡萄。

四蜜饯：桃脯、蜜饯金橘、蜜枣、蜜饯杏脯。

四糖：瓜条、京糕、炒红果、海棠粘子。

四冷荤：酱飞禽、罗汉肚、卤虾钱、熏鱼。

四冷素：椒油莴笋、炝果藕、京糕拌梨丝、芥末白菜墩。

四大伴：一品官燕(随带冰糖银耳、炒青虾仁)、蟹黄扒鱼翅(带炸香馍片、香菜末)、高丽银鱼、熘南北。

头道点心：盅头饺、酥盒子、炸春卷、橙子羹汤圆、三鲜烧卖、挂面汤。

乌龙戏珠——芙蓉鸡片、清炒鱼丝。

清蒸比目鱼——干烧冬笋、佘鸡茸菠菜。

中间点：素包、四喜饺、莲花酥、小窝头、萨琪马、三鲜汤面。

翻台

四红扒：扒熊掌——素四宝、熘鱼腐。

　　　　扒鲍鱼——香菇菜心、韭黄里脊丝。

　　　　扒鸭条——红嘴绿鹦鹉、炒百合。

　　　　扒肉条——烧莲菜、烧芽菜。

随上：银丝卷、稻米饭、荷叶饼、小米粥。

翻台

四白扒：鸡油鱼肚——酸沙紫蟹、烧扁豆。

　　　　奶油扒鸡——桂花鱼骨、干贝烧冬瓜球。

　　　　哈巴肘子——麻栗野鸭、炒合菜。

　　　　扒全菜——官烧鱼条、煎烹晃虾饼。

开胃汤：银鱼紫蟹火锅。

随上:八宝粥、粳米粥、一品烧饼、枣卷、天津包、高汤水饺。

翻台

四烧烤:烤全猪——茉莉肚仁、素炒西葫。

　　　　烤鹿尾——肉末雪里蕻、高汤黄芽菜。

　　　　烤鸭——春饼葱丝、黄瓜条面酱、烧银条、海参丸子。

　　　　烧烤鳜鱼——冰糖哈土蛤、汆白肉丝。

随上:虾饺、花糕、脂油饼、开口笑、酱瓜、地葫芦、八宝菜、五香疙瘩头。

随上:芙蓉海底松。

从以上两种满汉全席对比来看,杨再鑫不拘泥传统,而有所创新,把传统的四红、四白换成天津馆擅长的红扒、白扒,其他除保留了一些传统宫廷菜点和满族菜点以外,融入了许多天津传统名菜如炒青虾仁、茉莉肚仁、官烧鱼条、麻栗鸭、酸沙紫蟹,同时天津"八珍"尽收其中如银鱼、紫蟹、铁雀、韭黄、卫青萝卜、晃虾、黄芽菜、天津鸭梨,使这套满汉全席不失传统的情况下更具天津特色。

杨再鑫(右)、贾景奎(中)、赵克勤(左)三老在1998年天津市烹饪协会首届振兴津菜饮食沙龙上

一代大师驾鹤去

2001年8月，一代津菜大师驾鹤西去，溘然长逝。

杨再鑫一生从未离开灶台，灶台是大师人生的起点，也是终点。他是为津菜而生，津菜就是他的生命，他就是津菜的标志。他为津菜的发展，为津菜走出国门做出了巨大的贡献。

杨再鑫虽然离开了我们，但他却留下许多津菜文化遗产，供后人传承、研究和学习。

（部分资料提供者：齐向前、张英凤、张桂生等）

津菜大师赵克勤

孔令涛

赵克勤
(1923-2002)

在已故天津名厨中，赵克勤非一般名厨可比，他与史俊生、杨再鑫、贾景奎并称为津菜四大书生。

赵克勤(1923—2002)，天津静海人，兄弟四人中他排行老四，因父母早亡，和奶奶相依为命，靠奶奶做点小生意和给人浆补衣服为生。赵克勤的二哥是天津大宅门里的家厨，年少的赵克勤就跟着二哥，在大宅门的厨房里混营生，每当二哥炒菜的时候，小克勤就偷偷在二哥身后，看着二哥的一招一式，幻想着什么时候自己也能和二哥一样，成为一代名厨，扬名立万。

一、学艺大宅门

天津宅门菜在民国时期曾经鼎盛一时，究其原因，一是大批清室的遗老遗少移居天津；二是天津是九国租界，华洋共处；三是天津作为当时北洋政府军阀官僚政治活动的后台，因此有着融合南北、贯通中西、兼收并蓄、适应面广的特点。

宅门里的厨师,不仅是行业中的翘楚,技术高超、全面,还要符合不同地区主人的口味,因此对厨师的要求非常高。赵克勤的二哥就是宅门菜厨师中的佼佼者,以天津本地菜见长,旁通淮扬菜和西餐,深得主家赏识。特别是他曾拜"抓炒王"为师,得到"抓炒王"的亲传。传说有一天慈禧太后用晚膳,菜肴上桌,她不甚满意,正当御膳房的御厨们不知所措之际,只见一个姓王的伙夫将剩下的猪里脊片和调料放在碗里,随意抓了抓,便放入油锅里炸,捞出后浇上汁在锅里翻炒了几下,呈上席来。慈禧见此菜色泽金黄,口味酸甜,甚是满意,便问这是一道什么菜呀?太监急中生智,回禀道,此菜为抓炒里脊。慈禧对这道别出心裁的抓炒菜肴颇感兴趣,便传旨要伙夫来见。因其姓王,便封他为"抓炒王",并提拔为御厨,专为太后烹饪抓炒菜肴。从此抓炒里脊闻名宫廷,后来"抓炒王"又不断改进工艺,逐渐形成了宫廷的四大抓,即抓炒里脊、抓炒鱼片、抓炒腰花、抓炒大虾。民国建立后,"抓炒王"随末代皇帝溥仪来到天津,后流落到宅门,因机缘巧合,收赵克勤二哥为徒。

天津昔日宅门菜相当讲究,比如食螃蟹一般家中备有如同雅致的工艺品般的专用工具:钳、叉、铲、镊等,用以敲、刮、叉、挤,将螃蟹的各部位丰脂美膏,细细出净,尽情品尝。在整桌酒席中,凡有螃蟹菜肴都要配上烩乌鱼蛋汤、软熘鱼扇等菜品调节口味。

大宅门对餐具瓷器要求极高,并将此视为脸面,讲究用景德镇薄胎细瓷,"百子图""福禄寿喜""八仙过海"等各种成套瓷器一应俱全,同时还要准备象牙筷子、银勺、银碟、景泰蓝烟具等,考究至极。

儿时,赵克勤总是缠着二哥讲"八仙过海"的故事。稍大一点,就开始给二哥打打下手,切葱剥蒜,刷勺上浆。有二哥的照顾,倒也不像其他学徒这么辛苦。赵克勤最开心的就是二哥常常把炒好的菜留一点儿给他尝,这可是难得的学习机会。过去学徒,只能在师傅身边,借着刷勺的机会,尝尝炒勺里边残留的汤汁和汁芡,但是只是尝味道,并不能感受到食材的火候和质地。渐渐地赵克勤就明白了,什么是清汁无芡的炒,什么是抱汁汪油的爆,什么是小火咕嘟的煨……

二哥也愿意给他讲这行里的奇闻轶事,什么山东馆的扒鱼翅原为浇汁,后来学习了津菜馆在炒勺里挂汁的技法,从而使色香味形达到了最佳。比如宫保鸡丁、烧肉、松鼠鱼等菜品从原来单调的葱蒜味发展到了甜、咸、酸、辣等复合口味,满足了人们不断提升的品尝需求。再比如有一次天合居的师傅听说一位客人在北京吃到了独具风味的鱼香肉丝,店家很上心,于是请这位先生有机会捎回一份。后来,天合居潜心研究了这道菜,随后竟烹制出了自家的鱼香肉丝。每天只卖十几份,原因是那独特的辣椒是老坛10年以上才出的香味,比较珍贵。

虽然身在宅门,但是二哥在天津餐饮业朋友众多,通过二哥,赵克勤了解天津旧时餐饮业的情况。当时,天津的老字号注重匾额,他们不惜重金力请名家、政要题写。如登瀛楼为北洋政要张志潭所题,松竹楼为清桂林知府王埒所题,泰华楼为华世奎所题,真素楼为严范孙所题。不仅如此,大饭店的门前、庭院、屋内到处种植着名贵的花木,四季常绿,香气阵阵。厅堂与雅间里的名人字画必不可少,或山水悠远,或花鸟别致,或真草隶篆,无不营造出清雅氛围。店内摆放的古典硬木家具也不厌其精,成龙配套。到了暑热季节,有的饭庄又换上了南式的藤椅,想尽办法让食客舒服满意。关于家具陈设,旧时的大饭庄常设专人管理,他们每天核对过数并进行保养。

　　赵克勤有时也会和二哥一起到知名的"八大成"、天一坊拜访朋友和"偷艺"。每次进大饭庄，堂头儿都会笑脸迎接，先礼让到茶台小憩，递过热毛巾，沏上茶，敬好烟，再上干鲜果给顾客品尝。等宾客差不多到齐了，气氛也渐热烈，宴席就开始了。上热菜前先上四样甜品，俗称"开口甜"。吃完以后热菜不忙着上，而是上茶水供食客们漱口。然后才是正经的大菜一道一道端上来让宾客品尝。吃完饭要上小馒头，这不是饭后"找补"的，是专门用来供客人擦嘴用的。完事再递热毛巾、牙签和漱口水，同时再次请宾主到茶台品茶聊天，一并送些槟榔、豆蔻等小食继续闲聊，这才算老天津下个馆子全套的流程。最后，客人吃剩的饭菜也有讲究。咱们现在都是自己打包带走，而以前按规矩都得由饭庄派伙计为主家送回府里，还有个专有名词叫"送回头菜"。大饭店的细致服务有始有终，所以自然生意盈门，日进斗金。

　　赵克勤虽然没上过学，但是他耳濡目染、广闻博记，把天津当时的餐饮业了解了个遍。同时，经过几年的苦练，终于练就了一身烹饪的绝技，特别是"五鬼闹判"和大翻勺。

　　"五鬼闹判"是津菜馆灶上师傅所独有的一门技术，津菜馆厨师对灶火的设计很独特，一个厨师同时掌管着两个主火，一个边火、一个次火和一个汤火。主火是实火，下面烧煤，而边火和次火、汤火实际是主火的烟道，利用主火的余温对菜品进行加热，为的是节约火力。具体的位置分别是：厨师身前第一排设计了两个主火和一个边火，第二排设计安排了一个次火和一个汤火，"上二下三"的格局，作用分别是：第一排右起第一个和中间的是主火，主要是用来烹制爆、炒、扒、熘等急火的功夫菜肴；左边的是边火，主要是用来坐热油炸制和坐热水焯制原料；第二排右起第一个是汤火，主要是用来吊制清汤，烹制各种汤羹类菜肴；第二个是次火，主要是用来制作烧、爆类费火费时的火候菜。五个灶口呈梯形排列,再加上不下二十几种调料,气势恢宏,搭建了津菜厨师施展技艺的舞台。津菜厨师在操作时讲究五个灶口一起使用。这就要求厨师精神集中,动作要快,并根据菜肴火候的不同选择适当的火力。同时要求厨师在操作时对菜肴的先后顺序要清楚不乱。一般是用主火炒菜,用边火坐热油炸制或从汤火的锅里取热水焯制原料以加快菜肴的出菜速度,用次火烧、爆鸡、鱼等菜肴。还要不时给汤锅里续水、投料等。但实际操作中也非一成不变。如赵克勤在烹制鱼的菜肴时,在边火上坐油、炸鱼,同时在主火上炝勺,等鱼炸好放入炝好锅的勺内,烧开,再放到次火上小火爆熟。在这段时间内,陆续做别的菜,等到鱼熟以后,再移至主火,烧到汤汁浓稠,行内称为"硬收汁儿"。这时,其他菜肴也陆续完成,如此反复,几把大勺在几个灶口上下不停地翻飞、跳跃,厨师忙而不乱、紧张有序,真是让人眼花缭乱、目不暇接。厨师如斗鬼的判官,时而抖勺、时而颠勺、时而翻勺、时而倒勺,虎虎生威、个性张扬,一个饭口下来灶台上干净利索,堪称一绝。

大翻勺又叫勺扒,是将初步加工过的原料整齐地放入锅中,加入汤汁调味,运用小火烹制,使主料烧透入味、挂芡收汁,晃动炒勺,借助火力对主料和炒勺之间形成的空隙,瞬间将原料在勺内翻过来,推入盘中。扒出来的菜肴,整齐美观、原汁原味、不散不乱、色彩丰富、层次分明、格外美观。

大翻勺源于宫廷,后来流传到民间,是勺功中难度较大的一项基本功。在烹调过程中要求厨师要结合不同的技法,不同的要求,运用不同的翻勺方法。一般可分为小颠、大颠、大翻、侧翻、左右翻、提拉翻等,又有步步高、拉抽屉、大鹏展翅、鹞子翻身、海底捞月等。翻勺能把菜肴烹调过程中的加热、调味、勾芡等各种工序,巧妙、有机地结合起来。同时翻勺适应多种烹调方法和菜肴的需求,菜肴成熟快(行话叫"抢火候"),可加快烹调速度,特别适用于旺火速成的炒、爆等烹饪技法,以保持菜肴的鲜、嫩、脆等特点。天津厨师擅长使用大翻勺,一是因为天津是一座因漕运而兴的城市,水旱码头、舟船林立,天津本地饭店多讲究"明堂亮灶",厨师往往一身白色裤褂,在灶台前使尽浑身解数,招揽客人;二是天津厨师直爽热情、个性张扬、争强好胜,骨子里有一种不服输的劲头,在河北鸟市等地,餐饮业竞争激烈,没有几手绝活,根本不可能在此地立足。

　　扒也是津菜的独特技法。操作时将熟主料反向码放入勺,烹调味品入味、勾芡、翻勺、淋明油、装盘,称之为勺扒。其菜肴色泽美观、造型整齐、不散不乱、主料软烂、汁浓味厚,此技法运用大翻勺的技艺,讲究上下翻飞、左右开弓,大至整鸡、整鸭、三四条熬熟的鱼,小到细如火柴梗的白肉丝,津菜厨师都能翻动自如,游刃有余,达到了炉火纯青的地步。扒菜分红扒、白扒两种。红扒的主料一般经过蒸制后,用酱油等深色调料或加糖色慢火入味扒制,色泽棕红,味较浓,主料酥烂。代表菜有扒通天鱼翅、扒肘子、红扒鸭等。白扒的主料质嫩,一般要求原色,以突出菜肴的品质,不用深色调料,菜品色白油亮,味道清鲜。代表菜有扒三白、扒全菜、罗汉斋等。见过赵克勤翻勺的人都说,他的翻勺动作不大,掌握炉温、油温、勺温恰到好处,把握淀粉糊化的时机也非常精准,被业内称为"筍派"。他经常提醒徒弟们,翻勺是满足菜肴色、香、味、形的需要,不是"玩儿票",一味地追求翻勺、追求火彩,就是本末倒置,成了杂耍,是要摒弃的。

二、成名什锦斋

　　1940年,17岁的赵克勤,来到著名的二荤馆什锦斋主灶。在老天津，本帮菜系的"八大成"与山东菜系的"十大饭庄"、清真菜的"九大楼"是当时最体面、最阔气的饭店，在那里设宴用餐，档次绝不逊于现在的星级宾馆。这类大饭庄的主要客户是大宅门的达官显贵，较少接待散客，因为普通百姓还是比较青睐物美价廉的二荤馆。

大户人家设宴席需要提前到饭庄订座。大饭庄里不仅菜品陈设精益求精，更有严谨周到的服务程序。客人预订后，饭庄要尽快派人把空白客单送到主家，俗称"下客单"。主家填写好被邀请者的姓名地址，再由饭庄专门派人按顺序挨家挨户通知各位宾客，俗称"打知字"。

位列于首位的尊贵客人收到客单后一般要签下"敬陪末座"的字样，表示谦逊。接下来被邀请的各位也会签上"知"字。宴会临近之日，饭庄会派专人再挨家挨户通知一遍，提醒按时出席。而且这跑腿活儿饭庄还不收东家一分钱，全都无偿服务，这是老买卖的规矩。

除此之外，还有些大户人家常在家中设宴，大饭庄也会承接，饭庄会推出厨师下户办宴的服务，这种服务在昔日叫"应外台"。豪门富户喜寿大事，大饭庄会提供全套服务，像炉灶炊具、桌椅摆设、碗筷器皿、原材料、半成品等一应俱全，一起送到主家。您可能认为"应外台"菜品跟饭庄里的菜品相比多少得打点折扣，实则不然。"应外台"由头灶或二灶亲自掌勺，为了保证一场宴席的菜品地道和服务规范，很多"外台"活计前前后后得忙上好几天。

20世纪20年代的天津市井繁荣，餐饮业竞争加剧，各方饭店餐馆无不在经营上广开门路，周到服务，想顾客所想。很多饭店上到燕窝鱼翅下到素炒白菜样样俱全，按当时的说法叫"绝不能让顾客空着肚子离开"。比如，客人进门就想喝一碗稀饭，即使饭店压根儿就不卖这"低价货"，也会悄悄让伙计赶紧到街上买来给客人端上来，还加送一小碟香油拌的咸菜，这就叫口碑。

此外，因为竞争，老天津有的中型饭馆为迎合人们礼尚往来的需要，还特别推出面值不等的礼券，俗称"上席条子"。购买者可馈赠亲朋，受礼者可凭券随时享受美味。

吃主儿如同财神爷，老买卖人乐于听取顾客的意见，每顿饭吃完以后会做个"调查"，口味合不合适，咸淡合不合适，摆盘合不合适等，以便改进、创新菜品。比如登瀛楼知名的烤鲤鱼、铁锅烤蛋等就是采纳顾客的建议而推出的风味菜品。

为了让食客品尝更多的精致美味，为了吸引更多的顾客，许多饭店也采取"走出去，请进来"的经营方法。有的经理不时带着堂头、灶头以普通百姓的身份到其他同行饭店"明吃暗访"，甚至委托自家的熟客到其他饭店索取菜单（当年菜单尚属"保密"），研究、改进本家菜品。

当时天津的二荤馆早期以天一坊、什锦斋、慧罗春最为著名，当时的《商业汇编》刊登广告写有"时珍海味""喜寿宴会""应时小酌""家常便饭"等。这些二荤馆的规模也很大，设备齐全，有很强的技术力量，掌灶的师傅多是"八大成"饭庄学徒期满出师的中青年厨师。什锦斋位于天一坊以北，与其毗邻不足百米。清光绪年间，便以善烹风味纯正的天津地方菜肴而享誉津门。《天津文史丛刊》记载，世代承当钞关税房的津门豪富——大关丁家第四代丁伯钰、同族兄弟丁伯儒，最爱吃什锦斋的玛瑙野鸭。遇有家宴，虽有家厨，也要邀请什锦斋的师傅，单做此菜，以待宾客。什锦斋的什锦火锅也非常有名。主副料不少于20种，由墩灶师傅合制。火锅里的菜分上、中、下三层，菜粉铺底，中层放炸山药、手撕面筋、炸豆皮、炸滑鱼；上层以虾肉丸子、鱼腐丸子、蒸肉丸子、海参、鸡腿肉、鸭脯肉、铁雀、鱼骨、鱼肚、红肉、白肉、冬笋、大虾干盖面，以蟹黄、韭黄点缀，浇三合汤。一个火锅包括了鸡、鸭、鱼、肉和海味，外形别致美观，吃着别有风味,成为津门久负盛名的名品佳肴。20世纪初,什锦斋在南市广兴大街与慎益大街交口处设立分号。

赵克勤来什锦斋饭庄后就推出了坛子肉。坛子肉是在天津"八大碗"红烧肉的基础上创新而成。

关于"八大碗",相传八仙过海惹怒了龙王,久战难胜,人困马乏,退至海滩稍息,觉得腹中饥饿难忍,便分头寻食充饥。话说曹国舅腾云驾雾来到内地,一股奇香扑鼻,不觉垂涎三尺,立即寻香来到一家庄园之上,摇身一变,变成农夫到院中窥视,只见四方桌上八人围坐,猜拳行令,畅怀痛饮,美味珍馐一个接一个地端来,国舅便取了八样菜肴,用海碗盛起,并留言道,国舅为众仙借菜八道,日后定当图报。然后,国舅聚八仙到蓟县的八仙山,狼吞虎咽之下更觉奇香无比,酒足饭饱之后精神倍增,与龙王再战大获全胜。以后人们为讨吉利便改四方桌为八仙桌,坐八客、食八碗菜肴一直流传至今。八大碗是民间宴席的一种形式,内容丰富、变化多样,技法全面,大汁大芡、大碗盛放,分为粗、细、高三个档次。粗八大碗有炒虾仁、熘鱼片、烩丸子、烩滑鱼、汆白肉丝、焅面筋、烧肉、煎丸子、松肉等组合而成,细八大碗由炒青虾仁、烩两鸡丝、烧三丝、全炖、蟹黄蛋羹、海参丸子、元宝肉、清汤鸡、拆烩鸡、家熬鱼、熘二蘑等选编而成。

赵克勤研制的坛子肉以瓷坛焖制而成,因坛口封闭,与空气隔绝,既可以保持原料的原汁原味,使营养成分不失不散,又可使成品增添独特的风味。选用上好的五花肋条,洗净后切3.3厘米的小方块,用沸水去血水,入坛。坛内加入酱油、料酒、腐乳、冰糖和独特的配料。烹制坛子肉需要三种火候:首先要用旺火,使各种调味料完全浸入肉中;再改小火,将肉中的脂肪抽出,达到肥而不腻;最后转微火,保持肉的原形不散不乱。赵克勤用七层毛头纸封坛子口焖熟。为掌握好火候，在封口纸上放一个小碟，碟内放几粒小米加点水，小米开花时火候就正好。坛子肉与其他器皿烧炖的肉菜迥然不同，别有风味。开坛上桌后，一股浓郁的酱豆腐香气扑鼻而来，别有滋味，肉烂汁清，肉味浓香，入口即化，真正是肥而不腻，瘦而不柴。特别是使用陈年老坛，可使菜品馥郁浓香，滋味倍增，备受顾客欢迎。20世纪三四十年代，坛子肉成为什锦斋的看家菜，赵克勤也一菜成名，跻身天津名厨之列。

1942年，赵克勤又辞号来到燕春坊主持灶政，燕春坊开设于1917年，坐落在鸟市地区的单街子，东边紧靠大胡同这条当时最为繁华的商业一条街，以经营喜、寿宴席而驰名。赵克勤到了之后，推出许多适合本地风俗的食品，比如寿合、喜合、苹果排等，寿合就是先用温水和面、搓条、揪剂，装上三鲜馅、三皮馅（肉皮、粉皮、蛋皮），捏成桃形合子，蒸五六分钟，稍凉，用热油炸至金黄色，摆盘上桌。至今，仍有很多老人还记得这舌尖上的天津老味道。

由于日寇入侵，国土沦陷，天津餐饮业也极度萧条，两年后赵克勤来到离他住的戏园子胡同不远的同合居。在这里赵克勤遇到比自己大两岁、后来同为津菜大师级人物的杨再鑫，两位年轻人一见如故结下了深厚的友谊。到晚年，赵克勤还经常到杨再鑫家中造访求教，留下天津餐饮业大师之间的一段美谈。

三、红桥铸辉煌

1943—1965年，赵克勤在西站饭馆主灶，西站饭馆在当时是一个乙级饭馆，有大小两个餐厅，大餐厅为快餐厅，经营一些经济炒菜，主要服务于在西站候车的旅客，每天24小时营业。小厅是风味餐厅，主要经营天津风味菜肴。1958年，西站饭馆公私合营，1959年，赵克勤光荣地加入了中国共产党。期间，赵克勤多次为中央首长在北戴河会议服务。1960年，刘少奇来天津视察期间，也曾品尝过他的佳肴，并接见了他。1963年，赵克勤成为当时天津为数不多的一级厨师。

1976年9月，红桥饭店开业，赵克勤任厨师长。这为赵克勤提供了一个施展自己才华的舞台。他勤勤恳恳、任劳任怨，把红桥饭店的厨政工作打理得井井有条。他推出了很多天津的传统菜和他自己多年来积累、创新的新津菜，其中扒全菜、盘龙大虾、炒青虾仁、鸡丝银针、金钱紫蟹等成为代表菜；八卦鱼肚、蒜蓉盖菜、鲜贝西兰花、翡翠豆腐、荷叶鸡等创新菜得到顾客好评。红桥饭店成为津菜的摇篮，许多单位、宾馆派人员到红桥饭店学习技术和管理，学习菜品。20世纪七八十年代，红桥饭店多次接待美、英、法、苏、日、澳大利亚等国家的外宾，以及港、澳、台同胞，均得到高度赞扬。

天津的知名演员于淑珍、关牧村、高英培、魏文亮、郭振清等均曾在红桥饭店就餐，天津著名画家溥佐曾撰文道："我于近十年来，承津菜大师赵克勤飨以盛宴，或赠予小菜，其滋味之美，皆有妙不可言之处……"

1976—1978年，赵克勤和什锦斋田沛然、燕春楼周金亭一起，配合红旗饭庄的贾景奎、南开饭庄(老四海居)刘凤山、水上登瀛楼安宝金，共同完成了《天津菜谱》(三册)。

1980年，赵克勤定级为特级厨师。1982—1984年，他连续3年荣获天津市劳动模范光荣称号。

1983年，经过层层考核，赵克勤成为天津市人民政府命名的十名最佳厨师之首。在全市挂牌服务，引起全行业轰动。

1983年11月，中华人民共和国商业部在北京人民大会堂举行了全国烹饪名师技术表演鉴定会。61岁的赵克勤，经过全市饮食服务系统的层层选拔，与登瀛楼饭庄的孙元明、桃李园饭庄的面点师蒋文杰代表天津参加了这次盛会。以炒青虾仁、鸡丝银针、蟹黄鱼翅、软熘鱼扇四道代表天津的名菜,获得技术表演奖,为天津争得了荣誉。

红桥饭店开业后职工合影

炒青虾仁,是细"八大碗"菜品,当年登瀛楼饭庄以每天1块大洋的工资聘请天一坊厨师,专门做这道菜。食材是天津河产淡水青虾,色泽青白,肉质紧密细嫩,以深秋初冬季节最为肥美,将大小一致的青虾洗净,挑去虾线,黄瓜切虾米腰,将虾仁放在碗内,用精盐、蛋清、水淀粉上浆抓匀静置2小时以上,行话叫"蹲浆",热勺温油烧至五成热,把虾仁用手逐一捻开下锅,待浮起后倒入漏勺,顺势将黄瓜在漏勺内汆一下,原勺留底油上旺火,雪花葱爆香,倒入主料和辅料,烹绍酒、姜汁、精盐调味。成菜后,色泽粉嫩,俗称"娃娃脸",具有清汁无芡、蹦脆细甜、咸鲜爽口的特点,操作的手法和口味均异于其他风味的炒虾仁,是天津传统特色季节名菜。

鸡丝银针,是天津风味传统菜,急火速炒,以火候见长,将鸡胸脯肉去筋膜,切成火柴棍粗细的丝、上浆,入六成热的油锅滑散淋净,原勺留底油,葱姜末炝锅,将鸡丝、掐去两头的绿豆菜(也叫银针、掐菜)、精盐、味精放入调味,快速颠炒,淋花椒油出锅。成菜要求鸡丝鲜嫩,银针脆而不生,火候稍过则银针脱水,稍欠则难以去掉原有的豆腥味,鸡丝如雪,银针晶莹剔透,淡雅馨香,脆嫩爽滑。

蟹黄鱼翅,是天津菜的大菜,在堪称"百菜之王"的扒通天鱼翅的基础上改进而成,因使用一只自上至下完好的上等鱼翅(不是由散鱼翅拼摆而成),故名"通天",是早年间天津饮食业公认的"鱼翅大王"王恩荣的代表作。勺内打底油,将河蟹黄煸炒至熟,烹料酒、姜汁、高汤,将鱼翅多次发制、入味后推入勺内,大火烧开,改中小火㸆15分钟,见汤汁浓稠,挂跑马芡,再挂反复半个小时以上,沿锅边淋入葱油,大翻勺,明油为熟猪油,拖入盘中,4斤重的鱼翅色泽金黄,汪着橘红色的蟹油,油亮剔透,带炸馒头片、香菜、大红浙醋上桌。

软熘鱼扇,是津菜的代表名菜。其主料黄花鱼大片经烹制后,鱼皮遇热收缩略卷曲,其状如扇贝形而得名。黄花鱼肉抹成扇形大片,鱼皮朝下码在盘内,挂蛋黄糊。锅上旺火,油烧至七成热,转小火,将鱼扇皮朝上逐一下入锅中。待浮起时,捞出沥油。原勺留少许底油,大作料爆香,烹绍酒、姜汁、醋,加盐、糖,放入鱼扇。待卤汁沸后,改中火㸆3分钟,下嫩糖色找色,勾薄芡,淋花椒油,翻勺、装盘。特点是色泽云红,鱼肉鲜嫩,酸甜略咸,是春季佳肴。

当时比赛异常激烈,来自全国各地的烹饪高手摩拳擦掌,欲一争高低。据当年给赵克勤当助手的李秋洋回忆,赵克勤在比赛中采用了先易后难的策略,炒青虾仁、鸡丝银针,两道菜转眼间就顺利完成,到了软熘鱼扇的时候,出现了状况。软熘鱼扇需要大翻勺技法,20世纪80年代初期,红桥饭店还是使用硬煤做燃料,而人民大会堂当时已经开始使用煤气，煤气灶经过鼓风机的作用，火苗很高，直接炙烤着炒勺。炽热的高温，使鱼扇在勺中翻转后，在出勺的一刹那，将鱼扇和汁芡牢牢地抓在勺边，动弹不得。赵克勤并没有慌乱，炒勺回火，再翻了一次，使鱼扇回到原位，吩咐李秋洋端来一大盆凉水，再次完成翻勺的整个动作，将炒勺一半浸泡在水里，待炒勺沿的温度冷却下来，顺利出勺，整个动作干净、漂亮、利索，但是高手过招差距往往只是那么一丝一毫，经过二次翻勺成熟的鱼扇，在颜色和口感上肯定会出现那么一点点常人不会轻易察觉的变化，但是就是这一点点的差距，使赵克勤和全国十佳厨师失之交臂。

四、结交彭长贵

1918年出生的彭长贵是湖南长沙沙坪人，20岁怀揣一把菜刀闯世界的他被国民党军队抓了壮丁，当了连长的私厨，凭借精湛的手艺，从营部一直做到蒋氏父子的家厨，1949年随蒋介石去台湾。1973年，彭长贵前往美国发展，在纽约曼哈顿东44街开设彭园餐厅。

说到彭长贵来天津，不能不提到中国台湾女作家刘枋（台湾女作家联合会总干事长），她是山东人，早年在北京上大学期间，常来天津。后来到中国台湾以后，她曾在台北报纸上长期开辟美食专栏，发表的文章结集为《吃的艺术》及《吃的艺术续编》两本书，20多年前在祖国大陆就有流传。作者在书中回味着年轻时来天津尝过的佳肴："讲到吃，天津有最豪华的西餐厅，俄式、法式、德式、意式俱全。"国内各大菜系也"一无所缺"。文中记述了10种天津菜肴或小吃。"烹大虾段"一节说，大虾在天津被称为"对虾"，买时不称斤论两，而是以"对"计算，两只弯弯的虾颠倒合在一起。还说"烹也者,和今天的干烧相似","吃起来鲜美而入味,不似今天酒席上的'明虾',外面浓浓红红的,而虾肉却淡而无味"。她还说这道菜在北平和上海也有,但比不上天津的鲜,"因为天津滨海,虾离水时间不久也"。而且天津对虾很大,以至要弄成"段"来烹。刘枋说,台北至今还有几家以天津口味为字号的餐馆,足见津菜的影响。陶文台在《中国烹饪学概论》中设有"天津风味"一项,跟"北京风味""上海风味"并列,可见津菜"亚菜系"的地位至少是不成问题的。彭长贵是一代名厨,自然读过这两本书,对天津菜神往已久。

1984年8月,彭长贵来到天津,准备拜访当时在红桥饭店任厨师长的赵克勤,这可让红桥饭店经理齐向前犯了难。于是请来赵克勤商量。赵克勤了解了情况之后,决定选用突出体现天津菜擅烹河海两鲜特点的菜肴,以下是菜单:

凉菜:酿铁雀、拌鱼丝、青酱肉、炒海棠。

热菜:烹大虾、七星紫蟹、脱骨鲤鱼、姜丝肉、炸银鱼、天津烧肉。

面点:天津锅贴、耳朵眼炸糕。

事实上,除左宗棠鸡之外,彭长贵摸索出来的富贵火腿、酥烤素方、东安仔鸡、一品豆腐等菜式亦名扬国际。

听说赵克勤曾经学过宫廷菜的"四大抓",于是彭长贵提出让赵克勤为他演示一遍地道的"四大抓"。

两位大师互相仰慕、互相钦佩,原本计划2小时的拜访,从中午一直延续到当天晚上。2014年5月29日,96岁高龄的彭长贵再现江湖,向公众展示了他所创的左宗棠鸡的做法。

五、重建天一坊

1982年，天津外经委与日本最大的零售商大荣株式会社协议，决定在日本东京开一家纯正中国料理——天津风味餐馆东京天一坊。

赵克勤(左一)1988年拍摄于日本东京

1982—1986年，由杨再鑫率领17位厨师在日本服务。1986年3月—1988年7月，赵克勤率领张宗毅、张卫国、李秋洋、杨建民、梁光英、张立福、王海清等9名厨师东渡扶桑，接替杨再鑫任日本东京天一坊饭庄的第二任厨师长。其中，梁光英曾在驻赞比亚大使馆、驻英国大使馆主灶。张立福曾在驻英国大使馆服务6年。刚到日本，63岁的赵克勤就有了严重的水土不服反应，上吐下泻，严重脱水，高烧不退，卧床整整3个月。为了圆满地完成组织上交给的任务，他克服了困难，反复揣摩日本人的口味。他在日本烹制的津菜特点是口味清，色泽淡，油不大，味复合，带青菜。如蟹肉油菜、熊掌豆腐、蚝油鲜鲍、干煎大虾、龙身凤尾焗虾等,深受日本朋友的欢迎和喜爱。曾经接待了大荣集团创始人中内功、日本共产党领导人宫本显治等一批日本社会名流。日本东京天一坊饭庄的菜单就使用了赵克勤的头像,以表示对赵克勤高超厨艺的钦佩。

1988年,红桥区饮食公司决定恢复天一坊老字号。在大胡同选址重建开业。新建的天一坊饭庄为三层建筑,面积1825平方米,营业面积1618平方米,门口悬挂时任中共中央顾问委员会秘书长荣高棠书写的匾额,一楼西侧有烹饪教学教室,中厅有喷水池,二楼大厅接待散座,还设有喜寿厅,供喜寿宴席典礼使用,三楼东侧设有贵宾厅、振兴厅、聚合厅、聚芳厅等6个豪华单间,西部为中式风格幽静典雅、古色古香的仿古高级餐厅,同时天津市津菜研究培训中心、红桥区烹饪协会也在天一坊办公,形成天一坊饭庄"三位一体"的格局。1989年,天一访被天津市旅游局批准为定点涉外餐馆。

天一坊以经营津菜著称于津门,代表菜有罾蹦鲤鱼、煎烹大虾、酸沙紫蟹、麻栗野鸭等,挖掘了美宫鸭子、脆皮虾球、鸳鸯茄子等传统津菜,引进吸收了洞庭虾球、铁板系列以及创新了刺身系列、咖喱系列等高中档菜品,深受消费者欢迎。1987年,在天津市"群星杯"烹饪大赛中,花篮鱼卷获得优秀奖;在1990年迎亚运美食节优质菜品评选赛中,龙凤盒、百花酿蟹斗、油淋鸡、百子鸳鸯卷等获得市公司优质菜品奖。

1992年3月,退休后的赵克勤仍然在津菜普及发展的一线工作,曾被聘为天津市烹饪大学客座教授、天津市津菜奖励基金会顾问、天津市烹饪协会讲师,为天津市培养出一大批烹饪专业技术人才。直到晚年,他还念念不忘三尺灶台,创新了芭蕉油菜、玉带鲤鱼、金蟾戏牡丹、金钱鸽脯、双燕归巢等菜品。他还经常受邀到餐饮单位传经送宝,很多企业的老板愿意出高价请赵克勤做顾问。每当这时,他总是笑着摇摇头说"老了,干不动了",而他自己却时常做点天津烧肉和四喜丸子等传统品种在自家楼下出售。老人说,我就是图个乐。其实,他是放不下那些喜爱他的老食客们。

1998年3月,赵克勤和其他老一辈津菜大师共同参加了天津市商委、烹饪协会在红旗饭庄召开的津菜研讨会。在会上,赵克勤回顾了津菜的发展历史,总结了津菜的技法,积极为弘扬津菜献计出力。6月26日,在振兴津菜饮食沙龙上,来自各大饭店、市旅游局及各区县烹饪协会的百余名代表,在红旗饭庄挖掘传统津菜成果的展台前,赵克勤热情传授传统津菜技法,共抒振兴津菜之夙愿,共商挖掘传统津菜、创新新派津菜、重振津菜辉煌的大计。《天津日报》于7月23日以"挖掘创新振兴津菜——本市餐饮业探讨弘扬天津饮食文化"为题,报道了此次活动。至此一场弘扬津菜的世纪行动纷纷展开,全市餐饮业迅速掀起了经营津菜、弘扬津菜的热潮。赵克勤特别兴奋,逢人便说,津菜赶上了好时候。

2002年11月31日晚8点40分,赵克勤因第二次中风,病情恶化而逝世,享年79岁。

一代大师走了,我们似乎看见那位在灶台边生龙活虎而日常生活里却静如处子甚至有些腼腆的一代大师;我们似乎看见在红桥饭店的厨房里,每个清晨,为中青年厨师悉心讲菜的一代大师;我们似乎看到在全国第一届烹饪大赛的赛场,为津菜留名,为天津争光的一代大师;我们似乎看见和"湘菜之父"彭长贵切磋技艺的一代大师……他一生为人谦和,不争名利;处事谨慎,低调做人。留给我辈的太多、太多——

菜比天大。在赵克勤的眼中,没有什么比菜更重要的,他经常挂在嘴边的一句话就是菜比天大,他的菜"色形但求其美,用料务必于精,做工不厌其烦"。他多次告诉徒弟,宁可让人家说咱人不行,也不能让别人说菜不行。他做菜讲究,特别是卫生,他说民以食为天,而干净、卫生是比天还大的事情。但凡见过赵克勤炒菜或是见过他的人,第一反应就是干净。他喜欢菜、研究菜,菜品怎么做?什么时候做?营养是什么?他要研究个明白。有点心得,他就马上记录下来。他虚心学艺,前面介绍的炸银鱼就是赵克勤早年在南门外鱼市的一个赵记小饭馆里学到的。在北京参加首届全国烹饪技术大赛期间,他发现时年69岁的江西省南昌服务大楼特二级厨师卜洽祥制作的江西地方菜三杯鸡色泽酱红、原汁原味、浓香诱人,就打听了住址前去拜访。刚巧卜师傅外出不在,他就站在宿舍门口直至卜师傅回来。卜师傅被他的这股精神感动了,不仅倾囊相授三杯鸡的做法,还把白汁玉翅、鸡火蹄燕、云雾熏石鸡等菜品传授给了他。他还向清真馆学习清真菜的做法,不仅研究刀工、汁芡、火候,他还学习清真礼仪、了解生活习俗,为的是能接待好外宾,为更多的顾客服务。

经常临灶。赵克勤认为,烹饪特别是中国烹饪,包括了刀工、火候、造型等一系列的烹、炸、煎、煮等技艺,来不得半点虚假。一些高级厨师从前技术很高,而后由于种种原因,成了经理、老板,当了老师,不再愿意和锅碗瓢勺打交道了,是一种退步。他说,拳不离手、曲不离口,刀不磨要生锈。尽管你以前的技术很高,但是烹饪是眼到、心到、手到的艺术,长期不临灶,虽然还能眼到、心到,但是手不能到,须臾之间,失之毫厘,谬之千里。况且作为一名高级厨师,你除了学自己不会的,巩固自己所学的,还要经常研究实践别人不会的, 这才是好厨师。在常年的临灶实践中他总结出许多难得的经验,如他每天用礤床儿把老姜挫成蓉,再制成姜汁,能使姜汁更浓;在做拔丝冰核的时候,用两把勺,一把勺热油,将冰裹糊定型,另一把勺炒糖,待两者达到最佳状态时,一气呵成;再比如,他发现软熘鱼扇在和鸡蛋糊的时候,要用油来澥蛋黄糊,炸出来的鱼扇色泽金黄、光洁没有飞刺;在做炒米蜇这道菜的时候,他要求一定要用温水连洗带烫,将海蜇烫熟,炒出来的海蜇脆嫩有弹性,不生不艮,还不能出汤等。

善于制汤。《津门竹枝词》就有"海珍最属燕窝强,全仗厨人对好汤",可见天津厨师历来讲究用汤。多年来,炖汤、爆卤、炒嫩糖色同为津菜小灶三大基本功。而赵克勤把用汤发挥到了极致。赵克勤用的汤分四种:一是毛汤,采用"吊"的技法,用鸡鸭熬制,用途较广,在没有鸡精的时代,汤中大量的氨基酸为菜肴增加了无尽的鲜味;二是白汤又称奶汤,采用"焖"的技法,用猪、鸡、鸭骨熬制而成,用于煎转、醋椒等白汁菜肴,如果在白汤中加入牛奶,则成为高级奶汤,可做奶汤鲍鱼、奶汤鱼肚等高档菜肴;三是素汤,使用"提"的技法,用黄豆芽熬制,雪白浓酽,用去核的苹果切成瓣和香蕉一起下到汤内,煮烂捞出,素汤的豆腥味尽除,用于素席菜肴。难度最大的是高清汤,又称双套汤,先用鸡、鸭、牛肉吊汤,过罗后以此汤与老母鸡、牛肉小火炖3小时,将汤过滤去渣,加入剁碎的鸡胸肉和牛肉继续熬制3小时,进行"套汤"。熬好后,再进行"套汤"一次。整个过程经过吊汤、提汤、套汤、双套汤四道工序,10多个小时,汤色呈淡茶水色,清澈透明,全无渣滓、浮油,但是鲜醇浓酽、回味咸香,凉后可呈琼脂状可立住筷子。适合做高汤燕菜、扒通天鱼翅等高档菜肴。

桃李芬芳。赵克勤的徒弟有多少,没人能说得清,只能用桃李满天下来形容。2000年,国家国内贸易局(商务部前身)授予天津两人为中国烹饪大师,其中之一的王鸿业便是赵克勤的得意弟子。此外,天津菜馆总厨张桂生是赵克勤的大徒弟,其他弟子如华夏酒楼总厨王世发和刘永源、天津饭庄马凤鸣总厨、喜来登大酒店厨师长吴连堂、红桥区财源酒楼的总经理杨建民以及马学斌、倪金顺、窦建淮、王海清等78人为赵克勤入室弟子。

（部分资料提供者：张英凤、赵秋雁、杨建民、张桂生、马凤鸣等）

厨坛奇葩穆祥珍

许　先

穆祥珍(画像)
(1902-1958)

在近代，天津出了位蜚声南北的清真大厨师穆祥珍。此人是位传奇性的人物。他曾接待过"世纪伟人"爱因斯坦，他曾使南市万人空巷，他曾巧烹奇菜爆炒冰核，他曾凭菠菜粉丝拿了全国烹赛金奖。

他给餐饮行业留下了珍贵的非物质文化遗产，为烹界培养了一批烹饪大师。同时，他也给业界留下了酸楚与遗憾。

一、学艺南市

穆祥珍，1902年生于天津大丰路小杨庄。在天津，穆家是个旺族，族人众多。辈分按字排列为"英、时、景、从、国、曹、星、文、成、祥、瑞、怀、德、生"。在北辰出了著名的游泳健将穆成宽、穆祥雄。马三立先生有一个让人忍俊不禁的相声段子《偏方》中的人物——"表弟"穆祥凤，其实穆祥凤和哥哥穆祥林都是相声演员，而他们的父亲穆成章就是和穆祥珍多年搭伙的墩上师傅。

天津的西北角是个回民众多的居住区。在大丰路的东侧，有一处簇立着五个攒尖楼阁的古建筑群,在鳞次栉比的民居中,梁柱吐彩,宝珠生光,显得恢宏壮观,这便是天津最大的清真大寺。它建于清康熙四十二年(1703),历经数百岁月,仍然光彩照人。清真大寺是穆祥珍常去的地方,也是他的文化启蒙地。

穆祥珍幼时家境困难,家人只能供其读完小学。1916年,家人送他到南市的一个小清真馆当学徒。16岁时,正式拜南市鸿宾楼的钱树元为师。南市地方虽小,但却云集了当时各地的烹饪名师。这种高超技艺的聚集地以及独特的文化气场,无疑给天资聪颖的穆祥珍提供了一个起点很高的厨艺启蒙地。

中华人民共和国成立前到饭馆学徒,实际上是等于签了卖身契。学徒是从服侍师傅起居、做卫生打杂做起,稍有不对,非打即骂。穆祥珍从小过的是苦日子,不怕吃苦,每日摸黑即起,服侍师傅非常殷勤周到。不等师傅起床,就把灶台打扫干净,炒勺擦得锃亮,连每块油黑的抹布也洗得净白如雪。那个年代,灶上基本无菜谱,烹饪技能要靠师傅口授心传。这种传不是教,而是要徒弟自己去悟,不然一辈子也出不了师。因为徒弟出了师或者比师傅强,那就等于抢了师傅的饭碗。

穆祥珍是个小学毕业生,在当时的灶上就算是文化人了。他在忙完业务之后,趁着师傅睡下的工夫,将炒勺和主菜菜底遍尝,体验其中五味,悟出其中之道,然后仔细地记录下来。再后才把炒勺、主碟、抹布、灶台清洗干净,待到睡下已然半夜。睡不了两个小时,他又得起床忙活第二天的活计了。穆祥珍就是凭着自己的聪明、勤奋,攻苦食淡,朝乾夕惕,3年出师,成了响当当的顶灶师傅。

穆祥珍的想法不同于一般人。一般的学徒,好不容易苦尽甘来,熬到了出师顶灶,有了较高的收入,怎么也得躺在成功上得瑟几年。何况身处南市这么个灯红酒绿、龙蛇混杂之地,出名的"销金窝子",有不少的厨师逃不过"吃、喝、嫖、赌、抽大烟"的诱惑而沉沦下去。而穆祥珍就是穆祥珍,他并没有停留在出师顶灶的小胜上而沾沾自喜。他认为中国食文化博大精深,世界食文化浩如沧海,自己那点本事只是沧海一粟。他志向高远,要做中国最优秀的清真烹饪大师、世界级的清真烹饪大师。

二、成名上海

1920年,风华正茂的穆祥珍,告别家乡,告别亲人,只身去闯上海滩。

作为清真厨师的穆祥珍,要想从天津南市那个独特的环境来到上海这个十里洋场站稳脚跟,他就必须研究、熟悉上海的餐饮文化并且融入本土文化之中。

海派的清真菜非常著名。在大世界附近就有同和园、十六坊、三庆园等清真名店,名肴有牛排、鸳鸯串、肴牛肉、白切羊肉等。洪长兴羊肉馆创办于1913年,开始为回民马家班食堂,由马连良叔叔马二爸掌勺。1918年,马家班回京,羊肉馆赠予洪三爸,以其长子之名命名洪长兴。其特色风味为涮羊肉。羊肉选用3年左右,约三四十斤重的肥壮嫩羊,取用全羊的上脑、大三岔、磨裆、黄瓜条等处肉,切成薄片。其调料由芝麻酱、韭菜花、乳腐卤、香菜末、酱油、虾油、黄酒、醋、果肉、果汁等调制而成,很受欢迎。

艺高胆大的穆祥珍凭着他对菜品认真执着而又能不断创新的精神,同时又得到在沪天津回汉同行的帮助,很快在上海站住了脚。经过熟人的推荐,穆祥珍在大世界某清真馆执掌主灶。他很珍惜这个机会,将津味的清真菜逐渐改成适合于上海人口味的番茄牛尾、干炖牛肉、华洋面筋、葱爆羊肉、芙蓉鸡片、雪花虾仁等,于是大世界有位不错的清真厨师的消息很快地传遍了上海。消息传到了喜好美食的马连良耳中，他要亲自上门拜访这位名气大的年轻厨师。穆祥珍见了马先生没有多少客套话，只是精心地奉上了他的拿手绝活——扒海羊。

上海人非常喜欢吃羊肉，尤其是在立秋之后会一直火到春节。上海的羊肉馆很多，在真如北大街上，民国时期曾有6家羊肉店，家家皆有祖传的真功夫。其中的阿桂羊肉选用活宰鲜嫩的带皮山羊，将其放在装有木圈的大铁锅中烧煮，温度高而气化少。最主要是放在陈年老汤中焖煮，老汤越煮越浓，出锅的羊肉也就具有糯、香、鲜、酥、精的口感。

穆祥珍是位清真大厨师，出手是大手笔，他在考察了上海市场之后，决心做好"羊"与"鱼"的文章，他的菜要以"鲜"来拔得餐饮市场的头筹。

首先在选料上绝不将就，其次就是在加工上，他不用徒弟帮忙，每次的羊活儿都亲自洗净加工，一丝不苟地将羊肉上的每一根毛都要处理干净。在菜式上，他要将羊的全部可吃部位精编在一个盘中，让顾客吃到营养丰富的"全羊"。而且他还创造了"食羊不见羊"的绝活。怎么不见羊呢？就是以高档鱼翅盖帽。

鱼翅是水产制品类加工性烹饪原料，是鲨鱼、鳐鱼、银鲛鱼等多种软骨鱼类鳍的干制品，过去是高级筵席的烹饪原料。现在出于动物保护与生态平衡已然不用。鱼翅的烹调技艺非常复杂，厨师们应用方法不一。一种是涨发、赋味、烹制成菜，一种是涨发后直接烹制成菜。因为鱼翅自身无显味，所以赋味很重要。穆大师在赋味上有其独特的方法，因此他的鱼翅菜味道鲜美，菜式新颖，非常受食客欢迎。

扒海羊是天津清真高档传统名菜。"海"字，意含菜中有海味珍品鱼翅。"羊"字表示"全羊"，实际为羊肠、脊髓、眼、葫芦、散丹，因此称"扒海羊"。此菜寓意"鱼""羊"组成一个"鲜"字,是由古老的全羊大菜演变而来。烹制此菜需要高超的技艺,尤其是羊的内脏、下水,要经过洗、烫、煮、择、焯等独特工艺。此菜特点是选料考究,"食羊不见羊",鱼翅色泽金黄,软烂可口,鲜美醇厚。

尝遍天下清真佳肴的马连良品过穆祥珍的扒海羊之后,尤其对鱼翅的色、香、味感叹不已。他对穆祥珍说:"您瞧我这多'恩殿'(阿拉伯语,幸福之意)啊!"并对众人称赞曰,此菜当为神品,可称"鱼翅大王"。从此"鱼翅大王"的美称传遍了大江南北的餐饮界。之后,无论穆祥珍在上海或者天津,马老板都要去拜会,此为后话。

马先生品尝美食,还成就了一段姻缘。原来那日,正巧上海名票田淑珍小姐也在座。经热心人牵线,成就穆田"两珍"姻缘。

成家后的穆祥珍依然保持着上进心。接着,使他声名大噪的是有幸接待了被誉为"世纪伟人"的爱因斯坦。

三、接待贵宾

说起爱因斯坦,无人不晓,他可是位大科学家、世界级的名人。

1922年冬天,他应邀到日本讲学,往返途中,两次经过上海,一共停留了3天,亲眼看到了处于苦难中的中国,并寄予深切的同情。

一位是"世纪伟人",一位是出身于天津南市清真馆的厨师。他们本来并不相关联,但是命运却阴错阳差地把他们连在了一起。

1922年11月13日上午10时,爱因斯坦乘"北野丸"抵达上海,在当时的汇山码头登陆。到码头迎接的有德国和瑞典驻上海总领事、中国学者、犹太人、日本社团代表、中外新闻记者等。接待方煞费苦心,特地安排了爱因斯坦去往豫园一游,随后到小世界剧场欣赏昆曲,而经典项目是去外滩附近著名的一品香餐馆用餐。所有这些,都是为了让这位世纪伟人"领略我国烹调、戏剧与园林之胜"(见

《爱因斯坦在中国》)。

接待宴会于当日中午举行，一品香菜馆特请著名的清真大厨师穆祥珍主厨。宴会的规模虽不大，但菜品很丰盛。

当日穆祥珍的菜单如下：

四道配碟(凉菜)：桂花栗子、炸花生米、红果粘子、芝麻南糖。

主菜八道：扒海羊、鸡茸菠菜、两做大虾、果汁鳜鱼、油焖肥鸭、香酥鸡、冬菇白菜、冰糖莲子。

素菜：烧三丝、口蘑独豆腐盒。

饭菜：番茄牛舌尾。

汤菜：茉莉竹笋。

主食：炸面包片、牛肉小粽子、红油水饺、牛肉烧卖。

在中央摆放的一盘大甜点上，用巧克力淋出英文：A bosom friend afar brings a distant land near(海内存知己，天涯若比邻)。

爱因斯坦夫妇宴罢非常感动，连称"谢谢"，说这是他们"享受到的最美、最神奇的东方美食"。

四、求艺沧州

1928年，正当穆祥珍声名如日中天之时，他决定离开上海，落叶归根，回乡创业。他不再是毛头小伙，他懂得月满则亏、见好就收的道理。

穆祥珍携妻沿着津浦铁路北上，过了黄河。他告诉太太，要在沧州停留几日，去拜访朋友，和人家学几招菜。

沧州为古齐地，人皆朴实纯直，性好习武，古风犹存，特别是回民很多。穆祥珍早就听说当地有个清真名店——清华饭庄，所以向路人打听清华饭庄时，马上就有人热情地为其引路。

沧州的清华饭庄，为士绅刘凤舞所创。刘妹曾经被慈禧太后认作干女儿，后又嫁给两江总督张之洞为妻。有这样的背景，致使亲朋好友、官宦达贵以及京城钦差往来不断，饭庄生意越来越红火。不久，饭庄由刘家大院(牛市街十二宅路口处西侧)几经搬迁至晓市街文化馆西侧(正泰茶庄)对过开业。饭庄一直生意红火，直到1948年因故停业。

清华饭庄坐落在闹市区，是座两楼两底的木结构楼房。大门口悬着黄地黑字的泥金大框牌匾，上书斗大的"清华饭庄"四个颜体字。楼下两大间是散座，迎面是一个大柜台，两旁排列着数十套红木雕花桌椅，墙上挂着名人书画。楼上是雅间。正在穆大师端详店貌之际，迎上来一位满脸赔笑的堂头。

旧时开餐馆，菜靠灶头，人气揽客靠堂头。好的堂头都有一批食客粉丝，来吃饭都是冲着堂头来的。好的堂头是心理大师，能看到顾客的心底，知道客人的脾气秉性、嗜好口味，可以把客人侍候得舒舒服服，想不掏银子都不行。所以旧餐馆讲究"四梁八柱，响堂静灶，堂头灶头"。有的堂头可以有走到哪里，食客就跟到哪里的魅力，是餐馆的半壁江山。

清华饭庄的堂头叫杨德胜。他的眼睛很贼，见来人一身的阔佬打扮，一边还挎着位满身金翠的摩登太太，便知道是财神爷下凡了。

杨德胜毕恭毕敬地将穆祥珍让到了楼上雅间，落座后，叫跑堂的捧上香茗与菜单。杨德胜见来客只有夫妻二人，讨好地介绍了两个招牌菜。穆先生看着他，说道："你不必客气，尽管把你们的头号筵席摆上一桌来。"堂头以为听错了，眨了两下眼，又追问了一句："一桌？八个凉碟，四个主菜，一个汤菜，四样点心？就您二位？"穆先生笑了，斩钉截铁地说："没错，就一桌，麻烦您上菜！"

清华饭庄的掌柜兼头灶李耀亭也非等闲之辈。他虽出生在沧州，却跟随高官走南闯北、见多识广，擅长烹调山珍海味，能开宅门公馆的高档宴席。他回到沧州开办了这座清华饭庄，几年之间驰名清真餐饮界，连上海的穆祥珍都有耳闻。如今见此情形，店主料定此位先生不是来踢场砸馆子，而是大有来头。

李耀亭不敢怠慢，亲自下厨，墩上蒋大文紧急配菜，二灶张文元一阵忙活，瞬间一桌菜齐，三位大厨亲自上菜。穆祥珍见状赶忙起身，抱拳称谢，道出来意："在下穆祥珍，我是久仰大名，专程来向各位学菜的。"李耀亭忙说："您太客气了。先生大名如雷贯耳，厨艺运斤成风，妙手挥锦，早想求教，苦于无门。今日得遇穆爷亲临，乃我等之幸，还请赐教。"穆祥珍见主家真诚，也不再谦辞，遂讨论起菜品来。

席上，李耀亭向穆祥珍介绍了他的几道特色菜：

第一道菜是软炸羊肝(或鸭肝)。原料是羊肝茸、鸡蛋，调料是盐、味精。方法是用水将上述原料、辅料搅成粥状，用水汆熟。摊饼，切成菱形块。其秘诀是必须用绿豆团粉，否则做不成。成菜外焦里嫩，软糯可口，特别适宜老年人食用。

第二道菜叫锅巴丸子。是种馅活儿，像天津人二月二龙抬头吃的焖子，但不走形，里面包有肉馅或豆馅，又像元宵。

第三道菜是葱椒羊肉。羊肉切片，用葱蓉、椒末为作料，口感入口香，回口微麻。

第四道菜是水熘鸡子。以鸡蛋、鲜贝为料，成菜如朵朵金桂、芙蓉。像天津卫的水炒鸡蛋。

凉菜是鸡四件(凤爪、鸡翅、肝、胗)酱制，口味独特。

穆祥珍品菜后点头称好。众人越说越投机，不让穆祥珍走。大家每日品菜论肴，交流技艺，一连数日。

后来，沧州的某要人摆宴百桌清真席，派人专程到天津请来穆穆祥珍主厨燕翅大席。穆祥珍提出要清华饭庄做冷荤凉菜配宴。骄横的主家不许清华饭庄厨师带刀携具入公馆。冷荤无味如何入口？无奈之下，李耀亭、张文元将干净抹布蘸饱调料携带入内做了几道冷荤，才解了此难。

再后来，穆祥珍与清华饭庄越走越近，两地朋友往来不断。之后，清华饭庄的二灶张文元也到了天津清真馆主灶，至此来往更加密切，促进了津沧两地清真菜的交流与发展。

五、再创辉煌

中国清真菜的历史，最早可追溯到唐宋。其特点是醇香味浓、甜咸分明、酥烂香脆、色深油重，特别强调食品卫生与食物的养生价值。天津最早的回族落户史大约始于元初，明清两代又有军垦、移民。清真菜得以在天津形成与发展。

穆祥珍回到了故乡天津，正赶上1928年天津餐饮最火爆的时期。这一时期，天津最新开业的各大旅馆都设有高档餐厅，环境优雅、中西兼备。天津的各类饭馆，有带"庄"字、"楼"字的大饭馆，有"坊"字、"园"字的中等饭馆，有挂"居"字的小饭馆，还有入户包办酒席的"酒席处"。

清真馆也很火爆，如南市荣业大街上的宴宾楼（原迎宾楼），华北楼前的会宾楼，南市的同庆楼、燕春坊（后改燕春楼）。生意最繁盛的要属迁址于旭街（现和平路）的鸿宾楼，无论是整桌或散座都很上座，尤以冷荤与甜点最受称道。小的羊肉馆，以旭街、芦庄子的京式华兴楼最受欢迎，他家的羊肉馅饼滋味肥美，稀粥可口。

涮羊肉也风行津城。每逢秋冬季节，不仅全市大小清真馆经营，而且连著名的山东馆，如登瀛楼、松竹楼、全聚德等，也加入到"涮"军之列。

　　这一时期，天津的清真菜出现了一个高潮，产生了天津餐饮史上著名的清真馆"九大楼"，即相宾楼、宾华楼、大观楼、迎宾楼、富贵楼、会芳楼、会宾楼、鸿宾楼、畅宾楼。

　　成名后的穆祥珍回到天津的消息，惊动了大型清真馆会芳楼的经理。当时的会芳楼虽然坐落在天津的繁华地段，但生意却一般。经理司玉峰、薛云笙慧眼识才，他们深知"饭馆要回春，名厨是灵魂"的道理。两人一合计，抢在别家之前把这位名厨从车站接到了店里。寒暄之后，两位经理恳请穆祥珍主灶(现在的厨师长)，并当场拍板穆祥珍为拿干股的经理。

　　穆祥珍知恩图报，他把传统的全羊大菜从零星的菜谱，经过整理实践做成系列酒席。菜品从72种发展到108种，加上菜点近150种。

　　所谓的全羊大菜就是把一支整羊的羊肉部分，通过精工巧制，烹调出几十种味道各异的佳肴，配成一整桌丰盛的宴席。虽然整桌菜是用一只整羊做成的，但又使人有"食羊不见羊"之感觉。其原因有二：一是技艺高超，二是每道都冠以十分美妙的名称。例如羊耳杂，以尖做菜，名曰迎风扇，中段名曰双飞翠，耳根名曰龙门角；用羊肚做菜，名曰炒雪片等。

　　穆祥珍的全羊大菜，用分档取料，因料而烹，所制各菜，色、香、味、形各异。其上菜次序近似满汉全席，以四人八仙桌为格局，四四编组。凉菜咸甜、诸色点心，十分丰盛，全羊大菜均须下置温锅热上。菜品要摆两次台面。每部分要用20个羊头菜及两道点心组成，食毕翻台，撤下另换台面。第二部分继续上菜品，最后以点心、小碟结束。

　　穆祥珍的全羊大菜雍容华贵，气场厚重，犹如京剧舞台上的诸角联手的大轴重戏，其艺术价值远远超越了餐饮层面，给天津的餐饮文化涂上了浓墨重彩的一笔。由此冷清的会芳楼业务兴旺了起来。

几年之后，天津八大家的一位少爷，娶第九房姨太太，在会芳楼举办盛大婚礼，为了炫耀豪富，在喜宴上耍酒疯说："小爷吃遍了山珍海味、南北大菜。今天我热了，要你们上道爆炒冰核清清火。"宾客中也有趁机起哄者，一时乱作一团。堂头见状，知道这是在难为会芳楼，便找穆祥珍商量。穆祥珍走南闯北，什么阵势没见过？什么难题没处理过？他微微一笑，叫跑堂的稳稳当当告诉客人："这个菜会芳楼有，添的菜一会儿就上去。"

随后，他唤过身边的助手、墩上师傅穆成章，两人耳语了几句，片刻间就准备好了材料。只见穆祥珍把人造冰制成核桃块大小，用豆皮包好，再挂蛋清糊过油，浇糖醋汁后趁热端上桌。食客们纷纷上来品尝，用嘴一咬，冰块竟还保持在九成以上。众人啧啧称奇拍手叫好。新郎挣足了面子，非常高兴，立刻赏给厨师20块银元。此事广为流传，而且还成了相声演员常宝堃的创作素材。

马连良到天津演出，专门到会芳楼品尝穆祥珍的扒海羊，而且把穆祥珍请到他在天津的寓所疙瘩楼，叙旧言欢。

1949年后，清真馆经理刘凤悟把穆祥珍请到南市的月中桂主灶，穆祥珍给这个小馆带来了经济效益和人气。梅兰芳到天津演出，专门到月中桂吃穆祥珍做的菜。梅大师亲临一个清真小馆吃饭，成了当时的一大新闻，围观的群众成百上千，连荣吉大街的交通都被阻断。

六、南市空巷

1954年，天津南市。

当年的南市是有名的"食窝子"和"戏窝子"，就在小小的方寸之地,聚集了众多的影戏园子和饭馆。

而月中桂是一个很不起眼的清真小馆, 它在南市的大商圈里根本排不上号。论门面,论菜品,平日里并没有引起食客们的注意,那么今天究竟发生什么新闻了呢?人们正纳闷间,只见黄地黑字的牌匾下,缓缓地停下了一辆黑色的福特轿车,车上下来的是京剧大师梅兰芳和夫人福芝芳, 店门开处拱手相迎的正是穆祥珍和他的太太。

梅兰芳素喜饮食淡而有味,见大菜皆清新淡雅,软嫩鲜香。况且一鱼一鸡,既吉庆有余又大吉大利,寓意吉祥。梅兰芳大快朵颐,吃得酣畅淋漓,非常高兴。

事后,电影演员、评书艺术家同时也是庆王府大厨的陈士和评论说:“为什么梅老板要屈尊去一个小馆吃饭, 是因为大家穆祥珍有真功夫。”

七、厨德厨艺

在20世纪50年代,国家为了提高餐饮烹饪水平,在北京举办全国烹饪大赛。那时, 全国各地各个菜系选拔出了百名名厨赴京参赛,每位高手都有拿手绝活,欲在京城一决高下,争个百名之首。赛制是选手先抓号, 而穆祥珍却是不慌不忙地拿了个尾号——100号。这倒数第一的尾号对于参赛选手来说,是极为不利的,因为原来准备的菜品前面的选手都已经做过了, 更何况评委们已把酸、甜、苦、辣尝过了99道,菜的味道再好,也不新鲜了。这第100道菜如何做才能出奇制胜呢?

穆祥珍拣起别人看不中的普通食材, 出其不意地上了一个拌菠菜粉丝。这道菜鲜亮淡雅映视觉,清香淳厚见五味,于醉醺中得提神,于无声处响惊雷。评委们意外地给了最高分,剑走偏锋的穆祥珍喜得桂冠,获参赛第一名,名扬全国烹界。

穆祥珍在成名之后,仍然苦学不止。他是位烹饪大师,听说东兴街清真小馆王春彤的烩饼做得好,就虚心去请教。

在近现代,饼是中国老百姓,特别是北方家庭的主食。一般家庭在烙饼时,每次都要多烙几张,晾凉,第二天给孩子吃早点时泡在热豆浆或锅巴菜、老豆腐中吃,也可用来转天炒饼。在秋冬季,各家多以大白菜切丝烩饼,有汤有菜吃着舒服。焖饼要焖,加盖大火,以蒸气收汤入味。吃焖饼比吃烩饼要讲究些,除了品个滋味,还讲究俏头的时令。春天焖饼要放"探头青"的韭菜头,吃三鲜焖饼、炒饼要用时令海鲜。木樨焖饼、炒饼,冬日多以韭黄为俏头,色美味窜。总之,各家烩、焖饼各有高招。

既然老百姓喜欢吃,各家小饭馆、小酒馆都有烩饼、焖饼。下馆子时,上俩凉菜,或一包大果仁,来二两酒,酒足了,来碟焖饼或者来碗烩饼做大轴。花钱不多,亦菜亦饭,热热乎乎下肚,天津话叫"泰嘻"(舒服)。

穆祥珍作为名厨,不但精于高档宴席,也关心着老百姓喜欢的"接地气"的土菜,他与王春彤探讨操作技巧,互教互学,成了好朋友。他对顾客从世界名人到最底层的老百姓都一视同仁。低档的炒白菜、熬萝卜他都精心制作,反复研究,为提高便宜菜的质量,他用动物混合汤油做低档菜,口味鲜香,成本却较低。他做的白菜去头帮,用二帮和芯将菜分三次煸炒,各出其味,达到精益求精,做到低档菜、高档味。其做的炒全蟹,蟹要公母并用,而且菜中必须要有大夹肉、大腿肉、蟹身肉、蟹黄、蟹油五种俱全,缺一样也不能叫炒全蟹。

穆祥珍身为清真厨师还善于向汉民馆学习。当他知道哪个饭馆有好菜时,就出钱请一位汉族小伙子,去吃那个菜,回来后向他描述那个菜的好法。穆祥珍听后,便试着学做,然后请小伙品尝,如果还差点口,他就花钱让小伙子再去吃,再描述,他接着再做,直到做的菜和对方馆子的味道一般无二时,方才罢休。

穆祥珍对哪些菜需要热勺凉油,哪些菜需要凉勺热油,都经过反复探索与操作试验, 掌握了最佳的操作规程。但他还对徒弟们说:"要了解顾客,因人而异。使烹饪的每个环节都要灵活多变,恰如其分,顾客就满意了。"这就是穆祥珍走到哪里,顾客就跟到哪里的秘诀。

有人说他怪,说他是个"双面人"。在进入厨房后,穆祥珍会像换了个人。徒弟们做错了一点小事都会挨说,干活时都战战兢兢。据说,他的最小徒弟马福来挨的数落最多,也是后来师兄弟里最有出息的一位。

而平时,穆祥珍则是一副菩萨面孔,慈眉善目,随和待人,从不与人争名利。按照规矩,餐馆的头灶师傅几乎都不做伙食菜,可是他做,而且认真地做好。他做的伙食菜,大家都爱吃,每次都吃个盆干碗净。

这就是怪人穆祥珍。

八、烹界遗憾

1955年,经中央有关部门决定,位于天津和平路的清真鸿宾楼迁往北京。北京方面早就知道清真烹饪大师穆祥珍的大名,提出的条件是穆祥珍必须同去,否则不收。穆祥珍起初不愿意离开天津,经过组织上多次做工作,他跟着去了北京。

调去首都工作,能够给中央领导人做饭,这是一种荣誉。第一要通过政审,没有政治问题;第二要技术拔尖。人生的潮汐,突如其来的机遇,把穆祥珍引到了十字路口,也把他推到一个非常尴尬、进退两难的境地。

最先发现穆祥珍郁闷的是他的几位好友。

一位是王春彤，他是穆祥珍无话不谈的好友。当时王春彤在辽宁路的回民食堂主灶。穆祥珍每次回津探亲总是先不回家，径直去找王春彤聊天。闲谈中，王春彤发现他对在北京工作不太满意，但又说不出些什么。几次交流之后，穆祥珍说感到工作很憋屈，不自由。他说："给首长做菜规矩太多，做饭时要戴口罩，那不像戴笼头吗？做出菜来还要留样化验，那不明摆是不信任咱吗？"

其实，戴口罩讲究卫生，留样化验保证食品安全，用今天的眼光看来，那是再正常不过的事情。可是当时一向勇于创新的穆祥珍却战胜不了自己的偏见与固执，特立独行的性格使其接受不了这样的羁绊。

他还有位好友就是张文元。张文元先后在恩盛斋清真馆、清真怡和饭庄主灶，是红桥区著名的清真三大厨之一（张文元、韩桐春、任玉华）。

某日张文元携徒弟王少轩到穆家登门拜访，据王少轩回忆说，那一次穆祥珍的脸色非常不好。穆祥珍对他们爷俩说，他在北京实在待不下去了。原来，穆祥珍到了北京鸿宾楼没有多久，领导就有意疏远他。有时遇到接待党和国家领导人或外国贵宾时，会借故将他支开，或者干脆让其休假。开始穆祥珍还以为这是领导照顾他这位名厨，后来他才逐渐明白了，原来饭店领导是把他归为异类，根本就不信任他。理由很简单，穆祥珍是"资本家"，政治上不可靠。穆祥珍的处境就越加尴尬，饭店领导干脆不让他再顶头灶为领导人做饭，而改由他的徒弟高元恭主灶，让他顶二灶，给徒弟打下手。

性格刚直的穆祥珍接受不了这个现实，他给北京鸿宾楼的领导撂下一句话："你不信任我，我还不侍候你哩！"一甩袖子离职不干了。那时，他还心高气傲，"此处不留爷，自有留爷处"。

他太天真了，他没有料到会赶上狂热的1958年，政治气候是狂热，人们的心却是冰冷。他挨门挨户地一家家餐馆求职，却哪家也不敢砸了自家的饭碗来收留穆祥珍这个"资本家"。一个蜚声国内外的大厨师却只能看着餐馆饿肚子。他太聪明能干，但又傻得愚笨，他的悲剧在于他只会做饭，却不了解当时的政治气候、人情冷暖，他也不想随波逐流去献媚讨好，学学"关系学"。

穆祥珍的朋友们闻知他陷入窘境，遭了噩运，都纷纷赶来慰问。大家拿来了钱、物，帮助他跨过这道坎儿。

但是他却拒绝了朋友们的帮助。他是谁，他是为了尊严而活的穆二爷。他想起了在上海看的盖叫天唱的大戏。那架势，叫大武生。那是宁折而不弯的角儿，到哪儿，架子也得端着。他不是学丑行的，他不能在小锣声中，嬉皮笑脸地蹲着走，至少他也是戏里的穷生，穿着"富贵衣"，宁可饿死，也不能接受别人的施舍，吃嗟来之食。

1958年7月2日，56岁的穆祥珍，这位一代清真烹饪大师以静谧而惨烈的方式，过早地告别了这个世界……

穆祥珍是餐饮界公认的一位杰出的、有传奇色彩的大师。他有性格，有缺憾，并不是一个完美的人。但是我们也绝不能用现代人的眼光去挑剔和评价这位在当时特殊历史时期、在艰难的条件下生存的历史人物，这对他来说是不公平的。

穆祥珍给餐饮界后人留下了珍贵的非物质的文化遗产。

穆祥珍根据多年积累的经验，又经过多次的反复实验，首创了将一定比例的盐、糖、味精组成一种调料，名曰咸面。使用这种咸面调味，可以使菜品味道醇厚，口感好，余香在口中长时间存留。此外，他还独创了红汁、白汁与牛茶。这一面、两汁、一茶的秘方，使他的弟子与传人们受益匪浅，至今还在使用。这是他对烹饪行业的一大贡献。

有报道指出，直到20世纪90年代，天津清真馆在考取特一级厨师的参赛菜扒海羊、芙蓉菠菜时，还在沿用穆祥珍留下的标准和操作规程。

穆祥珍，是他使天津的清真菜继1928年之后再创辉煌，达到新的历史高峰。这就是大师为社会、为业界创造的历史与文化价值。

九、桃李芬芳

穆祥珍虽乘黄鹤去，但他给我们留下的不仅是空悠悠的白云。而是为餐饮烹饪界培养了数位重量级的烹饪大师，他们不但为业界创造了辉煌成就，而且还在一代一代地传承着穆祥珍的厨德与厨艺。这是穆祥珍对社会的又一贡献。

穆祥珍有三个徒弟，大徒弟名卜登贵，二徒弟叫高元恭，三徒弟是马福来。

卜登贵，1919年生人，汉族。他从15岁就在天津南市同庆楼学徒，后又到会芳楼拜穆祥珍为师。之后到过鸿宾楼，后又离开了天津到青岛真义斋任厨。在青岛时，正赶上天津的隆昌海货店在那里收海货，他则有机会练手，练就了海鲜菜的手艺。他在1949年前夕回到了天津会芳楼主厨。后来进了第一发电厂回民食堂，任劳任怨地为工人服务了许多年。

卜登贵善于用汤，精于吊汤。他认为，若要菜好，必先汤美，白水是做不出美肴珍馔的。他把吊汤分成了四种：第一种是清汤，做熿菜用；第二种叫奶汤，做烩菜用；第三种是套汤，做籴菜用；第四种是"双套汤"，专做一品官燕、砂锅广肚等高档菜用。从四种汤的不同运用中体现出中国烹饪技术的博大精深。

20世纪80年代之后，卜登贵受商业部指派，多次赴宁夏回族自治区工作,担任回民厨师考核评委,编写全国清真菜谱等大量社会工作。卜登贵亲自操作的芫爆散丹、白蹦鱼丁、鸡茸菠菜、扒海洋、尕茉莉竹笋、盘龙大虾等拿手好菜被载入了《全国清真菜谱》,为天津争了光,为饮食行业的发展做出了贡献。这里还得注上一笔,就是他培养出了清真烹饪大师张建生、张年、柴金梁和王汉元。

前些年《人民画报》报道了北京民族饭店厨师马福来的事迹,称马福来的清真烹饪技术是"天下第一灶"。这位扬名全国的清真大师正是穆祥珍的三徒弟。在师兄弟中,师父对他要求最严,也是他最有出息。由于马福来烹饪技术超群,曾在国务院副总理、民委主任杨静仁身边担任厨师多年。后来调至北京民族饭店主灶,负责接待外宾的清真菜,成为闻名的国字号清真大厨师。

说起"穆氏传承"来,我们还得聊一聊穆祥珍的再传弟子。

张建生,1951年生,回族。从师于王春彤,后又得穆祥珍大弟子卜登贵亲授,擅长扒、焖、烧、爆。他继承了传统清真菜的精华,又创新了新菜如八珍龙尾鱼翅、煎烹大虾、鸡茸花配、凤尾香菇托等。曾被评为技术能手、群星杯奖等荣誉,现为中国烹饪大师。

张年,1952年生,回族。师从周金亭(周的舅父为穆祥珍的师兄弟宋少山),后又长期得到卜登贵的亲授。他曾于财贸学校学习烹饪技艺后从业于燕春楼、会芳楼、宴宾楼等处,曾获得群星杯等奖。代表菜有红烧目鱼条、油爆鲜贝、华洋鸭肝等。现为中国烹饪大师。

张年在烹饪中深得穆祥珍的教益。他至今还在使用着穆祥珍传承下来的"一面、两汁、一茶"。他说:"枪是战士的胆,两汁一面是厨师的胆。继承了穆大师的传承绝技,我在烹饪中得心应手。"

柴金梁,1951年生,回族,师从王春彤,后又受到卜登贵的多年指教,亲授多道名菜技法。他从业于宴宾楼、会芳楼(食品街)等店任厨师长,擅津派清真菜,其菜品、清新淡雅,如诗如画。代表菜有扒海羊、红烧牛尾、鸡茸菠菜等,作品多次获奖。现为中国烹饪大师。

王汉元,回族。王春彤之子、卜登贵弟子。先后从业于宴宾楼、会芳楼,曾在全国大赛中拿过金奖,代表菜有扒参唇、八卦鱼肚等。现为中国烹饪大师。

刘三望,1947年生,回族,当年南市荣吉街著名厨师大灶刘五之后,由于其父是穆祥珍的好友,故深得穆祥珍厨艺的熏陶。后又在沧州执灶十数载,得益于与清华饭庄诸位清真烹饪名家的交流,成为老天津卫清真菜的资深传承者之一,擅摆全牛宴。刘三望不但厨艺高超,还有诸多文友,互通技艺。当年画家梁琦、学者张仲都是其座上客,品尝过其美食绝活。

刘三望根据穆祥珍传授,创新了改进版的全羊大菜。还有代表菜鹅毛雪片、花爆金钱、迎风扇等。

穆祥珍曾经和沧州同行李耀亭、张文元、代玉柱等大师们一起培养出一批高徒,而这些人成了名师,又为今日的沧州餐饮业培养造就了一批技术娴熟的人才,成为行业的顶梁柱。津沧两地的清真烹饪大师们,他们父一辈、子一辈地已然交往了三代,相熟相知,情同骨肉。他们都将自己视为穆祥珍的门下,当成荣耀。他们至今谈起穆大师来,仍奉若楷模。

(部分资料提供者:柴金梁、刘三望、张年、张建生等)

津门鲁菜一代大师由芝炳

许　先　　王　颖

由芝炳

(1909—1976)

　　由芝炳(1909—1976)，山东福山人，是津门鲁菜的一代大师。他艺德高尚，技艺超群，是20世纪中期的特级厨师。也许人们对由芝炳这个名字还有些陌生，但是有两个与由芝炳有关的故事在天津几乎是家喻户晓。

　　劝业场地区是天津最繁华的地区，街面商店林立，路上车水马龙，饭馆更是一个挨着一个，其中有两处大的饭庄，一是正阳春烤鸭店，一是"狗不理"包子总店。

　　1958年，毛泽东来到天津正阳春烤鸭店视察，而备膳的正是由芝炳。

　　"狗不理"包子誉满全球，已经成为天津的城市名片。旅游者有句口头禅："到了天津卫，必吃狗不理。"而由芝炳正是"狗不理"包子铺总店的首席大厨师。

　　此外，还有一个有关他的传闻流传甚广。

在日寇占领天津时期，臭名昭著的日谍川岛芳子曾在今哈密道一带开过一个饭庄，用以进行罪恶的间谍活动，名叫东兴楼；而传说由芝炳等人也在同一时期、同一地点开过东兴楼。那么这两者之间有没有关联呢？由芝炳也是否因此被牵连而在"文革"遭到抄家挨斗呢？

一、进京学艺

由芝炳家境贫寒、一家人守着几亩薄田过着苦日子。到了由芝炳14岁的时候，家人看到孩子忍饥挨饿，再看看去北京的村里人混得不错，起码能让孩子吃饱肚子，全家一合计，觉得孩子大了，应该出去闯闯，学点本事，好日后成家立业。于是1924年，15岁的由芝炳经同乡介绍只身来到北京致美楼(致美斋)学徒。

致美楼是北京城著名的鲁菜大饭庄，人才济济，出过不少著名的鲁菜大师。为什么鲁菜在北京会受到如此的青睐呢？

原来，山东自古就是中国传统优秀文化的发祥地之一。早在新石器时期的齐鲁地区就出现了诸多的饮食文明。春秋战国时期鲁国的孔子就提出了"食不厌精，脍不厌细"的饮食观，并从烹调的火候、调味、饮食卫生、礼仪等诸多方面提出了主张。在汉时，山东的烹饪技术已经有了相当水平。南北朝的贾思勰在《齐民要术》中就已记载了山东地区的菜肴食品达上百种，已经初具规模。发展到明清时期，山东菜不断丰富提高，构成了由济南、胶东(福山)为主的地方风味，原料以山东半岛的海鲜、黄河和微山湖等的水产、内陆的畜禽为主；烹调技法多样，尤以炮(爆)、炒见长，味型以咸鲜取胜，口味适中的鲁菜特色。

到了近代，鲁菜经过不断的丰富提高，在曲阜孔府内宅形成了自成体系的精致而豪奢的官府菜。鲁菜的不断丰富和精致雅化吸引了当时皇家与豪门的眼球,于是和徽班进京雅化为京剧一样,机缘使得鲁菜进入了北京皇宫御膳房。

就在同时,鲁菜不但进了宫,还被普及到了民间。清代中末期,曾有大批福山籍厨师涌入京城,他们成帮成伙,抱团谋生。他们讲同乡情谊,有行约店规,互相帮扶开店,使得山东馆开遍北京。致美楼就是福山老乡经营很火的一个范例。

致美楼原来不是鲁菜馆,而是开业于清初的一家姑苏菜馆,店址坐落在北京前门外的煤市街,是一座传统的四合院式饭庄。为了招徕主顾,门面两边悬挂着镌有"姑苏"二字的铜幌子,售卖炸馄饨、鹅油方脯等姑苏名食。当年,每逢农历腊月二十三,致美楼就摘掉幌子不卖了,直到正月初六开市时又挂出幌子,此时鞭炮齐鸣,宾客盈门。

致美楼的盛名远扬是从乾隆皇帝的御厨景启应聘来店任首席厨师开始的。景启是山东掖县人,在宫中每日为乾隆皇帝烹制鸡米锁双龙等菜肴,又曾随乾隆皇帝数次南巡,学会了不少大运河沿岸的地方菜,因而景启来店掌灶,便使致美楼的菜点由单纯的姑苏风味一变而为集南北烹调之精、汇御膳民食之萃的景氏独家菜。致美楼因此便名噪京师,成为京官及各省旅京士大夫的饮宴之所。光绪二十八年(1902),名噪一时的书法家、清朝翰林王垿为该店亲题"致美楼"匾额。到民国初年,喜食糟熘鱼片和烩虾仁的山东福山人王东甫为了利口福,接营了致美楼,成为该号的最后一任铺东经理。

北京老致美楼在1948年宣告歇业,1980年新店在前门外人民餐厅复业,1981年迁至长椿街营业。

写到这里,作者不得不注上一笔。由芝炳厨艺高超,但是他不识字,所以作者在查阅由芝炳历史档案时,发现他从1925年直到1932年在北京致美楼这一段经历,包括他蒙冤被抄家时所在单位

"领导"所填写的多张履历表格，都不是由芝炳本人亲笔填写，而是由多人代书的。有的填写"致美楼"，有的则填为"致美斋"，前后不一，令人费解。而唯一由官方在"文革"中认定的由芝炳履历表中(1968年12月25日被查抄对象备案表)1925年至1933年一段，写的是"北京致美楼工作"。其实北京的致美楼与致美斋，虽然只有一字之差，却是两个不同的饭馆。在当年，称楼者的经营规模可能要大一些，而称斋者则可能要小一些。但这"楼""斋"之差是出于由师傅的口误还是填写者的笔误，不得而知。

北京的致美斋也是个山东风味的老饭庄。它开业于清道光年间，到咸丰年间已颇有声誉。其传统名菜、细点有四做鱼、五柳鱼、抓炒鱼、鹅油方脯、炸馄饨、炸春卷、龙须面、萝卜丝饼等。至于该店是否为山东福山人经营，什么时间歇业，什么时间又复业的，因为缺少历史资料，作者也不敢妄自揣测，只好阙如了。

且说15岁的由芝炳只身来到北京学习厨艺，那是到了一个完全陌生的环境。15岁的他看上去已经是身高近2米的彪形大汉了，但内心深处毕竟还是个孩子。虽然说这里都是乡里乡亲的，但是桥归桥路归路，大家都出来混生活，都得给东家掌柜的干活挣命，谁也照顾不了谁，谁也代替不了谁。干活勤快的，能得到师傅赏识的，就有了饭碗；不勤快或者师傅看不上的，就得卷起铺盖滚蛋。

中华人民共和国成立前在饭馆学徒，师傅不会教给徒弟真手艺，开始时就是让徒弟干杂活。学徒在福山叫"小力巴"，师傅每天就是支使力巴干活。徒弟要想学点本事就得勤快，有眼力见儿。由芝炳长了一个大块头，晃着一张憨厚的脸，少言寡语，干活勤快，不但把师傅交代的活儿全干了，还把掌柜的和师傅们侍候得舒舒服服的。没多久，师傅们就评价："这个小力巴有眼力见儿。"

在后厨干活，徒弟们都要从择菜、切菜、发干货、打下手开始，师傅们的炒勺是不能摸的,后来有位师傅发觉由芝炳天资聪颖,悟性很高,就让他给自己刷炒勺。炒勺对于厨师,就好比是教员的书、战士的枪,那是不轻易示人的吃饭家伙。由芝炳接了蹭勺的活儿,像是看到了希望,每天把炒勺刷得干干净净,擦得锃光瓦亮。师傅一高兴,有空儿就教他练颠勺,这是厨师的基本功夫。

勺功的基本要领要掌握握勺、晃勺、翻勺、出勺的基本功。握勺须端平端稳,晃勺要使烹料在勺内顺时针或逆时针晃动,别让原料粘底或焦煳。翻勺又称颠勺,则是勺功的核心。厨师要用腕力通过推、拉、送、扬等动作,使勺内原料翻转起来。然后再用拖入法、倒入法、颠入法等使热菜装盘。

由芝炳迷上了颠勺,一有工夫便拎着炒勺装上沙子在无人之处苦练。颠勺功最难的是大翻勺。开始时,他按师傅的动作将勺内沙子在勺内晃动旋转,然后使劲往上一扬,岂料沙子并未乖乖地回到勺内,却劈头盖脸地砸在他的头上。由芝炳这才意识到"台上一分钟,台下十年功"的道理。他去蛮力找巧劲,不断地请教师傅,更是起五更熬半夜地苦练,终于练就了一手好勺功。

由芝炳知道,烹饪之道,博大精深,每位师傅都有其长。他在打下手的同时,也在偷偷地观察师傅们的各种烹调技法和拿手绝活。他在空闲时,便试着按师傅的套路调汤,但又总是调不好。经过长期的体悟,他才掌握要领。原来调汤的关键在掌握火候。开锅要撇去血沫,否则汤不清爽。去沫后立即改用小火以防止大火将汤翻浑。在清汤时要严格掌握凉汤与热汤之比等。他在试做酱汁鱼时也总出问题,出不来那个味。后经师傅指点,掌握了炒酱诀窍,火候适度,口味以咸压甜,才出来色泽金红光亮、鱼肉清香鲜嫩的效果。

由芝炳从1925年正式学徒至1929年出师,比较全面地掌握了爆、炒、烹、炸、熘、扒、烩、蒸等基本技法。从1930年开始顶灶做厨师,担任三灶、二灶,厨技不断进步。十年磨一剑,由芝炳已经从一个不善言表的少年成长为身材高大、练就一身绝技的青年鲁菜大厨。

1933年,24岁的由芝炳决心到天津发展,因为他看到了天津餐饮业要比北京发展得红火的趋向。

二、鲁菜进津

一提起天津的饮食,人们首先想到的是小吃和贴饽饽熬小鱼。其实不然,天津虽然是一个晚近发展起来的城市,但是天津这块宝地,遇到了"九河下梢、九方杂居、九五之门、九国租界"的特殊机缘。由天津的百姓、厨师、文人、艺术家、巨贾、官员共同创造并发展了以独特食材、烹法、口味、服务方式,并上升到了艺术文化层面的饮食(餐饮)文化——津派菜。在中国近代史上,天津的饮食与餐饮文化曾经一度辉煌,被誉为"食都"。天津餐饮文化一度发展的高峰出现在清末民初的1928年前后,这和鲁菜与京剧进津有关。

清代的京都在天子脚下,是全国的"首善之区",社会控制极严,禁令多多。比如,不准开戏院,不准设妓院,在饭馆就餐不准划拳行令等。权贵们不敢轻易露富,有钱不敢花。而天津虽与北京近在咫尺,但商人们却有一定的势力,即使纸醉金迷也无人去管。后来又有了九国租界,可以"开洋荤,吃番菜",更比京城好玩,此即民间俗语"吃尽穿绝天津卫"之谓也。

清亡之后,一些专门为帝后服务的宫廷厨师和戏剧名角儿流落到了民间。而失意的王公贵胄、下台的军阀政客,腰缠窃国万金纷纷来津做寓公。他们无所事事,日夜吃喝玩乐。而失去宫廷依托的高级厨师和演员则找到了新的用武之地。一些高级厨师进入公馆,而另一些高级厨师和演员则被市场所接纳,加入了餐馆和戏院的商业竞争。宫廷厨师带着以鲁菜为主的地方风味入津进而融入了本土化，使得20世纪二三十年代出现了一股"鲁菜热"。打个比方说，如果说天津的锅巴菜是山东人带来煎饼文化的衍生品，那么天津的鲁菜馆则是拐着弯儿进津的。在当时，不少有经济头脑的商人看到了这个商机，纷纷来到天津开起了鲁菜馆。据石小川的《天津指南》载，在民国初年，天津所开的山东馆有：文兴楼（侯家后）、天源楼（侯家后）、松竹楼（南市）、同福楼（侯家后）、全聚德（南市）、源丰居（法租界）、同和楼7家。到了30年代，志书中记有山东馆8户：东兴楼、蓬莱春、致美斋、致美楼、全聚德、登瀛楼、天和玉、松竹楼。济南馆两户：明湖春、文升园。

1933年，作为一位优秀鲁菜师傅的由芝炳从北京来到了天津，一开始在正阳春主灶。1934年到了致美楼主灶。1935年转至致美斋主灶，1936—1940年又回到天津致美楼主灶。据1931年宋蕴璞所编《天津志略》记载，天津致美楼坐落在当年的日租界荣街（现新华路），而天津致美斋则开在法租界。

1940年，风华正茂、踌躇满志的由芝炳，既身怀绝技，又有一定资金储蓄，决心自己开店，开创一番事业。经过协商，由芝炳等8位同乡合股开设东亚楼饭庄。东亚楼饭庄经理叫栾长亭，副理是赵其程。由芝炳只是个入股的灶上干活的师傅，可是在"文革"中，忠厚老实的由芝炳却被定为"资本家"而遭到抄家批斗的厄运与羞辱，此为后话。

三、黑白东兴

在抗日战争时期的天津，曾经传说在日租界由臭名昭著的日谍川岛芳子开了一座神秘的饭庄——东兴楼。

七七事变爆发后，日军占领天津，多田骏被任命为华北方面军司令。在日本军部的安排下，蛰居在日本的川岛芳子秘密潜回天津，在日租界的松岛街开了一家饭庄，名为东兴楼，以此为掩护进行间谍活动。

不过，在经过了半个多世纪之后，本来就披着神秘色彩的东兴楼饭庄究竟坐落何处，却又起疑云，众说纷纭。有人说，川岛芳子当年经常出入的东兴楼饭庄是在南市的东兴市场附近；也有人说，东兴楼是位于现哈密道与辽宁路交口的原芙蓉馆，在抗战时期叫东兴楼，那是个不折不扣的慰安所；还有人说，东兴楼饭庄坐落在今河北路附近，是个气派宏伟、带有好多庭院的建筑，仅厨师、杂役就有四五十号人。那么究竟有几个东兴楼？东兴楼又开在何处呢？

后来，人们逐渐才弄明白了。川岛芳子在1937年左右开的东兴楼是在原日租界松岛街13号，即今天的和平区哈密道42号。而在1940年左右在今新华路68号的是由芝炳等人合股开的饭庄名叫东亚楼，只是到了日本投降的1945年之后，才改称为东兴楼的。

且说由芝炳和7位福山老乡，在1941年盘下了位于日租界临森路现和平区新华路与沈阳道交口处的10间房子，8个人合伙开了一个饭馆，取名东亚楼。在抗日战争时期，天津正被日寇占领蹂躏，数十万难民无家可归，居民凭"供给"供应，各种物资不准进出和买卖，一旦发现"非法"经营，就被关进海光寺的宪兵队，严刑拷打，绝少有人能活着出来。所以东亚楼的生意十分难做，只能惨淡经营。好容易熬到了1945年日本投降，8位合伙人中有两人退股。于是其余6位山东汉子出于爱国之心、强国之愿，以最质朴的感情企盼多灾多难的祖国早日兴旺起来，就将自己的店更名为东兴楼福记菜馆。

福记菜馆自然由福厨由芝炳主灶。由芝炳意气风发，大展身手，一时经营开发出100多种鲁菜，其中最受顾客称道的代表菜有红扒鱼翅、葱烧海参、三鲜鱼肚、锅塌鲍鱼盒、糟烩鸭四宝、酱爆鸡丁、醋椒活鱼、干煎鳜鱼、九转肥肠、干烧冬笋等。据天津著名的美食家朱炳祥介绍，由芝炳不善言谈，只知低头干活，厨艺非常精湛，那些年他跟随父亲到处品吃，经常光顾东兴楼。他与由芝炳本是福山老乡，所以对由芝炳的拿手菜葱烧海参、狮子头、糟熘三白记忆犹新，特别是爆三样的色、香、味，就是炒一百个菜味也不会变，这就是由芝炳高超厨艺所在。

爆三样是鲁菜的传统菜之一，系用猪腰、猪肝、猪瘦肉三种原料爆炒而成。爆炒是鲁菜的主要烹法之一。其制法要领是，将猪腰子片成两片，片去腰臊，切片，与切成片的猪肝、猪瘦肉一起放入碗内，加入精盐、鸡蛋清、湿淀粉抓匀。菜花切成小块、水发玉兰片和荸荠均切成片，与毛豆子一起用沸水氽过。清汤、精盐、料酒、味精、湿淀粉兑成汁。炒勺内放入熟猪油烧热，下入猪腰、肝、瘦肉拨散，至熟时倒入漏勺内。炒勺内留油，放入葱姜蒜末炸出香味，倒入猪腰、肝、瘦肉、菜花、玉兰片、荸荠、毛豆子及兑好的汁，颠翻两下盛入盘内即成。由芝炳炒的爆三样特点在于质地脆嫩，味鲜咸爽口。

朱炳祥说，1947年时，到东兴楼饭庄用餐的都是经营五金、钢铁的商人和一些达官富人。天津地理位置特殊，是北方十几个省市通往海上的交通要道，东西南北中的商人到天津推销产品都要到饭店请客。东兴楼凭借着由芝炳的菜品留住了一批铁杆顾客，客人每到东兴楼吃饭都会到厨房向由芝炳敬烟，一般都是三五、绿炮、蓝上海等名烟。由芝炳也会用自己拿手的菜葱烧海参、糟熘三白向客人敬菜。

由炳芝在东兴楼参股并参加劳动下厨埋下了祸根，之后，在那个特殊年代被定为资本家而遭抄家批斗。如果说那是一场历史误会的话，那么阴错阳差地将一位鲁菜烹饪大师与一个臭名昭著的日谍川岛芳子扯在了一起，那简直就是一个历史的玩笑。

1953年，由于业务不好，月月亏损，东兴楼宣告停业。由芝炳在1954年到了都一处工作，1957年调到了正阳春鸭子楼，成了国营企业的正式职工。他加入了工会，倍感欣慰，认为这是人生新阶段的开始。

四、正阳之春

正阳春鸭子楼坐落在天津市商业中心的劝业场地区，是一家以经营北京风味烤鸭、山东风味菜及天津风味猪肉鸭油包为主的饭庄。

正阳春始创于1935年11月21日，是一幢砖瓦的二层楼房。由于此楼靠近劝业场，周围商业店铺林立，当时富有经商经验的刘贵山和朋友们合作开设了这家饭馆。因为此楼大门朝东，早晨一出大门即能看到光芒四射的红太阳，故取名为"正阳春鸭子楼"。

但是从1937年之后，先是日伪横行，百业萧条。到了国民党统治时期，物价先落后涨，地痞、流氓、伤兵横行，弄得买卖没法干。直到1949年后，经过公私合营，职工盼来了希望。1954年，鸭子楼以烤鸭主营，并聘请了鲁菜名厨由芝炳前来掌灶，给老店增加了活力，业务又活跃了起来。

据当年与由芝炳一起工作过的范贵生师傅介绍，1958年8月13日，正阳春鸭子楼接到任务接待国家领导人用餐，但在当时的政治形势下，在选人、用人上是非常严格的，不仅要求技术过硬，更要政治上可靠。经领导同意，他和由芝炳有幸被组织选中，派由芝炳在厨房为国家领导人做菜，范贵生则做服务员为领导服务。范贵生还记得，当天上午烤鸭店店内工作人员不时听到毛泽东谈笑风生。望着整桌精美的菜肴，毛泽东已经被外面一阵又一阵的欢呼声惊动，看得出他老人家已经无心品尝美食。虽然工作人员多次劝阻，最后毛泽东还是走到窗前打开窗户向街上群众挥手致意。人们看到毛泽东的身影，激动的欢呼声一浪高过一浪，而此时由芝炳在厨房内镇静自若地按照程序、技法一步步地认真做菜，丝毫没有受到影响。在做菜整个过程中不敢有一点疏忽大意，严格按照上级的标准选用原材料，在刀工、口味、色泽、火候上用心完成每一道工序，精心地烹制。

据现任天津烤鸭店的经理介绍，当天毛泽东的饭菜很简单，由芝炳为毛泽东做了葱烧海参、烩乌鱼蛋、高立豆沙、干贝四丝、炸象眼鹅蛋等菜。考虑到毛泽东喜欢吃辣，特别将红烧肉按照湖南湘菜技法烹制，干燸目鱼也是辣口，最后吃的是烤鸭。当时毛泽东逗留的时间有限，之后还要赶到东郊区（今东丽区）视察。毛泽东就餐结束后走进厨房慰问职工并与他们合影留念，而此时老实敦厚的由芝炳却悄悄地离开了，非常遗憾没有同毛泽东合影留作纪念。

毛泽东视察之后，由芝炳又和同事们一起挖掘和创新菜品，如渤海大虾、山东大虾、爆双花、凤吸珠、双味鱼、奶汁海鲜笋等新菜品，不仅保持了鲁菜的特色，还更注重了营养成分的合理，而且造型美观大方，深受市场和百姓的欢迎。

五、首席"狗不理"

"狗不理"包子排在天津著名的"三绝风味小吃"之首，饮誉中外。"狗不理"是全国最大的包子铺，也是天津大型的京都风味饭庄，"狗不理"包子铺的菜品达到高层次水平是和由芝炳师傅的贡献分不开的。

"狗不理"包子铺的创始人是清朝道光年间乳名叫狗子的高贵友。他14岁来天津刘记蒸食铺学蒸面食。高贵友言语不多，干活手脚麻利,是个勤快人,非常讨人喜欢,铺里从掌柜到伙计都叫他乳名,他也答应得爽快。久而久之,连同买蒸食的顾客也都叫他"狗子",他的大名反而鲜有人知了。

高贵友3年学徒期满,又干了"两节"的谢师活儿,然后自己在侯家后支了个包子摊。他的包子摊买主络绎不绝,生意兴旺。但在卖包子时,高贵友却很少搭理买主。这固然是他生性寡言少语,主要还是活儿太忙。他卖包子时,将下屉的包子10个放一碟,摆在案子上,买主用不着说话,只需撂下1个大子(铜元)就可端走一碟。于是在买主当中传流开来:"狗子卖包子不理人!"后来人们在不知不觉中把狗子的包子摊叫成"狗不理"啦!

"狗不理"的包子摊叫响了,但高贵友却并不满足,他虚心学习小笼包、灌汤包、水煎包等做法,以学人之长补己之短。经过多次试验,终于创造出一种新品种:外形小巧玲珑、纯肉肥瘦比例适宜的水馅、"一拱肥"的半发面面皮、十八瓣菊花褶的、封口呈鸭嘴形的新型换代"狗不理"包子。高贵友独出心裁的包子得到了广大顾客的赞许和同行的赏识。人们称它为"狗不理"包子的同时,也叫它天津包子。

"狗不理"生意大发、名声大振,当时的达官显贵也都慕名来买"狗不理"包子。高贵友在侯家后中街开了个包子铺,挂个牌匾叫德聚号,但人们叫顺了嘴,仍然叫它"狗不理"。

20世纪20年代,高贵友谢世,"狗不理"包子铺迁址到官银号附近,生意更加火爆。1939年天津发大水,大部分市区一片汪洋,地处在老城东北地势高的包子铺昼夜兼营,收入颇丰。抗日战争胜利后,包子铺迁入劝业场附近的辽宁路由高贵友之孙经营,后因家务问题在1952年歇业。

1956年初由天津市和平区饮食总店(区饮食公司)主办,将"狗不理"包子铺、三合成包子铺、同义成包子铺、陈傻子包子铺以及德发号包子铺等几家联合,组建了国营天津包子铺,在辽宁路都一处烧卖馆原址开业,之后又迁到山东路邻近滨江道的丰泽园饭庄原址营业。

天津包子铺得以发展,是在1960年调来了著名的鲁菜大师由芝炳之后。此时的天津包子铺可不同于彼时的"狗不理"包子铺。过去的包子铺只是个专供包子快餐的小食肆,而20世纪60年代的国营天津包子铺却是个占地近千平方米的大中型饭庄。主食既然是天津包子,那自然是姓"津",那么炒菜姓什么呢?姓"津",姓"鲁"还是姓"京"呢?一个饭庄总得有个特色吧?这个难题摆在了主灶的由芝炳面前。

由芝炳不愧为烹饪大师,他不但在实践中有自己的绝活,而且在烹饪理论上也有自己独到的见解。

由芝炳认为,20世纪五六十年代时,天津的菜馆将山东风味与京都风味混为一谈,那是一种误解。鲁菜是在山东那个特殊的地域、特产、气候、风俗等经过长期发展形成的,所以具有山东的地方特色。而京都风味(京菜)则是由宫廷菜派生出来的。京菜吸收了中国饮食文化的众家之长,而独立于众菜系之外。但是因为宫廷御厨中有不少山东师傅,而京菜馆又大多是山东人干的,所以常被外行人误认为是山东馆。

由芝炳认为,凭借于天津地域独有的富饶物产,津菜已自成一派。而无论什么外来菜系来到天津,都要有一个"本土化"的过程。比如川菜到了天津就不能太辣,淮扬菜到了天津也不能太甜。只有善于利用本地资源,适应本地人口味而又保持烹饪与服务特色者,才能生存并发展下去。可见由芝炳的远见卓识。由芝炳对自己对天津餐饮文化的贡献很谦虚。实际上,是他创新了天津乃至全国独树一帜的"津派鲁味京都菜"。

由芝炳在主厨"狗不理"时，对菜品进行了创新和研究。如他给厨师们讲原材料中的猪肉及猪体上的位置，从头讲到脚就像一位医生在做动物的解剖一样，讲得很细。肉的每一部位应该怎么用，怎么下刀，怎么利用厨师技法的煎、炒、烹、炸、熘、爆、扒、焖将动物质地恰如其分地使用。原料在他的手中没有丝毫浪费。

在烹饪技术上，由芝炳高超的技艺，扎实的功底，很令当时厨界折服。他最经典的就是将鲁菜中的葱香和蒜香巧妙地运用。葱香技法如葱扒海参和葱烧海参，这两款菜一道是下酒的菜，一道是下饭的菜，但两个菜在原材料的使用上是不一样的。鲁菜关于用葱香调味，在菜肴烹制过程中，不论是爆、炒、烧、熘，还是烹调汤汁，都以葱丝、葱段或葱末爆锅，借助葱香提味。尤其是葱烧类的菜肴，更是以拥有浓郁的葱香来诱人食欲。

在葱香的基础上，他能使用不同的原材料让香气四溢，乌黑的刺参配着白中透黄的葱段，色泽红褐光亮，芡汁浓郁醇厚，葱香味醇，经久不散，味道佳绝，连大葱的味道都好极了，食客们赞不绝口，每每都吃了个底儿掉，甚至用卤汁拌饭，反映出由芝炳的扎实的功底。

在蒜香处理上由芝炳也显示了他的高超厨艺，他能够将蒜香味和辣味融合在不同的菜肴里。鲁菜中有一道名菜叫烩肚丝烂蒜，由芝炳巧妙地运用蒜香使这道菜蒜香浓郁，是客人久点不衰的一道菜肴。

说起鲁菜经典菜烩肚丝烂蒜还有个题外插曲。烩肚丝烂蒜这个"烂"在文字上是不好推敲的，究竟是腐烂的"烂"字，还是乱七八糟的"乱"字，一直没有准确的定义，所以这道菜既有写为"烩肚丝乱蒜"的，也有写为"烩肚丝烂蒜"的。这道菜的定名缘由，据由芝炳徒弟赵嘉祥解释，说是根据山东人的发音"乱"和"烂"不分而传之。旧时，饭馆的服务员叫跑堂的，顾客点完菜都由服务员喊出菜名传到厨房，不像现在服务员用点菜宝一点，菜单就传到了厨房，那时全靠跑堂的高嗓门来喊，后面的厨房才知道一道道是什么菜，根据山东人的发音，比如说这个烩肚丝烂蒜这道菜，跑堂的对后厨喊"来一个烩肚丝"再来点蒜啊，告诉后面人赶紧配制这道菜，于是，烩肚丝加烂蒜的菜名就在民间传下来了。

鲁菜大师的深厚功底，连接了津派菜地气，使得主打津派京都菜的"狗不理"充满了活力。

六、鲁风新韵

由芝炳是20世纪50年代命名的特级厨师，那一次命名的人数很少，在天津只有三位。一位是当时天津玉华台的魏天成，一位是登瀛楼饭庄的董一浩，另一位就是狗不理的由芝炳。他们每个人都有绝活。由芝炳的绝技主要体现在炒菜的技法上。比如，酱爆肉丁、糖醋鱼都是他的拿手绝活，他炒的酱爆菜上桌时，满屋都飘逸着酱香味。糖醋鱼连鱼骨都是又脆又香。客人吃时，从鱼头到鱼尾都一起吃光，没有吐鱼骨刺的。干煎黄鱼也是由芝炳创造的。做时，他把大葱段加作料掖进鱼肚子里，做好后从鱼嘴里再把葱段抽出来，成菜鱼从里到外一味鲜香无比。由芝炳的炒菜技法还体现在烹饪的调料使用上也有他自己的独创。如炸糖醋鱼时，掌握了鱼梁骨两次放炮出锅的最佳火候。

由芝炳有着高超的烹饪技法，更有临阵不乱、统帅全局的丰富经验，所以他能在情况突变的情况下圆满完成任务而不误事。20世纪70年代初的一个下午，饭店接到订桌电话说第二天中午要安排吃鱼翅。当时店内进货时并没有发好的鱼翅，而用干的现发也来不及了,此时由芝炳不慌不忙说,误不了事,我们自己发。他施展绝技,仅用一夜工夫,就把鱼翅发出来了,让顾客吃到了满意的扒鱼翅。

由芝炳的代表菜除了前面介绍的爆三样、糖醋鱼、酱爆肉丁、葱烧海参、烩肚丝烂蒜等,其基础菜功还在福山菜,如糟熘鱼片。这道典型的福山菜,由明代福山籍京官郭宗皋的家厨创制,据说当年在皇家寿宴上曾经大放光彩。

其做法是:主料,用净草鱼肉300克。辅料,绍酒1.5中勺,精盐2小勺,味精1小勺,葱段、香糟、湿淀粉适量,白汤2汤勺,蛋清一个,姜汁水1.5小勺,熟猪油7汤勺。

将鱼肉片成长4—5厘米、宽2厘米薄片,用精盐、绍酒腌渍入味,加蛋清搅打上劲,再加湿淀粉拌匀。香糟用清水捏碎拌匀,用纱布滤去糟渣,取糟汁加绍酒、湿淀粉、精盐、味精、姜汁水调成汁待用。用中火将锅烧热,下猪油烧至五成热时,将鱼片下入划散成玉白色,倒入漏勺沥去油、锅内留油1.5小勺,将葱段略炒,倒入鱼片,调汁加入白汤搅匀后迅速倒入锅内勾芡,转动炒锅至汤汁稠浓与鱼片融合时,浇上猪油1小勺,出锅。

鲁系糟香菜还衍生出京都味的糟熘三白、糟熘茭白与糟熘鸭三白。

糟熘鸭三白系用熟鸭脯肉、熟鸭掌、生鸭肝及鸡鸭汤、香糟酒等,熘制而成。特点是鸭肉、鸭掌和鸭肝皆呈白色,外罩一层金黄色的汁,光亮润泽,质地软嫩,吃起来鲜中透甜,有浓郁的糟香味。

由芝炳还善做塌菜。塌是鲁菜的技法之一,是将原料挂糊后煎制并烹入汤汁,使之回软并将汤汁收尽的烹调方法。山东地方方言称之为"溻",烹调法写作塌,如鲁菜锅塌鱼扇、锅塌豆腐等。

由芝炳家乡有道名菜叫锅塌黄鱼。相传福山有位财主的厨娘善烹黄花鱼。有次财主请客,客多厨下人手少,厨娘情急之下,在锅内添了汤汁和调味品将煎好的黄花鱼放在锅内塌熟,使汤汁收干端上桌。主客一吃此菜感觉极佳,遂成名菜。福山人将干东西受了潮称为"溻",客人不明"溻"之意,把"溻"写为"塌",这"塌"如何烹呢?所以在烹调中大家都写为"塌",以示一种烹法。

其菜用50克重黄鱼若干条。辅料用水发木耳、火腿、水发玉兰片、青菜各适量,精盐1小勺,绍酒1.5小勺,花生油200克,淀粉1大勺,葱、姜、蒜适量,白糖1中勺,醋1中勺,清汤2汤勺。做法是将黄鱼处理干净后从鱼的下嘴巴处将鱼头切下,劈做两片。鱼身从脊背处剔掉大梁骨刺,片到鱼肚处,尾部相连呈合页形,然后皮面朝下在鱼肉上剞上十字花刀,连同鱼头撒上精盐(半小勺)、绍酒(半小勺)腌渍入味。鸡蛋打入碗内搅匀。木耳、火腿、玉兰片、青菜均切成2.5厘米长的细丝。

将炒锅内放花生油,中火烧至四成热时,将鱼头、鱼肉沾匀淀粉,在鸡蛋液中拖过,下锅炸至金黄色时,倒漏勺内控净油。然后,炒锅内放花生油(1中勺)、中火烧至六成热,用葱姜丝、蒜片爆锅,放入木耳丝、火腿丝、玉兰片丝、青菜丝略炒,加入清汤、黄鱼、绍酒(半小勺)、精盐(半小勺)、醋、白糖以旺火烧沸,小火煨透至汤将尽时,用大翻勺使原料完整地翻转,两面均匀受热。然后完整地入盘,再浇上汤汁。由芝炳的绝活是,入盘鱼身完整,色泽黄亮,软嫩鲜香。

九转大肠为山东名菜,以猪肥肠为原料,用红烧方法制成。此菜创制于清光绪年间济南九华楼饭庄。由于在烹制过程中需要反复使用数种烹调方法,应用多种调味料精制而成,故取道家炼丹的"九转"之难为名。由芝炳的此菜烹制得非常精细,上菜呈枣红色,光亮油润非常漂亮,菜具酸、甜、香、辣、咸五味,特点是肥而不腻。

芙蓉鸡片，移植自冀菜。以鸡肉和鸡蛋清为主料，炸、炒而成。制法是先将100克仔鸡剔净筋皮，砸成肉茸，放碗内加调味料搅打成糊，再取6个鸡蛋清和适量的精盐、味精，抽打成蛋泡糊状，然后合在一起，加湿淀粉再抽打成糊状待用。炒锅内放猪油750克左右，烧至四成热时，将调好的鸡茸糊，用羹勺一勺勺舀入油中，温油浸透一面，慢慢地一片片地用筷子翻转过来，待两面鼓起呈乳白色时，迅速捞出沥油。炒锅内留适量底油，烹入料酒，放入精盐、味精和少许高汤，煮开后，放入鸡片，勾芡翻炒即成。由芝炳此菜配方讲究、用料精细，烹饪技术难度很高。成菜色泽洁白、形状美观典雅，味道软嫩鲜香，常作为席中大轴菜上桌。

爆双脆，为由芝炳的拿手菜。此菜为鲁菜的典型菜，历史可追溯至元朝。倪瓒在《云林堂饮食制度集》曾点评此菜。清袁枚在《随园食单》中概括为"滚油炮（爆）炒，加料起锅，以极脆为佳。此北人法也"。

制法为：将猪肚头200克剥去脂皮硬筋洗净，用刀剞囊衣花刀，放碗内加精盐；鸡胗洗净片去内外筋皮，用刀剞十字花刀，放另一碗内，加精盐；再用清汤、料酒、醋、精盐、湿淀粉兑成芡汁。将主料焯水，炒锅放旺火上，倒入熟猪油，烧至八成热时，把肚头、鸡胗冲油断生，在将主料回入热勺，烹入兑好的芡汁，迅速颠翻几下，即可盛入盘内。此菜技术难度很大，因为火候过则不脆，欠则不熟。而由芝炳却掌握火候分寸极佳，成菜质地脆嫩，味道鲜香。

鲜贝原鲍。因为山东、辽东都盛产海鲜，所以鲁菜、辽菜都有以鲍鱼、扇贝为主料的名菜，如油爆鲍鱼、绣球干贝、清炒鲍贝等。20世纪30年代时，限于当时的储存条件，这道菜的原料都使用干料，须经泡发后才能烹制成菜。当时为使原料入味，大都采用烧制的烹调法，70年代虽然改用罐头、鲜货为料，但仍沿用了烧制法。由芝炳在烹制此菜时,为了保持与发挥原材料固有的鲜嫩、色彩等特点并改进菜的造型,采用了油爆成熟法。在刀技处理及摆盘也进行了创新处理,体现了由芝炳成菜制作精细、口味鲜美、造型别致的艺术特色。

白露鸡,这是由芝炳在继承传统菜的基础上的创新菜。一桌大宴席吃到最后,上来一广口大海碗,上覆圆锥形一层白花花的霜雪。点缀着红椒末与绿芥末,还有根据喜寿宴主题而刻制的山楂糕喜寿字,主要用于大型宴席的大轴菜。成菜颜色洁白素雅,又装饰着吉祥菜饰,主料鸡肉又嫩又暄,汤味香醇,很受食客欢迎。

白露鸡原为清真名菜,以熟鸡脯肉为主料,鳜鱼肉(或梭鱼肉、黄鱼肉)、红柿椒(或胡萝卜)、香菜叶、牛奶、鸡蛋清等为配料,先蒸制而后做成汤。

白露鸡因其洁白素雅,取古文中"露凝而白也"誉之,及辛弃疾"要知烂漫开时节,直待秋风一夜霜"之诗意,取名白露鸡。此菜原为清代宣统年间御厨郑大水所创,后成为北京著名清真饭馆西来顺的招牌菜。后经清真菜名厨师杨永和加以改进,使之色更美,味更鲜。

其做法是:将白煮制熟的鸡脯肉75克片成薄片,鳜鱼肉50克剁成细泥,加牛奶15克,适量精盐、料酒、姜汁和湿淀粉15克调匀。鸡蛋清6个,用筷子朝一个方向抽打成泡沫状,加入调好的鱼肉泥和熟鸡油45克,搅成鱼肉泥。将鸡肉片整齐地排列在笼屉布上,撒上百合粉15克,上面摊匀鱼肉泥,再点缀上红柿椒末等,上屉用旺火蒸15分钟,取出晾凉,切成长5厘米、宽1.2厘米的方块,放在广口碗中,将鸡汤500克、精盐0.5克、料酒5克,用旺火烧开之后,淋入熟鸡油5克,浇在放有鸡块的大海碗内。汤内放入余熟的海参、玉兰片、虾片。成菜鸡块成圆锥形,上面根据宴会内容摆上吉庆饰物字(京糕刻字），即成。

七、厚德载物

由芝炳高尚的厨德在专业技术上表现为精益求精，做菜时保质保量，在任何情况下都不会偷工减料。20世纪50年代末，天津市组织特级厨师到广州学习表演，当时安排他的菜是糖醋鱼。这道菜很费时间，领队催他快走出勺。而由芝炳则坚持按自己的工序做。当烹制好的菜一上桌，立即赢得了品尝者的热烈掌声，就连前边拍桌子的领队也高兴地一同拍手叫绝。

由芝炳在为人处世上厚道善良，在行业内有口皆碑。后来国家对厨师评定等级，特级厨师分为特一、特二、特三三个级别，工资标准为特一级工资140元，特二级工资120元，特三级工资110元。当时由芝炳的技术级别已经达到特一级，但由芝炳却主动将这一级别让给一位家庭困难的师傅。他说："我家人口少，拿个最低110元的吧。"可见他的人品高尚。

由芝炳在教授徒弟上从不保守。由芝炳在当年是很有名的厨师，但他从不摆师傅架子，做人低调，工作中即使是下手活也自己干，从不指手画脚，也从不大声训斥徒弟，按徒弟的说法由芝炳满肚子都是菜谱，但开会学习却不爱发言，而讲起技术课却不用稿，滔滔不绝地讲几个小时。大家都愿意听，所以由芝炳教出了很多出色的徒弟。

在20世纪的五六十年代国家还处在困难时期，原材料紧张，由芝炳在做菜时也是与人不同，老菜爆三样他少抓糊以节省原材料，通过自己高超的技法，一样使菜品达到高品质。在与同事相处中则礼让三分，用现在的说法是"低调做人"；山东人直爽、憨厚，一般脾气都很倔，大嗓门，特别是厨师脾气都很火爆；但由芝炳却是位外粗内秀的彪形大汉,性格非常温和。平时工作中遇到同事之间,上下级之间发生摩擦或者出现矛盾,由芝炳也总是劝说"别言语""别言语","别言语"成了他的口头禅,然而在"文革"时期当红卫兵扫"四旧"闯进店里砸鱼缸、吊灯等东西时,由芝炳却挺身而出,加以制止,保护了国家财产。

八、桃李芬芳

由芝炳从一个朴实的农村孩子,经过数十年的艰苦磨炼,成为一代鲁菜大师,为鲁菜在天津的发展做出了重大贡献。他给津派鲁菜的继承与发展,留下了宝贵的遗产,特别是他为社会、为行业培养了大批的高级烹饪人才。

由芝炳教出了不少出色的弟子,如孔德元曾任食品街"狗不理"负责人,多次出国都出色完成任务,受过国际奖励;赵嘉祥曾任登瀛楼饭庄经理,天津狗不理集团公司董事长、总经理,中国首届烹饪大师、国际烹饪艺术大师、国家烹饪大赛评委、国际中餐烹饪大赛评委等。由芝炳的弟子们在各自的工作岗位上都为中国烹饪事业做出了显著的成绩。

由芝炳是一代鲁菜大师,也是"勤勤恳恳地做事,清清白白地做工""信誉有加不得瑟,蒙冤受屈不气馁"、为别人吃好喝好辛苦服务了一辈子的普通厨师。也许会有人蔑视他的平凡,而低估了其对社会的贡献和价值。但是历史会记住他平凡而受人尊敬的一生,因为正是由芝炳这一代烹饪大师,以他们的朴实无华、艰苦奋斗、为人民全心全意服务的精神,为现代餐饮文化的发展,铺就了坚实的基石。

由芝炳事迹感人,有《采桑子》为证:

翠釜鸣姜京味奇，
福山福地。
风华少年，
独闯京津怀绝技。

葱烧酱爆白露鸡，
包子首席。
辉煌正阳，
看我大厨展豪气。

（部分资料提供者：赵嘉祥等）

鲁菜魁首丛大嵩

宋安娜

丛大嵩
(1911-1983)

　　鲁菜以风味独特、制作精细而享誉海内外,是举世公认的中国四大菜系之一。鲁菜又分济南和胶东两个地方风味流派,在烹调中选料考究、刀工精细、调味适中、工于火候,常见的烹调技法有:爆、炒、熘、炸、烧、塌、焖、扒,并以鲜咸适度、清爽脆嫩而闻名,在天津餐饮业影响深远。20世纪60年代,天津餐饮业评测厨师技艺,特一级厨师只评出4位,其中中餐两位、西餐两位;中餐里,以鲁菜系和苏闽菜系各评选出一位,鲁菜的特一级厨师便是丛大嵩。

　　天津自近代以来就是中国第二大商埠,又因为有临京滨海之利,成为北洋新政的发祥地,市井繁华,餐饮业兴盛,不仅西餐独领风骚,而且全国各大菜系云集,尤以鲁菜为大,几乎所有经营北方菜的饭馆酒店,都以鲁菜为尊。在这样一个鲁菜大兴、鲁菜厨师众多的城市,丛大嵩能够力拔头筹,足以证明其厨技与鲁菜艺术修养之高超。

一、学徒全聚德

丛大嵩生于1911年8月26日,山东蓬莱人。这里盛行鲁菜厨艺,出了许多名厨师,很多青年背井离乡到大城市。丛大嵩也走了这条路。1928年1月,17岁的他告别父母,只身一人来到天津,进入全聚德饭庄学徒。

全聚德是一家名店,1864年由杨寿山投资开办。杨寿山原是个灾民,由冀县(今河北省冀州市)逃荒到北京,先在前门外肉市做生鸡生鸭买卖,积攒了一些资本后,盘下肉市一家濒临倒闭的干果店,开了个烤炉铺,重立新字号,名为"全聚德"。经过杨寿山苦心经营,全聚德生意越做越兴旺,名气也越来越大,成为北京"第一著名烤鸭专家",它的挂炉烤鸭据当时报纸广告介绍,是"经百余年精心研究,营养丰富,酥脆焦嫩,美味适口",因而享誉海内外。全聚德不仅烤鸭闻名,还聘请名师精做各种菜羹,以北京填鸭为主料烹制各类鸭菜组成全鸭席:一席之上,除烤鸭之外,还有用鸭的舌、脑、心、肝、胗、胰、肠、脯等为主料烹制的不同菜肴,甚至鸭翅、鸭掌、鸭血都能入馔,故名全鸭席。天津全聚德与北京全聚德同出一源,唯有烤鸭不用挂炉,而仍然袭用传统方式烤制。由于菜肴制作精良,天津全聚德可谓执掌了天津餐饮业的牛耳。在这样一家饭庄学徒,丛大嵩初入厨界,就站在了高起点上。

丛大嵩的学徒之路却充满艰辛。勤行的规矩,学徒3年,先从烧火做起,然后刷勺、料青、墩上,历经九九八十一次的磨炼,最后才能上灶端炒勺。丛大嵩也不例外,进了全聚德,就先从烧火做起。17岁的半大小子,一心一意抱着学手艺的理想来的,整天蹲在灶下烧火,那心还是好奇的。那一天,瞅准了老师傅正忙着炒菜似乎没在意他,他猛地一抬头,想看看人家炒的什么菜。没想到他的脸刚一仰起来,那老师傅拿起炒勺,照准他的脑门"梆"的就是一家伙,脑门上顿时就鼓起个"大枣"。老师傅说:"乱伸头!烧你的火吧!"

挨骂,对于学徒来说还是轻的。多年之后,早已成为厨艺大师的丛大嵩,回忆起自己的学徒经历,感慨万千。他说:"我学徒挨骂那是平常事,我的厨艺是挨打学出来的。菜炒不好,师傅就拿炒菜的铁勺磕我脑袋;翻勺没翻好,把菜翻出去了,立马师傅就把炒勺里的菜全扣我身上了,那油那个烫啊!师傅这么做,就为了让徒弟记住了,菜怎么炒,勺怎么翻。我也不怨他,他的师傅也是这么教他的。"

在汤水里滚九遍,在油锅里炸九遍,3年期满,丛大嵩出师了。

二、登瀛楼传名

让丛大嵩声名远播的,是登瀛楼饭庄。

丛大嵩曾经三进登瀛楼,前后掌灶27年。第一次是从他出徒后的1935年至1955年,共20年;第二次于1957年至1958年,在登瀛楼短期工作,后因组建河北宾馆而调出,这段时间不到两年;第三次从1960年10月至1965年2月,再回登瀛楼,这段时间将近5年。在27年漫长的时间里,丛大嵩将自己的心血奉献给登瀛楼,登瀛楼也成就了他在天津厨界鲁菜魁首的地位。

1913年,山东人苏振芝在当时天津最繁华的南市建物街建起一座饭庄,取名登瀛楼。据史料记载,登瀛楼曾于1920年停业,4年后在南市东兴大街103号新址重新开业,才迎来了它的繁盛期。股东们启用王桂为经理,在当时激烈的餐饮业竞争中,登瀛楼创建了自己的企业文化,即"铁一般的制度、严格的要求、以高超的技术和精细的核算"，逐渐在当时天津餐饮业脱颖而出。1931年在天津法租界蓝牌电车道(现滨江道)开设登瀛楼北号，业务非常兴隆。1年后又在北号道南增设了登瀛楼南号。南号富丽堂皇，专门接待高级宾客，开业10年获利颇丰。1938年王桂病逝。由王梅、栾希堂接任经理，1939年又在法租界山东路开设分号，取名悦宾楼饭庄。至此登瀛楼已发展到4个商号，员工400多人，经营高、中、低档菜品多达500多种，营业收入约占全市餐饮业收入的40%。登瀛楼多年来形成一批独具特色的名菜，如干煸大虾、醋椒鲤鱼、九转大肠、烩肚丝烂蒜等，获得食客交口称赞。它还善于创新菜品，多次参加全国和天津市烹饪技术比赛屡获大奖，津门三味虾获首届中国烹饪世界大赛金奖，通天鱼翅、香桃满园、奔向未来等15个菜点连续获第一届、第三届、第四届全国烹饪大赛金牌奖。登赢楼煎饺、煎饼馃子等17个品种荣获中华名小吃称号。

在这样一家餐馆掌灶，没有真才实学，卷铺盖走人是分分钟的事，而丛大嵩却三进三出前后掌灶27年。登瀛楼以擅长烹制鲁菜而闻名，给丛大嵩发挥厨艺提供了一个最适宜的平台。

鲁菜最讲究爆菜，全爆、盐爆、酱爆，丛大嵩的爆菜技艺最是高超。

全爆在鲁菜所有爆菜中最能检验一个厨师的厨艺水平。全爆选料精细，品种多样，集鸡、鱼、虾、腰、肚、胗、管(黄管)等多种原料于一肴，运用鲁菜的擅长技法"爆"制而成。丛大嵩做这道菜，首先讲究对多样食材的处理和刀工精细：鸡胗洗净切开，揭去内筋皮，片净白筋打"十"字花刀；虾仁洗净用刀从背部划开去掉虾线，然后加少许盐、料酒、蛋清、淀粉上浆入味；鸡胸斜刀切丁，然后加少许姜汁、盐、料酒、蛋清、淀粉上浆入味；全贝去掉沙包和腮洗净；贝柱加蛋清和淀粉上浆入味；海参去掉内脏，洗净，斜刀切丁，焯水备用;鱿鱼切花刀焯水;冬笋切丁焯水;蟹棒切丁;黄管用刀尖划成"蜈蚣"形,切成长3.5厘米的段;荸荠去皮洗净切丁;冬笋切成厚0.2厘米的小象眼片。其次,丛大嵩的全爆讲究旺火速成:炒锅内放入熟猪油,当油烧至五六成热时,先将虾仁、鱼丁、鸡丁、鸡胗、腰丁倒入锅内,均匀滑开后,下入肚头,拨动几下捞出。炒锅内留油40克旺火烧热,放葱、姜、蒜末炸出香味,将滑好的主料和鱿鱼卷、黄管、青豆、荸荠丁、冬笋丁迅速倒入碗内,用盐、料酒、味精、姜汁、蒜汁、淀粉做成芡汁,颠翻出锅,淋虾油上桌,真是鱼香、鸡嫩、卷美、肚脆,所有主料都达到口感的最佳状态,营养丰富,风味隽永。

丛大嵩有一道油爆双脆,如今已经很少能见到了。双脆指的是这道菜的两种主料:猪肚头和鸡胗。这道菜有两难,一个是主料难处理,另一个是火候难掌握。一般厨师做这道菜,要过两道关:刀工、火候。猪肚头选取猪肚的部分,俗称"肚仁儿",肚仁要切成网状,这考验的是刀工。火候处理又分两种:水与油。主料要飞水,烫去腥味,但水太开了主料就烫老了,嚼不动了,水不够开,又不能去腥味,这检测的是厨师对水的把握;飞水过后再过油,这才是爆,过油的温热程度、时间长度、爆汁入味的瞬间、菜品色泽的最佳状态,都要在这一个"爆"字里完成,是对厨师技艺的全面考验:主料、调料习性的相辅相成,油与火的相交相融,全部要深谙于心。所以没有金刚钻的厨师,也不敢做这道菜。丛大嵩烧这道菜,宛如魔术师变戏法,三下五除二,旁边围观的人眼皮还没眨几下,一份色香味俱全的油爆双脆就上盘了。

曾跟丛大嵩学徒、后成为登瀛楼董事长的中国烹饪大师韩福年,当年亲眼见过丛大嵩烧这道菜,他说:"猪肚仁儿要是煮熟了得3个小时,丛师傅在一分钟左右就能调理了吃,这就是绝活!"有登瀛楼的常客要验一验丛大嵩这道绝活。有一天,相约了8个人一起来到登瀛楼。这8个人分别坐在不同的餐桌,异口同声都点这道油爆双脆,并且点着名请教丛师傅的手艺。前头服务员把话传到灶上,丛大嵩不慌不忙,没事人一般。不一会儿,8道油爆双脆上了桌,那色泽、香气、口感,一模一样,不由得人不服!之后,登瀛楼接待外地、外国代表团,做油爆双脆,都是由丛大嵩掌勺。

丛大嵩的芫爆鸡丝也远近闻名。芫爆鸡丝原本是道简单的家常菜,在鲁菜大兴的天津,几乎家家都会制作。主料是鸡胸肉和芫荽,天津又叫香菜;调料有葱姜蒜、料酒、精盐、味精、淀粉、鸡蛋清、醋、胡椒粉、香油等;口味要求是鲜香。一般的烹制方法是:先将鸡大胸肉清洗干净去掉筋膜,切成薄片,改刀切成细丝,放进碗内用鸡蛋清、水淀粉、盐、料酒抓匀上浆,再将芫荽洗净切寸段;锅中加油,烧到约五成热时,爆香葱姜蒜;将已经上浆的鸡丝入锅滑散至变白,下入芫荽段,急速颠翻,最后烹入少许醋、香油,出锅即成。就是这样一道家常菜,到了丛大嵩手里,爆出了"花"来。

丛大嵩做芫爆鸡丝,滑鸡丝的时候讲究热勺温油。先把炒勺烧至火烫,下入适量的油,待油温三四成热时下鸡丝。鸡丝浮起便可捞出控净油;然后将碗里兑好的调料再放入葱姜丝蒜片,将其辛香味浸出;最后才是爆。依旧是旺火热勺,三下合一,把鸡丝、芫荽、调料同时下锅,迅速抖勺,一、二、三!只抖三下,淋明油,出勺!再看这盘芫爆鸡丝,芫荽碧绿脆嫩香气四溢,鸡丝入口,柔韧爽滑鲜嫩,最奇的是鸡丝不是趴着的,个顶个挺着条儿,没一根打弯的!

丛大嵩的高立豆沙也是一绝。高立豆沙是道正宗鲁菜,现在考高级厨师,常常出这道菜做考题。将新鲜蛋清用三四根筷子朝一个方向抽打,使蛋清膨胀起来,能立住筷子,就算合格了,所以称之为高立糊,学名称蛋泡糊。然后将豆沙团成小球状裹上高立糊,下锅炸,豆沙馅小球被高立糊均匀地裹住,油温热时下锅炸,自己就转动了,炸成金黄色,才能达到这个口感效果,口味酥软糯甜,如果偏芯了,就炸不好,炸不匀。如今许多二把刀,不明就里,往往在菜单上把这道菜写成"高丽豆沙",让人产生错觉,以为是道韩国菜,以至以讹传讹,反倒把"高立"二字丢了,也丢了这道鲁菜的技艺。

丛大嵩鲁菜技艺非常全面,在登瀛楼经常制作高档原料菜肴,如高汤燕菜、扒通天鱼翅、红烧大乌参、扒鱼唇广肚等。高档原料菜肴,往往需用高汤,或炖,或煲,或蒸,汤的品质都是最关键的。鲁菜还讲究吊高汤,丛大嵩吊高汤又是一绝。他用老母鸡、猪碎骨、鸭爪、白肉放水里煮开了,把浮油撇出去,再放一块牛肉,大早起就用文火煨上了。到了中午,高汤熬好了,倒到罐子里,放凉了跟冻儿似的。有客人订了桌,或是燕窝,或是鱼翅,中午这罐高汤就能用上。登瀛楼后厨有个不成文的规定,丛大嵩的高汤谁也不能动,因为那是派大用场的,谁要动了,恰如动了大家的饭碗。

好的厨师,既是工程师,又是设计师,丛大嵩将自己的聪明才智全部投入到菜品上。登瀛楼有位常客,人称朱八爷,每每订桌,必请丛大嵩写菜单,鼋鱼、熊掌、驼峰、通天鱼翅、一品燕窝盅,丛大嵩写什么他吃什么,每次必是乘兴而来,尽兴而归。全国人大常委会原副委员长王光英曾久居天津,全家人都喜欢登瀛楼的菜,常常派了保姆来,提一个食盒提篮,荤的素的搭配好了拎走,把丛大嵩的心思、手艺拎回家。

三、出神入化显真功

要做一个技艺高超的厨师,缺乏悟性不行。悟性,是在勤学苦练、勤思苦想中积累的,也是需要一定天分的。丛大嵩就是个悟性极佳的人。

说起悟性,听起来似乎很玄妙,但相对于厨行,却很贴切。炒菜做饭怎么叫好?其中许多境界难以形容,或者说没有统一的计量标准。比如一"鱼"一"羊"为"鲜",这鱼肉、羊肉烧炒出来,达到什么程度为"鲜"?再比如烙饼、煮面条,食客都喜欢面要筋道,那面与水的比例以及火候,要达到什么标准才能产生筋道的效果?中国烹饪几千年,从来没有一套计算公式、没有一套公认的标准,全凭厨师心领神会,这心领神会之中便就气象万千了。

厨师的悟性首先表现在对食材物性的理解上。所有的食材都有自己独特的物性,物性是食材的生命,所以古人对烹饪与食材的关系留下一句名言:"以物循性,以性循法,以法循烹。"也就是说,唯有懂得食材的物性,才能最大地发挥食材的特长,从而烹制出好的菜肴。

鲁菜系又分胶东派和济南派。胶东派以烹制胶东盛产的海鲜为特色,其中大葱和海参是重点食材。

大葱的挥发油和辣素,能祛除腥膻等油腻厚味菜肴中的异味,产生特殊香气,如果与蘑菇同食还可以起到促进血液循环的作用。

海参同人参、燕窝、鱼翅齐名,是世界八大珍品之一。尤其是山东沿海所产的刺参为海参上品。海参的发制极其讲究,要换7次水,用4天的时间。发得不满,海参太韧,嚼不动;发得太久,海参就会太糯,吃起来没咬头,要达到"脆嫩"这个口感,没有真功夫是不行的。

既然大葱和海参在鲁菜中占据重要地位,是否熟知大葱和海参的物性并从容予以把握,进而将它们发挥到极致,就是考验鲁菜厨师悟性的一块试金石了,而这块试金石又常常以葱烧海参这道菜的面貌出现。

葱烧海参是鲁菜系的经典名菜,以水发海参和大葱为主料烧制。一般烹制葱烧海参时,先将海参解冻后洗净,然后切条焯水,在锅内放少量油,烧热后加入葱段,爆香后将葱段装起备用。原锅中加入海参,再加入适量盐、料酒、生抽、冰糖、上汤,然后盖上锅盖焖至汁收,加入之前爆香的葱段,翻炒后淋入稀芡即可。

丛大嵩烹制葱烧海参,有一般厨师不能比的三绝,能将海参和大葱的物性发挥到极致。其一,好海参不切条,500多克一头的海参,行内叫"小猪"的,整个烧。袁枚《随园食单》有言:"海参无为之物,沙多气腥,最难讨好,然天性浓重,断不可以清汤煨也。"要烧这最难讨好的"小猪",丛大嵩的高汤就派上用场了。其二为小碎葱炸葱油。在葱烧海参这道菜中,葱既是主料又是辅料,既是食材又是调料,它与另一主料海参的关系必须处理得当,既要发挥出大葱的物性,又不能喧宾夺主,掩盖了"小猪"的风光。所以葱段要好吃、好看,葱香味要用油熬出来,火候稍一过了就会发苦,火候不到的话葱香不够浓郁。为了强调葱香,丛大嵩特制了小碎葱炸葱油。这就有了其三:火候把握恰到好处。了悟什么食材配什么火候,也是发挥食材物性的关键。古人把烹饪之火分为5种:文火、小火、中火、大火、武火,武火即是旺火。厨行有一句话,叫作"炒菜好炒,烧菜难烧",意思是烧菜要一次性兑入调料、汤汁,决不可中途加水添汤,这就对水与团粉的配比、食材与油的比例、火弱与火旺的关系掌握,提出极高的要求。

由于有了这样的三绝,丛大嵩做葱烧海参就不一般了:"小猪"发好剔除泥沙,焯水完成;选上好的葱白花刀切成段,入锅油炸至深金黄色取出;再切小碎葱,入锅炸成葱油;锅中再放底油,将自制上好高汤和酱油、料酒、白糖、盐等调料勾兑,与葱段一起大火烧开,放入"小猪",中小火㸆入味,收干汁,淀粉勾芡,再淋上葱油,旋即出锅,立时葱香扑鼻,再尝那海参,柔软香滑,一只整"小猪"上桌、入口,菜盘内连一点汁都不剩。

丛大嵩对食材物性与火候的准确把握,还表现在翻勺上。俗话说,内行看门道,外行看热闹。行外人看翻勺,近乎看表演,殊不知翻勺是厨师对火候的一种处理方式,翻勺能达到食材爆炒、着料均匀的效果。翻勺又分正翻、反翻和侧翻,正翻指颠勺使炒勺内食材向厨师怀里方向翻个儿;反翻则正相反,要颠勺使锅内食材向厨师怀外方向翻个儿;侧翻难度最大,即厨师持炒勺使之由右至左水平移动,炒勺内的食材随力颠起,在空中翻身,然后落入已经移动至左边的炒勺里。丛大嵩做干煎目鱼用的就是侧翻。

丛大嵩做干煎目鱼,先取鳎目鱼中段打花刀,然后料腌拍粉挂糊。丛大嵩调鸡蛋糊,多用蛋黄少用蛋清,这样鳎目鱼烧出来表皮干爽焦脆。温油下锅,将鳎目鱼段煎至半熟,捞出沥油;将调好的作料下锅,大火烧料,鱼段再次入锅,中火入味,收汁时使用侧翻技术。只见丛大嵩左手持炒勺,飞快向右一推,手腕一抖,那鳎目鱼段便飞出炒勺,在空中由右向左水平移动,待到它"飞"到丛大嵩左手,那只炒勺已然来到它身下,它便不偏不倚、稳稳地落在炒勺内,鱼段两面都已经入了汁了。这鳎目鱼段空中翻身,宛如体操运动员的表演,腾空、落地,舒展自如。

丛大嵩在长年烹饪实践中,对食材有他独特的理解和把握。鱼翅鲍鱼这类干海货,他摸一摸、捏一捏,就知道肉质如何,发起来能出多少菜。发海参,什么时候煮,什么时候泡,不了解海参物性的人常常失误。丛大嵩却对各种奥秘了然于心,水的热度、浸泡时长恰如其时,让海参体内的纤维充分地饱含水分,达到自然膨胀的效果。干烧黄鱼是鲁菜的当家菜,许多厨师都会做,但对黄鱼这味食材物性的把握却不一定到位。有一次,登瀛楼进了一批黄鱼。那时候还没有冰箱,需要保鲜的食材都用天然冰镇着。有厨师从冰块里拎出一条黄鱼上案,刚一动刀,鱼肉离骨了。黄鱼不成形了,怎么干烧?这菜每日要走许多份,主材拿不出手,怎么办?丛大嵩不慌不忙，叫徒弟找一个陶瓷盆来，注上水，他伸手拈一点盐进去，再将黄鱼泡入盐水中，说："这道菜晚上再烧吧。"众人都不解。到了下午，就见那黄鱼，一条条都支棱起来了。晚上客人有点干烧黄鱼的，烧出来色泽、口感，竟然与平日毫无二致。

丛大嵩对于食材的把握与处理到了出神入化的地步。1975年，他被调到全聚德工作，不再下厨房掌勺，专门负责把堂口，行内称"瞭高"，照应从厨房到大堂，给菜品把关。厨房炒出来的菜，先要经过他这一关，才能送到餐桌上。他对这项工作非常认真，每一道菜都要仔细检查。他检查也有绝招儿，并不动筷子，只用眼睛和鼻子。用眼，看菜炒得好不好，色泽如何；用鼻子，闻一闻便知道放盐加酱是不是恰到好处。有一次，三火的师傅炒了道菜，上菜的徒弟端着往大堂走，经过丛大嵩，他端过来闻了闻，脸一沉说："端回去吧。"徒弟挺纳闷，怎么一闻就让端回去呢？丛大嵩，走到三火师傅跟前说："这个菜肯定口重了。"三火师傅说"不会吧"，连忙尝了尝。一尝之下，立刻连声道歉，原来错把盐当味精放了。后来，丛大嵩掰开揉碎地告诉那个徒弟说："凡是菜，炒出来的香气分厚与薄，香气要是特别浓厚，肯定盐放多了；反之，香气太薄，肯定盐不够。看菜品的色泽也有学问。全爆一出来，菜品有光亮着汁均匀，这道菜准没问题，如果这道菜色泽发乌，乌里乌涂，你看吧，一会儿汁就流下来了，因为兑汁的时候水多了，芡汁稀了没包匀主料，所以色泽不好看。"

四、人品好菜品才能好

丛大嵩掌勺，又烧又炒又爆，一天下来，灶台总是清清爽爽，围裙总是干干净净，不像有的大师傅，灶台上汪着油，脚底下堆着烟头儿，再看围裙，油脂麻花，恰似打油锅里滚出来又让灶底灰给抹了。丛大嵩灶台的洁净业内有名。不少人以为是他喜好干净，却不知那恰恰透出了他对厨业的敬重之情。

丛大嵩非常注重职业道德，他常说："做厨师首先要做人，人品好菜品才能好。"他的人生信条是，老老实实做人，认认真真炒菜。

1957年，丛大嵩回到登瀛楼工作，被安排在二火掌勺炒菜。当时头火是刘树人老师傅，在登瀛楼厨房掌二火的师傅必须是技术全面，手艺好，工作认真肯干的。当时登瀛楼的业务很忙，每天有大量的食客用餐，厨房师傅们忙得就连上厕所的时间都没有，就这样丛大嵩不管业务多忙，每道菜品都是认真操作，从不马虎，炒出来的菜肴色泽漂亮，味道纯正，尤其是爆菜、烧菜、扒菜，汁芡烧得均匀，味道宜人，不塌、不溜、不懈、不骤，扒出来的菜肴整齐不乱。凡是丛大嵩炒的菜，几十年如一日，许多老食客就是奔着他来的，他也为登瀛楼赢得了不少回头客。

丛大嵩为人谨慎，向来不在背后评论其他师傅。他看人总是看人家的长处，人家有什么厨艺自己还没掌握，就积极请教，向人家学习。其他师傅们有不会的或有哪些问题，他也毫不保留，无私地帮助他们。因此师傅们都对丛大嵩非常尊敬。

1976年唐山大地震，天津灾情严重，丛大嵩所在的全聚德饭庄停业。为了抗震救灾，全聚德全力以赴制作馒头支援灾区。丛大嵩当时已经不在厨房工作了，但他还是不顾余震的危险，来到全聚德厨房帮助面案制作、发售馒头。大家劝他回家休息，他摇摇头，转身又不声不响地干活儿去了。

丛大嵩退休后经常担任烹饪大赛评委。因为年事高，主办方提出汽车接送，都被他拒绝。有一年冬天，在水上公园登瀛楼举办烹饪大赛，天空下着大雪，主办方再三要求派车去接他，他硬是不应允，依旧骑着自行车，默默地一个人来，一个人回，结果在回来的路上受了风寒,到家就病了,以至于导致半身不遂。此后天津食品街开街,有家著名酒楼请他出山担任技术顾问。人家诚心诚意登门来请,他说:"我走动不了了,我不挣这个钱!"人家再三劝说,说你就挂个名就行,不用去。他说:"能干吗?不能干你给多少钱我也不干。"生生拒绝了这桩"美差"。

丛大嵩1928年来到天津,始终住单位宿舍,直到人到中年、儿女成行,才分得了一间12平方米的住房。他有5个子女,3个跟在身边,后来小外孙女出生,妻姐的女儿也来天津上学,共7口人挤在这间小房子里。房间里搭起上下铺,孩子、大人连个转身的地方都没有,他却从来没向领导提出过要求。他家里没有煤气灶,长年烧煤球炉子。有一年领导到家慰问,看见他在煤球炉子上做饭,硬做主给他家解决了一个煤气罐。这位做了一辈子厨师、与灶台一辈子为伍的鲁菜魁首,却是天津最晚拥有煤气灶的人。

五、桃李惠津门

丛大嵩鲁菜厨艺高超,却不保守,乐于传道授业。

河北宾馆刚组建时,从河北省选派了一批厨师,其中有保定、石家庄、沧州、唐山、廊坊、承德、邯郸等地的。这些师傅虽然菜系不同,但都以淮扬菜、豫菜为主,天津选派的师傅以鲁菜和津菜为主。

原河北宾馆主厨、沧州籍的常润波师傅,至今提起丛大嵩来都心存感激。他说,丛师傅对我这么大的帮助,我一辈子都不会忘记的。那时常润波才20岁,正是勤奋好学的时候,经常与丛大嵩在一起交流,丛大嵩也特别喜欢常润波,认为他为人实在,工作认真肯干,便主动给常润波传授鲁菜烹调技艺。常润波就及时去实践,在工作中运用,哪里有问题或不会的就及时向丛大嵩咨询,丛大嵩每次都是耐心地讲解。常润波以前学的是淮扬菜和豫菜,经过丛大嵩的传授，常润波学会很多的鲁菜，如酱爆里脊丁、芫爆鸡丝、炒芙蓉鸡片、糟熘三白、糟烩两鸡丝、烩乌鱼蛋鸽雏、清汤燕菜、扒黄肉鱼翅、扒广肚、扒大乌参、醋椒活鱼青蛤等许多鲁菜。从此，常润波与丛大嵩结为了忘年交。

丛大嵩非常爱护徒弟，爱惜人才。中国烹饪大师白庆华1963年被分配到登瀛楼工作。他是个高中毕业生，那时候高中生学烹饪的很少，这批学徒属于中央代培。一进登瀛楼，第一个师傅就是丛大嵩。他特别高兴，因为他早就仰慕丛大嵩的厨艺。登瀛楼很有名气，那时天津有12位有名望的厨师，登瀛楼就占了7位。登赢楼墩上的师傅叫墩案大师、服务大师、面点大师，技术力量相当雄厚。丛大嵩当时在二火，他就给丛大嵩刷勺。刷勺也不是简单的事，丛大嵩擅长爆菜，按常理油勺一定油污多，可白庆华一看，丛大嵩的油勺相当干净。有一次，勾芡用过的锅边他没刷干净，丛大嵩说，小白那个边没刷好，得用沙子蹭一蹭。这事要放脾气大的师傅身上，早吼他了。

让白庆华特别感动的是丛大嵩无私提携后辈。他跟丛大嵩学徒一年后，从料青到了墩上。由于丛大嵩的爆菜特别有名，对墩上的功夫要求就十分严格，所以他一点不敢怠慢。有一次，丛大嵩做油爆腰花，他切腰子，切好后送到灶上，丛大嵩就问，这腰花谁切的？这下把站在旁边的他问傻了。后来旁边的另一位师傅告诉丛大嵩说，是小白切的。丛大嵩说，切得不错。接着，边爆菜边向他讲起了切腰花的窍门。丛大嵩说，腰子要切得打卷，如果打不起卷，从形状上和入味程度上都会受影响，切的时候，从角度上讲，第一刀不要太深，第二刀深一点，它会向第二刀卷，这个角度的腰花特别漂亮。因为这件事，丛大嵩推荐他到了灶上。还没出徒就到了灶上，这在天津厨界成了稀罕事。

白庆华到了灶上，丛大嵩悉心传授厨艺，把自己几十年摸索、领悟的诀窍，毫无保留地教给他。比如鲁菜的爆菜用蒜片，丛大嵩告诉他一定要把蒜片切得薄一点。葱丝呢，不要切得太长，做出的爆菜味道特别鲜美，鲁菜的爆菜需要兑汁，要求在很短时间内一次把所有调味料放进去，保持食材的质感不老，味道还进得去，各种调味品的数量就必须准确。丛大嵩一项项示范，耐心指导。现在，白庆华离开登瀛楼已经50年了，自己也成了中国烹饪大师，但在他的心目中，丛大嵩仍然还是他的师傅。

1964年，丛大嵩开始了教学工作。那年，天津市半工半读烹饪服务技术学校成立，需要教烹饪的老师，就到各大餐馆邀请一些老师傅来讲课，因为丛大嵩技术、人品俱佳，就被聘请来教学。

丛大嵩教学期间，被学生们视为慈父。据王俊荣回忆，烹饪学校招了6个班，其中4个初中班，2个高中班，学生都来自全市各个区的中小学毕业班的学生，在学校学习一年的理论，第二年，学员们都到位于南市慎益大街的实验食堂实习，那里都是高级师傅指导我们。其中脾气最好的是丛大嵩，像慈父一样对待我们，我们都特别尊敬他。有调皮的学生给丛大嵩起外号叫丛大葱，他却从不和学生发脾气，他说："你叫我大葱也好，叫大姜也罢，但我还是要教你技术，喊啥都无所谓。"要是别的师傅早发火了，丛大嵩说："你们将来是饮食业的接班人，技术必须得学好。"无论是调皮的还是爱学习的学生，丛大嵩都一样对待，技术上要求相当严，连操作姿势都手把手地教给我们。丛大嵩一口山东话，学生有时候听不懂就频频发问，丛大嵩从来不烦。他说："我们学徒时是挨打学出来的，炒菜炒不好师傅就拿勺磕你脑袋，翻勺没翻好，把菜翻出去了，回头师傅就把菜扣你身上，就是让你记住了，这个勺应该怎么翻。你们赶上新社会了，条件这么好，国家培养你们，为你们成立这个实验食堂,你们一定要好好学习,将来更好地为人民服务。"

王俊荣说,别看丛大嵩特别和蔼可亲,但对菜品技术要求特别严。当时实验食堂炒出来的菜也对顾客销售。菜炒好了,先得让师傅看,师傅满意了,才能给顾客上。没做好、不能上桌的菜,就当我们的反面教材。有一次班里有个学生炒爆三样,腰花炒老了,咬不动,丛大嵩让他尝尝,他不敢吃。丛大嵩说,你必须得尝,要不下次你还这样做,菜品还是做不好,必须尝尝才能改正。丛大嵩还经常开展现场教学,做出一道菜拿上来,让大家挑毛病,哪好哪不好,丛大嵩就是这样教育我们。松花不好剥皮,有的学生就拿松花往墙上砍,破了就好剥了,但是也糟蹋了不少。师傅就说,谁再这样就请谁家长来,扣你们补贴钱,这样一吓唬,都不敢了。后来"文革"期间,有人让我们发动同学整丛大嵩的黑材料,问他骂过你们吗?打过你们吗?糟蹋浪费东西吗?没有一个人说丛大嵩对我们不好,因为他总是对我们特别和善亲切,所以大家一直特别尊敬他。

全聚德老师傅吕宝义于1965年进入天津市半工半读烹饪服务技术学校学习,曾经在丛大嵩手下工作过8年,对丛大嵩悉心授徒深有体会。吕宝义刚进实验食堂时什么都不会,干什么都不摸门,别的师傅看了都说他笨,可是丛大嵩一句不是的话都没说,就是耐心地教他,从开生、择菜到刀工切配,一步一步地手把手地教,半年的时间下来,吕宝义终于掌握了烹调的基本操作技巧。这时"文化大革命"来了,学生大串连,吕宝义哪都不去,一心一意在丛大嵩手下学活儿。在实验食堂实习两年中,他在丛大嵩手里学习很多的烹调知识。1968年底,实验食堂与全聚德饭庄合并,吕宝义正好毕业,在丛大嵩的劝说下一起来到全聚德饭庄工作。

当时全聚德厨房头火掌灶的师傅叫王铭佑,快到退休的年龄了。丛大嵩一来就在头火掌灶,吕宝义跟着丛大嵩在二火。一般在山东馆拜师学徒头火、二火都是师徒关系。吕宝义已经跟随丛大嵩两年了，丛大嵩特别喜欢吕宝义，一般菜都让他炒，有哪些不对的，丛大嵩就随时手把手地教。除了教学，丛大嵩还带着吕宝义外出学习和技术交流，到水上登瀛楼饭庄找安筱岩，到东升楼找孔宪福，到川鲁饭庄找姜百明，到天津宾馆找常润波等。这些师傅都是各路菜系的翘楚，也都是丛大嵩的好朋友，彼此在菜品上都互相交流，就这样吕宝义又学会了不少菜品和烹调功夫。50多年过去了，一提起跟丛大嵩学徒的往事，吕宝义总是感觉非常幸运，他念念不忘师恩。

中国烹饪大师王文汉1975年11月进入全聚德饭庄工作。刚进入全聚德饭庄厨房，他就被安排看大灶（蒸锅）。因为他是1975届天津市财贸学校烹饪系应届毕业生，之前在财贸学校学生食堂已经看过蒸锅。这样，他就没能拜在丛大嵩门下为徒。丛大嵩虽然不是他的师傅，但仍然通过交谈，传授给他很多烹调技术。丛大嵩告诉他，走芫爆菜肴的时候，一定掌握好火候和时间，如果掌握不好一定要数数，并亲自操作芫爆鸡丝，让王文汉有了一个直观感受。

丛大嵩诲人不倦，王文汉也就勤学勤练。他手底下工作干完后，经常到大厅跟丛大嵩请教。那时候丛大嵩已经不在灶上了，专门在厨房与大厅之间把着，负责菜品的把关，于是这把关之处就成了丛大嵩的教学课堂。每道菜过来，丛大嵩必让王文汉看，有不懂不会的，王文汉就问，丛大嵩就给他讲。他讲做全爆菜肴关键的几个步骤，水焯辅料时一定要开水焯熟但不能过火，用凉水拔时一定要凉透了，这样原料能保持鲜嫩。尤其是上浆，上浆之前应将原料的水分挤净，然后放入盐、料酒喂一下，再放适量的湿淀粉（湿淀粉不能含有水）抓均匀后放入鸡蛋清，搅拌均匀放入冰桶里镇一下（过去没有冰箱都是用天然冰炸成碎块放冰桶里冰东西）。按照丛大嵩讲在冰桶里醒一醒,目的好让原料和浆糊融合一起。浆要是上不均匀,一旦脱浆,用行话说叫脱袍,就溜了,走汁时挂不上,溜汤了,味也挂不上,菜肴炒出来色泽不亮发灰,味道吃不出来,也没有香气,所以上浆特别关键。原料过油滑时,要根据原料质地老嫩分前后顺序一步一步操作,鱼肉、虾仁肉质鲜嫩应放在后面滑制,肉丁、鸡丁肉质略微硬一些先放入油锅滑制,这样出来的菜肴肉质同时一块熟,不至于出现肉质有老有嫩的情况。丛大嵩还说,炒全爆不都是用旺火,滑原料时候,需要用温油,但是火候一定要掌握好,油温太低了或太高了,滑出来原料不是脱浆了就是炸黄了(炸老了),所以油温要掌握好,炸出来的东西才漂亮,但是菜肴要出锅时一定要火旺,爆炒就是旺火操作,这是不能含糊的,炒出来的菜肴干净利索,汁包主料、明汁亮芡,味香四溢。丛大嵩一口山东话,王文汉难免听不懂,有时候一道菜要问十几遍,丛大嵩从来不烦,反而很高兴。

丛大嵩授徒也不是无条件的,他挑人,如果他看这个年轻人肯干爱学,他便百问不厌;如果他看这个年轻人调皮捣蛋,干活又偷懒,这样的人来请教他,他就不愿意讲。他说:"我不是不教他,是因为给他讲他不用心听,也不愿意学,这不是白耽误时间吗?还不如给那些肯学肯干的孩子们说说了。"

有一次,一位厨师烧二冬,那笋条特别白,颜色不好,而且还硬。丛大嵩当时就挡在厨房门口,没让这道菜进大厅。他告诉王文汉说,这个笋条没弄好,炸的欠火,拿酱油腌的时候没淹透,口感上肯定有笋的涩味。从这道菜,丛大嵩举一反三,给王文汉讲开了鲁菜的烧法。丛大嵩说,烧菜讲究的是汁,如烧二冬,因为笋条不好入味,应该先用水煮一遍,煮透,去掉笋的涩味,再用酱油盐腌一下,入味着色,那时香菇没有鲜的都是干的,得发透了,用水煮透,然后先炸笋条,炸至外皮有金黄色时再下香菇炸,最后放小油菜用油一冲控净油,勺里放底油葱姜米用微火炝锅,烹酱油、高汤,放盐、白糖,再把笋、香菇、油菜一起放锅里烧,烧至入味将笋、香菇、油菜搭出来,收汁待至黏稠,再把笋、香菇、油菜放锅里翻炒,使汁滚入原料,上淋香油出勺。这菜出来才能红亮。王文汉都一一记在心上,此后受益无穷。

丛大嵩经常参加饮食行业赛事评判工作,还参与烹饪教材编撰工作和教学工作,他带出的优秀厨师屡屡在厨艺大赛中获奖。1959年,全市烹饪技术大比武在元和裕饭庄举行,他的徒弟范贵生上场的时候,灶台前里三层外三层,围了许多人,还有的人站在后边看不到操作,干脆站到桌子上。范贵生那天表演了芫爆鸡丝、糟熘三白、酱爆鸡丁,都是鲁菜系的家常菜,却拿了个第一名。1983年,第一届全国烹饪大赛在北京举办,他的徒弟孙元明参赛。孙元明凭借张学良府邸的私家菜醋椒鲤鱼这道菜获得了十佳选手称号。

晚年的丛大嵩半身不遂,不能上灶了。他把毕生所得分门别类口述出来,让女儿记录,共有600多个菜品,从选料、发制、作料调制,到火候把握、操作要领和诀窍,记录得非常详尽,可谓是鲁菜烹饪经典。可惜后来这些文字都遗失了,成为天津厨界的一大憾事。

(部分资料提供者:白庆华、王文汉、吕宝义、常润波、丛桂华、王凤竹、

徐炳等)

一代国厨荣益海

许 先

荣益海
(1905-1987)

荣益海，1905年3月6日出生于河北省三河县荣家庄。1918年至1924年在北平交通部食堂跟随师傅张定帮学徒。1924年至1931年在天津国民饭店任厨师。1932年至1937年在河南许昌、宁夏等地任厨师。1937年至1952年先后在天津国际饭店、花露春饭店、中原酒楼、利顺德大饭店等处任厨师。1954年至1975年在天津饭店任主厨。1975年在天津干部俱乐部任主厨。可以说，荣益海的一生都贡献给了他热爱的餐饮烹饪事业。

荣益海从事烹饪工作数十年，是天津市屈指可数的特一级中餐烹调师。他不但精通淮扬菜、川菜和津派本帮菜的烹制技术，而且对其他菜系也具有丰富的经验。他在继承传统的基础上经过多年的实践，研制出的果汁盘龙大虾、苹果鱼肚、清蒸鼋鱼、香酥芝麻鸡、蜈蚣海参、麻酱海参等代表菜，色、香、味、形俱佳，成为利顺德大饭店、天津干部俱乐部等名店的招牌菜。

荣益海还善烹全素席。他的招牌菜清汤燕菜、清汤官燕、素扒鱼翅、蟹黄鱼翅、卷凤鲩鱼、鸡茸干贝等不但形象逼真，而且口味纯正，达到了登峰造极的艺术高度。

荣益海曾多次接待党和国家领导人及外国贵宾。每次任务都是亲自上灶，圆满地完成了一次次的重大接待任务，为国争光。鉴于他的艺德和技艺，荣益海于1959、1960年被评为天津市人委企办室（政府接待单位）先进工作者。1980年被授予旅游总局优秀厨师称号。1982年被评为局级先进工作者。

荣益海的另一个重要贡献是为天津的餐饮业培养出一批优秀的接班人。多年来，他向徒弟毫无保留地传授艺德和技艺，其中培养出特级厨师十多名，他们成了天津市机关事务管理局、天津市旅游局系统各宾馆饭店的名厨师，特别是培养出了后来的利顺德大饭店的主厨、享誉中外的耿福林大师。

一、豪门家厨

清末民初的天津是饮食文化与餐饮业发展的一个高峰时期。当时，一些宫廷厨师和戏剧演员流落到了民间。天津毗邻京都，又有九国租界，是外国资本的滩头，是华洋文化交汇的"销金窟"。失意的王公贵胄、下台的军阀政客，纷纷来到天津做了寓公。他们无所事事，整天吃喝玩乐。而失去宫廷依托的高级厨师和大牌演员，则找到了新的用武之地。一些高级厨师进入了公馆、大宅门，推出了豪华精美的大宅门菜。然而，在豪门做家厨也并非易事，那些主家下箸万钱，变着法地挥霍，以满足口腹之欲。饭菜稍不如意，对家厨动辄责骂，甚至赶出宅门。所以做大宅门的家厨，一要厨艺高超，可以坦然应对主家追求高档、享受的要求；二要灵活善变，随时满足主家的特殊要求与不断变化的口味。

荣益海的厨艺高超，就是得益于年轻时为名府大宅门做家厨时练就的一身硬功夫。

1.张府家厨

1917年7月1日,张勋与康有为拥戴溥仪复辟,至12月为皖系军阀段祺瑞所击败,逃到天津做了寓公。在天津,张勋购买了一所西式别墅楼房,坐落在现天津河西区浦口道6号。张勋很会享受,他的主要爱好是听戏和美食。为此,他从上海、北京请来名厨,并给以优厚报酬。20世纪20年代初,刚出师的荣益海,就被请至张府做家厨。

张勋是江西人,虽然驻扎在徐州却总忘不了家乡风味,所以每年都由其二弟从老家奉新寄来烘鳅鱼、腊肉、辣椒末、豆豉及米粉之类。他喜欢吃的一道菜是西瓜盅鸭,做法是将一个完整的西瓜皮(整瓜去瓤),贮入肥鸭一只(鸭去内脏),放入燕窝、干贝、海参等各种海菜,然后入瓷钵,隔水清炖。还有一道荷叶稀饭,又名翡翠粥。即用新摘嫩荷叶,洗净、切碎,熬成浓绿色的汤,加白糖,用无锡出产的香稻米,煮成色、香、味俱全的粥。张家膳食之精细,于此可见一斑。

张勋有一妾名叫邵雯,很讨他喜欢。邵雯非常爱吃荣益海做的砂锅全鸡。此菜营养成分高,属于高蛋白、低脂肪、低糖、低热量食物。张勋爱吃的荣益海的特色菜有干炒牛肉丝、香酥鸡腿、砂锅全鸡等。

2.曹府家厨

在天津做了寓公的曹锟很喜欢美食。他的饮食习惯是每顿饭都要喝上一点白酒,主要喝天津产的直沽白酒,偶尔也喝点洋酒。荣益海在20世纪20年代末、30年代初,曾在曹家做过厨师。

曹锟的四夫人刘凤玮是天津郊区人,家世贫寒,从小学戏,专攻老生,其名曾轰动京津。她虽然文化程度不高,但心地善良,聪明好强,尤其痛恨日寇暴行,有很强的民族自尊心。她很喜欢喝荣益海做的粥。一次,几个日本人身着便装,探访曹宅,欲邀请曹锟出山。曹锟本想见面,看看他们到底要做什么,但被刘夫人拦住,并冲着门外高声叫骂。日本人走后,刘夫人对曹锟说:"就是每天喝粥,也不要出去给日本人做事。"后来,大汉奸高凌霨来劝降,曹锟大声吼道:"你给我滚出去,当了汉奸还敢登我曹家的门,我宁可喝粥也不当汉奸!"结果汉奸被吓走,从此再也不敢露面。就是这句"宁可喝粥也不当汉奸"的话,传为彰显民族气节的一句名言。

曹继丹是曹锟长子曹士岳之女。据她介绍,曹氏公馆私家菜不仅带有一些家乡大沽口地方特色的风味,还由于曹锟受西方饮食习惯影响颇多,荣益海在给曹氏公馆配置私家菜中便包含了一些典型的西餐菜品。曹继丹根据父亲的讲述,整理出满满几页当年荣益海设计的曹氏佳肴的菜谱,摘录如下:

荸荠虾球——这是江苏菜里的一道传统名菜。炸虾球是以冰鲜虾为主料,配以猪肉,将荸荠剁碎,加调味品拌匀后挤成球形,再滚上馒头屑炸制而成。特点是要用七分肥三分瘦的猪肉加入火腿、荸荠、笋丁等辅料,特别之处是要搭配虾子制作。成菜色泽金黄,具有外酥脆、里鲜嫩的特点,很有嚼头。

什锦冬瓜盅——平实的冬瓜在荣益海的手中被雕成如艺术品一般。将干(鲜)贝、海米、大虾、火腿、鲍鱼、海参等原料煨好后,放入冬瓜盅内上屉蒸。

曹氏八宝鸭——将各种山珍和海味用调料煨好后与江米拌匀,放入鸭腹中蒸制,再用蚝油等调料浇汁。

清蒸鲥鱼——此道菜有别于其他公馆的做法是:先将鱼鳞取下,用线穿成串,和鱼一起蒸。蒸鱼时放入火腿、香菇、肥肉片、绍兴酒和笋片等。蘸姜末和醋食用。

蒸海蟹膏——将家乡大沽口一带出产的海蟹放入容器里，先取出蟹黄另做他用。然后用银锤子砸蟹，加入葱、姜水和料酒，一点点浸泡过滤，将蟹肉与壳分离开来，最后只剩下白白的蟹肉。再放入一点淀粉，上锅蒸熟。吃的时候蘸姜末、醋、香油。

俄式红菜汤——先用牛尾、香叶、胡萝卜、洋葱、芹菜熬汤，待汤好后将里面的原料去除。另起锅加入一点油，再放入黄油，小火煸洋葱，放入西红柿、香叶、黑胡椒、紫菜头等，炒好后再把汤倒入，然后加入土豆、洋白菜和芹菜，以及盐、白醋、奶酪和鲜奶油。熬制好的红菜汤红白相间，香气扑鼻。

葱油海参——这道菜需要先将葱放在油中烹香，用葱油烧制海参，然后再将葱段和鲜贝放入锅内一起烹制。美食家康有为曾在曹家住过一段时间，非常喜爱这道菜。

曹锟最喜欢吃荣益海做的煎虾饼与炸虾球。此菜出于水西庄名菜谱，肉用带肥肉膘的熟猪肉，可以调节虾的鲜味；虾球内要放南荠，以调节口感。曹还喜欢吃荣益海做的拔丝菜。拔丝葡萄难度大，火候掌握不好会出水，拔不出丝来。拔丝香蕉里要夹豆沙馅，吃来糯香满口。

3.马府家厨

荣益海在1932至1937年在宁夏待过，其间曾被马步芳请去做菜，其中以扒牛肉条、油爆鸡丁、拔丝香蕉加豆沙等菜最为出色。

荣益海给这些大宅门做家厨，看起来非常风光，实际上却过着如履薄冰的日子。话说回来，世上之事皆为祸福相依、有失必有得的。荣益海正是有在豪门做家厨的经历，什么阵势都见过，所以才具备了艺高人胆大的特点。

二、国宴大师

1.名店摆国宴

荣益海继承并发扬了利顺德大饭店"历史美宴"传统,推出了独具特色的创新美馔,如"鳕鱼创意美馔",包括酸橙风味鳕鱼沙拉配甜菜根、鳄鱼和鳕鱼肉饼,以及经典炸鳕鱼条配豆泥及自制薯条;还有别具亚洲风味的鳕鱼菜式、芝麻蒸鳕鱼配日本风味汤,以及泰式风味的绿咖喱鳕鱼配米饭。国内外嘉宾在享用各式海鲜佳肴过后,还可品尝美味甜品。如香蕉奶油派配杏仁焦糖,以及奶油酱烤芒果酥饼等。

荣益海还创新了海参菜,如虾子扒乌参、麻酱海参、蝴蝶海参、蟹子海参、乌龙戏珠等,丰富了国宴的内容。

荣益海还将西餐本土化,如将凯撒沙拉,以小长叶莴苣配培根碎和蒜香面包丁配凯撒酱;煎肉眼扒,煎好的肉眼撒上胡椒碎,配奶油韭葱土豆和绿胡椒酱;以及新鲜乳酪蛋糕配鲜果等。

荣益海对菜肴的创新,反映出了中国优秀饮食文化以及天津本土文化相结合的特色。他创新的荷叶米粉乳鸽、太极明虾、五香童子鸡、白叉烧肉、蟹粉狮子头等名菜,赢得了世界上多名权威的美食家的赞誉,至今还是利顺德大饭店的招牌菜。

1962年,周恩来召集43个国家的记者招待会在天津召开,利顺德饭店承接了接待任务。在荣益海的指导下,饭店根据亚欧人以及不同民族的宗教及生活习惯、不同口味,配置了适宜菜肴,吃出了文化、吃出了水平,得到了与会者的赞扬。

荣益海在摆国宴时,一般是做西餐满足外国人的饮食习惯,早点是西餐,午晚餐则摆中餐。荣益海最拿手的是,晚香玉炒虾仁、干煸牛肉丝、黄焖鱼翅、蚝油扒鲍鱼、麻酱海参。他精心制作的菜肴,一是好吃,二是造型美观,三是口味适中。

荣益海在传播中华食文化方面特别走脑子,想得很细致,考虑得很周到。比如,美洲客人不吃海参,爱吃炸的东西,荣益海就研究做什么菜能使客人满意。中餐讲究"顺四时而适寒暑",出于养生健康,什么季节用什么菜都有讲究。比如在伏天吃清蒸鳎目鱼,清淡爽口、营养丰富。秋冬季节,荣益海就研究什锦火锅、汽锅鸡,配菜品四季各有不同。什锦火锅里配料有虾、海参、鱼肚、鸡肉、金华火腿、油菜心、大白菜、粉条垫底,鸡、鸭、鱼、肉、虾等10样东西,都摆好了像一朵花,红的、绿的、黑的、白的颜色搭配,造型优美,不但营养丰富,还增加了宴会的气氛。

做素菜过去用太谷菜,还有蒲笋(就是在水里长的蒲草),现在这些菜都断档了。荣益海做的香菇扒太谷菜,颜色漂亮,营养丰富。

饭店承接重要宴会的菜单要经过领导审查批准,哪些菜能做,哪些菜不能做,要求非常严,比如香酥鸭。这本是道湘菜,荣益海创新移植过来用于国宴。此菜注重工艺造型,讲究原料配合,形态美观,色调柔和,集酥脆、软嫩、鲜香于一体,深受各方宾客欢迎。周恩来在招待国宾时,曾把这道菜推到国宴上,受到各国领导人的好评。后来,香酥鸡成了国宴保留菜品。

荣益海曾推出了什锦拼盘(冷菜),盘子非常漂亮,用不锈钢做的,一尺六的大盘子,有轴承,可以转着吃,是利顺德的一大亮点。盘子中间用萝卜雕刻成花,用旱萝卜刻成一个花盆装上,外边摆一圈冷菜,造型美观,既能吃菜还能观赏。许多外国人看到特别新鲜,拍手称赞。1971年,我国还没有和美国建交,美国派某电视台的台长来天津采访。外事办公室要求利顺德大饭店的宴会接待既要隆重,还要有档次。那天正好赶上台长夫人的生日,客人提出要求过一个中国式的生日。荣益海用食材刻了一盆菊花,用山药蒸熟做了一个大寿桃,内有豆沙馅,里有核桃仁、葡萄干。端上来以后,黄菊红桃，美食飘香。美国人高兴得直鼓掌，客人的生日过得新奇又有意义，特别要求和厨师合影留念。

荣益海还特别注意菜品的营养，注重食疗保健。他有一个拿手鼋鱼菜，名叫芙蓉出水，非常适合春节前后吃。鼋鱼热量高，滋补性大，营养价值高。做法是，先将虾和肥肉膘用鸡蛋清起泥子后，做成小虾丸子，再将鼋鱼加工处理。虾丸子汆水后，将笋丁、香菇丁、火腿丁、莲子兑好口味放在鼋鱼肚子里，再盖上盖放在盆里蒸。菜上桌后，服务员掀开鼋鱼盖子，虾丸子就跳了出来，如同芙蓉出水，让客人喜出望外，大呼新鲜。荣益海还能做凤翅红烧鼋鱼。方法是用鸡翅腌完过油炸，再烧调味，摆放一圈，中间摆鼋鱼。可见荣益海的厨艺高超。

荣益海常做的菜式有：

麒麟鳜鱼。此菜选料特别精，要求鱼重1.25千克，用头、尾和鱼肉，不要大梁骨。然后片成鱼片，放料酒、胡椒粉、盐腌制，再用葱姜水汆熟备用。将鱼片、香菇片、金华火腿片花着摆成三行，再将鱼头鱼尾摆好，看上去是一条整鱼形。三行的中间放菜心，摆好后上笼屉蒸，出锅后用原汤勾芡，原汁原味、红绿分明、清淡爽口、造型美观，非常适合夏季吃。

过去加工水产的食材大都是冷冻的，就是鳜鱼必须要活的。有一回，日本艺术代表团来天津访问，提出要吃干烧鳜鱼。荣益海就千方百计买来活鳜鱼，配以肥肉丁、冬菇丁、冬笋丁、青红辣椒丁，出菜五颜六色相当漂亮。干烧做出的菜味道浓，口感咸中带甜，一点不腻，菜做得很到位。客人品尝后特别满意。

香酥芝麻鸡。荣益海烹此菜用当年的公鸡，用花椒、大料、丁香、桂皮、葱姜、酱油、料酒、香油等料腌好上锅蒸。去骨后，将鸡翅、头、腿留着，和鸡蛋糊（调鸡蛋糊时放点油，炸出来脆），皮朝下，涂抹上芝麻,过油炸好后装盘摆出鸡形。

菠萝鸡。荣益海做这道菜用嫩鸡、菠萝,加上普通的白菜、白芝麻、盐、糖、姜等调料。然后,经过家禽肉与水果的合理配伍,再经过一番"烹调五味香",便具有了"温中益气、祛脂降压、补虚益智"的功效,菠萝鸡就成了一道好吃又营养的菜肴。

蜈蚣肉。荣益海烹此菜用猪后腿肥瘦均匀的肉,切成连块刀花,一抻像手风琴似的,然后过油炸,后再烧,出甜口。摆盘成蜈蚣形,再配上海参,肥而不腻,口感好。

鸡茸干贝。干贝是海里的蛤蜊干制品。烹此菜时,荣益海一般用澳洲的贝,个大鲜嫩。先用温水发开后,用葱姜上笼屉蒸,把水分吸到贝里,使干贝成为鲜贝。将贝手撕成丝,用鸡肉砸成泥子和鸡蛋清调糊,放40℃—50℃油里炒,糊一沾油就涨起来,炒出来像雪花一样白的芙蓉。窍门是要用8个蛋清,2勺团粉,多了少了都不行。将干贝放在芙蓉里,上边加上金华火腿末,金银色夹红色,非常漂亮。

清蒸鲥鱼。荣益海烹此菜,鲥鱼不去鳞,用不锈钢的盘子,劈开蒸,要鱼全头全尾。蒸前先用开水烫,鱼鳞就炸起来了,营养也就突出出来了。然后放胡椒粉、料酒、盐、鸡汤兑好后,点点油,放肥肉片、虾干、冬菇、冬笋、葱姜片,摆在鱼上,上笼屉蒸。蒸一刻钟即可,吃时用醋和姜蘸着吃,清香可口,营养丰富。

龙井虾仁。烹此菜要用50克龙井茶沏水,第一遍茶水不要,第二遍的茶水兑炒虾仁的汁。此菜取茶叶的清香、河虾仁的脆嫩。炒熟后再撒一点茶叶,荣益海说此菜就是要龙井茶的清香味。

荣益海摆国宴经常上桌的拿手菜还有一品官燕、荷花鱼翅、蟹黄鱼肚、扒银鱼、奶油银鱼、盘龙大虾、果汁大虾、晚香玉大虾等名菜。

20世纪80年代,天津举办大型体育赛事。利顺德大饭店负责承接各参赛国国家领导人的食宿任务。荣益海将津派本帮菜及多种地方风味菜,融入西餐元素,加上冷拼雕刻、面点,还特别关注到不同国家和民族饮食文化习惯,受到了各国朋友的好评。

荣益海根据不同国家客人需求,研究出不同美食菜肴的制作方法。日本饮食讲究"艺术性"和"优雅感"。荣益海在为日本客人配制的食品中,其菜名与自然景物有关的就占总数的一半以上,如松风、红梅烧、矶松、桃山、牡丹饼,以及时雨、落雁等。凡是吃过荣益海配制的日式料理的人都会感到,与其说是让人饱口福,倒毋宁说是让人赏心悦目。荣益海还会根据客人要求,烧制不同的鲑鱼菜品,如为日本客人把鲑鱼制成刺身或寿司,亦会把鱼头制成盐烧鲑鱼等菜式;为欧洲及美国客人以烟熏方式制作熏鲑鱼,或把鲑鱼制成罐头以便储存。此外,有些客人会觉得三文鱼口感滑腻,吃多了就会感觉油油的。荣益海就让客人在生吃三文鱼的同时,也加一点萝卜,或者做成银丝三文鱼,则口感和形状都很好。

韩国人对饮食很讲究,有"食为五福之一"的说法。韩国菜的特点是"五味五色",即由甜、酸、苦、辣、咸五味和红、白、黑、绿、黄五色调和而成。韩国著名的乡土名菜主要有:各种生鱼片、木浦臭酶鱼、光州炖乳猪、烤牛肉、生拌牛胃(即牛百叶)、人参鸡、神仙炉(类似中国的火锅)。荣益海制作的大酱汤、辣白菜汤就是韩国人最喜欢吃的,也是最常吃的食物。大酱有益身体健康。但是过去吃韩国菜没有配料,荣益海便就地取材自己配制出来。他做的韩国风味菜,很受韩国客人欢迎。

东南亚一些国家的华裔和港澳同胞喜欢吃龙井鲍鱼。荣益海为贵宾做的龙井鲍鱼也特别有名。其方法是将鲍鱼去花边,片成薄片,用原汤泡上。玻璃杯内放入龙井茶叶,用开水冲泡后弃去头道茶水,再冲入开水至茶杯2/3处,将玻璃杯倒置于玻璃盏中央。锅上火,注入清汤,加入鲍鱼片、盐、胡椒粉、料酒、味精烧开,撒入豆苗,然后沿玻璃杯周围缓慢倒入玻璃盏内。食用时,用手轻轻推动玻璃杯,使茶水从杯底缓缓溢出,茶叶会留在玻璃杯内。此菜既为美食又有观赏性,乃是一种高雅的享受。

接待柬埔寨、越南客人时,做鱼肉,要精益求精。荣益海一般上黄钻鱼肉、扒裙边、栗子白菜等。栗子扒鸡的鸡要从脊背开刀,放上栗子在笼屉里蒸。用炒糖色方法炒出枣红色,表现出天津特色。荣益海做粤菜更有绝活,如处理鳝鱼,鳝鱼很滑,不好抓住,荣益海挥手用刀一刮,鳝鱼三棱刺就出来了。他做的粤菜鲜嫩可口,很受客人欢迎。

2.接待领导人及国宾

1949年后,荣益海曾多次奉命接待党和国家领导人及外国贵宾。根据毛泽东的指示,宴请外宾,要求节俭、实惠,吃着还得舒服,其火候很难把握,但是荣益海每次都圆满地完成接待任务。

一方水土养一方人。毛泽东虽为革命领袖,但依然保持着劳动人民的本色,生活非常俭朴。他在天津视察工作,一日三餐依然是家乡风味,喜欢吃带骨头的鸡和带刺的鱼。比如武昌鱼的刺特别细,而且还很多,可是毛泽东不怕,吃起来也不觉得麻烦。吃鸡肉也是如此,不带骨头的鸡肉,毛泽东吃起来就感觉不那么香。毛泽东到了哪里也离不开腊鱼、腊肉、腊八豆、豆豉辣椒、辣椒炒苦瓜、泥鳅煮豆腐、韶山鱼等这些家乡土菜。1972年2月,美国总统尼克松访华。宴请尼克松时,荣益海去北京为国宴配餐就是用了红烧肉等菜招待国宾。

刘少奇曾多次来到天津视察工作,夫人王光美也经常随行。他们非常喜欢吃荣益海做的菜。

王光美主张"食全食美",以清淡食品为主,杂粮、蔬菜、水果,都是她非常喜欢的食物。她不轻信吃肉不好,肥肉也能吃上几块;她不以为糖是"杀手",一直喜欢吃甜食,吃起西餐也是津津有味。她说,"吃得杂一些,营养更丰富,更有益于身体健康"。荣益海在接待刘少奇、王光美时,提前熟悉了他们的口味,会根据他们的饮食习惯,安排餐饮。所以每当有小点心摆上餐桌,如小蛋糕、布丁、绿豆糕、豌豆黄等,王光美就特别高兴。

周恩来不但是一位政治家、军事家、外交家,还是一位美食家。他在天津生活学习过,所以也像天津人能嚼出一般人嚼不出的味道,喝出一般人喝不出的名堂。荣益海讲过,1958年,周恩来来天津视察,能说出几十种中国名菜。在宴请客人之前,他经常列出搭配得当的菜谱。另外,他还对天津的萝卜菜情有独钟。例如,风干萝卜、凉拌萝卜、珊瑚萝卜、清炖萝卜等菜肴和萝卜水饺、萝卜蛋糕,他都特别喜爱。他曾说:"我就是喜欢吃萝卜。"周恩来在南开大学视察工作时在餐厅对炊事员说:"给我来一盘5分钱的萝卜,再加2分钱的咸菜。"末了,还补充一句:"你们千万别再给我做菜。"荣益海回忆说,给周恩来上菜,除了有一种亲切感,还能获得一些意想不到的知识,深受教益。

荣益海曾讲过:"朱德总司令不是厨师,但是他了解厨师,尊重厨师,所以他的品德我最佩服。"朱德的儿子、媳妇就住在天津,朱德来天津视察工作就和利顺德的厨师荣益海交上了朋友。朱德经常向荣益海要一些比较清淡的菜,如小菜和山野菜,他每顿都吃得很香,称赞这些菜新鲜可口。荣益海听说过,在云南昆明时,曾经因为厨师的一碗燕窝煮鸽蛋,就受到了平日里和蔼可亲的朱老总的严肃批评:"我现在吃的已经很不错了,谁让你们还给弄这些东西?既然这样,这道菜的钱,我付了。下次你们要是再这样搞,我可要

'罢吃'了。"弄得厨师很尴尬。所以在他的餐桌上，没有燕窝、鱼翅之类的名贵菜肴，大多是拌香椿芽、肉丝炒豌豆、金雀花炒鸡蛋、青蚕豆焖米饭之类的家常饭菜。

此外，在接待外宾时，荣益海也特别注意尊重对方的礼仪。前苏联元帅伏罗希洛夫来中国访问。接待中，荣益海就特别小心，不但在菜品上注意要有中俄两种菜肴，还要讲求实惠，特别叮嘱服务生上菜时注意礼节。根据前苏联礼节，上菜的顺序首先是伏老的女儿，然后依次为夫人、贵宾、主人。倒酒、上毛巾、换盘子都得按这个顺序，一定不能差。

三、厨艺与厨德

作为利顺德大饭店能开国宴的大厨师，荣益海有着精湛的烹调技术。他的高超厨艺出自对餐饮文化的挚爱和对事业的认真负责与精益求精的精神。其突出的表现是对天津本土菜的继承以及勇于学习全国各大菜系的优秀成果，并且不断创新。

荣益海认为，天津人的饮食习俗的形成同它所处的环境有密切的关系。历史上的天津，因为河多、湾多，加上湖、淀、塘等，水域宽阔，距海又近，故水产极为丰富，品种也多。河鱼、海鱼、虾、蟹、蚌类，应有尽有。天津人喜食海鲜、河鲜，就是由这得天独厚的优越条件决定的。天津人有两句俗语："当当吃海货，不算不会过"；"吃鱼吃虾，天津为家"。道出了天津人对海鲜、河鲜的特殊爱好。

荣益海还讲，其实全国最爱吃鱼的，最早应该来自于"千湖之省"的湖北，源于楚国的鱼席。壮阔的长江和汉水贯通全境，秀美的洞庭湖、洪湖与梁子湖镶嵌东南，渠港交织，水网密布。这种独特的地理环境，形成了鄂菜以"水产为本，鱼鲜为主"的特色，以团头鲂、鳜、鲫、青鱼、鳝、乌鳢、甲鱼等10大名贵淡水鱼作为烹饪原料，拥有数百种风味鱼菜,几十种风味鱼席,很值得我们学习借鉴。荣益海不仅传承了全国各地鱼宴的传统技艺,而且结合天津本地的风土人情,将这一技艺发扬光大。他采用剞花等特殊的刀工处理,通过氽炸、茸糊、塑形等技法,可以变幻出松鼠、金狮、葡萄、菠萝等图案和鱼丸、鱼糕、鱼片、鱼丝、鱼粥等不同菜式,不仅"形变",而且"味变",使整个鱼席异彩纷呈,成为适应不同口味食客的佳肴。其中应以鼋鱼氽技术冠绝天下。

出水芙蓉。这是一道鼋鱼菜。烹制鼋鱼本是传承自鄂菜的精品,在荣益海的手里得到了创新和发挥。尤其是他将清蒸或者红烧的技法精益化,将精致的虾球或者鸡翅等辅料以不同的色、质、味、形交相错杂地编排在鼋鱼盖内,揭盖后,清蒸要香馨扑鼻,红烧要秀色满桌,而且吃起来要油而不腻。尽管是不同国度、不同民俗、不同身份的食客在食用此菜后,男士都会神清气爽,女士更加风姿绰约,可以给食客在食欲和心理上最大的满足,充分展现了天津餐饮文化的魅力,为中华宴席增色添彩。

荣益海做的鼋鱼菜,营养丰富又美味大气,成为利顺德的看家名菜。过去,在过春节时,很多达官贵人纷纷来到利顺德大饭店,专门点名吃荣益海烹制的鼋鱼菜。

一品官燕这个菜的制作过程难度大,技巧在发燕窝上。发燕窝用碱,碱小了发不起来,碱大了就化了,这个过程非常关键。然后去杂质,用镊子拔毛,把沙子洗净后用开水涨发开。发好的燕窝像棉花一样白里透亮。发好后,再用开水淘三遍,把碱味淘出去。

老话说:"唱戏的靠腔,厨子靠老汤。"没有老汤,燕窝的营养价值与味道都好不了。荣益海调汤特别有学问。他用老母鸡、肘子、鸭子、腩腿,用半天时间吊这个汤,将味道和营养都溶在汤里。难点在于,汤要味厚,看着还得清亮。燕窝放在汤里,一看到底,一点杂质都没有。怎么清这个汤?荣益海用鸡肉剁成茸,用水澥了,倒汤里一见开,鸡肉就凝成了饼子,把汤中的杂质都吸附了。然后再把鸡肉梢子捞出来不要,只要高汤,使一品官燕一清到底,为了看上去更美观。之后,还得把豌豆苗(绿的)、金华火腿(红的)切成细丝放在燕窝中,叫锦上添花。

荣益海的绝活在于,采用双套汤与官燕配伍,成品久享盛誉。在1987年首届"群星杯"津菜烹饪大赛中,荣益海技惊全场,此菜获得殊荣,享誉中外。

荷花鱼翅。鱼翅菜是中餐的高档菜,现出于生态保护与环保已然不再食用。荣益海制作的荷花鱼翅,是将鱼翅菜做成一盆荷花形。其做法是,先将鱼翅做成凤尾形状,然后将鸡料子炸好,放汤勺里。鱼翅沾鸡料子。金华火腿切成碎末,放在鸡料子(荷花瓣)上。上锅蒸,鱼翅就都粘在鸡料子上了。然后把汤勺抽出来,就形成一个红色花瓣。摆盘时将红色朝外,鱼翅朝里,像一朵荷花,再勾上玻璃芡,就成了一件漂亮的艺术品了。此菜深受归国华侨和亚裔高级官员及商贾的欢迎。但荣益海强调,制作时要注意去除鱼翅内毒性物质汞,而且孕妇和育龄妇女,不宜食用。

扒蟹黄鱼肚。荣益海做的扒蟹黄鱼肚,使用的是精心发好的雄黄鱼鱼肚。发鱼肚的方法一种是油发,一种是水发。一般油发是先炸膨胀,炸透了,然后放温碱水里洗,把油洗出来,鱼肚会像海绵一样松软,然后改刀成牌块。再配冬笋、金华火腿,白、红、黄色衬出鱼肚。最后放蟹黄,用鸡油做明油,成菜。蟹黄味鲜、色黄亮,鱼肚软滑,汤汁浓郁。此菜是荣益海的代表作品,但他将制作技法毫无保留地传授给天津餐饮界的同人。

奶油扒银鱼。中国是世界银鱼的主要分布区,世界有17种银鱼,中国占15种。银鱼是天津河海两鲜的特产。当年三岔河口产的银鱼成对(一公一母)。母的有仔,个大,味鲜,营养丰富。荣益海烹银鱼用奶油扒。奶油勾成芡汁,撒金华火腿末,用10条银鱼摆成扇面形,上盘非常美观,具有艺术性。

清汤银鱼。荣益海做此汤菜,用母鸡吊汤。银鱼用水氽熟下汤。雄鱼体态圆满色泽如银,雌鱼细嫩透明,肉质特别嫩。成菜色白,味清香,俏以黄瓜片、金华火腿片,红、绿、白相映,造型美观,营养价值高。

清蒸鲥鱼。荣益海通常在清明前后做清蒸鲥鱼,一般选用一条四五斤的鱼,鱼肉清香、细嫩,用不锈钢、镀银盘蒸,可以全头全尾;再以肉片、冬笋等辅料成菜。

果汁盘龙大虾。巧用雕花做菜也是荣益海进行创新的拿手技法。其中以果汁盘龙大虾最为著名。荣益海选用本地渤海湾5个头的大对虾为主料,一盘要1千克大虾。做法是,将大对虾洗净,剪去须、枪、腿,带尾,挑去脊背线。在脊背处开一短口通透腹部,取出虾肠,将虾尾顺腹部穿至脊背盘好。然后将盘好的大虾在七八成热的温油中炸一下捞出。这时再把事先切好的菠萝丁、苹果丁调成酱,加上番茄酱,将细粉丝炸脆,做成花捞出,码在盘中。勺内打底油,葱姜炝勺,浇汁㸆一会儿,出菜时大虾头朝外,摆上青红樱桃,色香味美。

晚香玉大虾。晚香玉是津产的一种花,有芳香,夜间尤甚。其花既可欣赏又可炒作美味佳肴。此菜为津菜传统菜,其难点是通过掌握火候,使花瓣香气和大虾的香气融为奇香。此菜经荣益海改进后,成为鲜香适口、驻颜美容的名菜。

此外,荣益海在配餐中也常选用菊花。菊花气味芬芳,具有散风清热、平肝明目等功效,而且可鲜食、干食、蒸食、煮食、炒食,可凉拌,可做馅。例如,菊花羹、菊花肉、菊花粥、菊花饺、菊花鲤鱼、菊花鱼丸、菊花火锅、菊花爆鸡丝、菊花鱼头豆腐煲等，还有经久不衰的菊花茶、菊花酒。菊花供人观赏可以大饱眼福，供人食用还能大饱口福。毛泽东非常喜欢将菊花入馔，他在进餐爽心时，就要吟诵屈原《离骚》里的诗句："朝饮木兰之坠露兮，夕餐秋菊之落英。"

荣益海可谓是烹饪大师中的"全才"。无论是天津菜、清真菜、全素席他都在行。他最拿手的绝活是蝴蝶海参、麻酱海参。

蝴蝶海参，外形像蝴蝶，造型特别美观。做法是将海参片成薄片，鸡肉砸碎用鸡蛋清和成泥，放上淀粉抹在海参上。以鱼翅当须子，用胡萝卜、黄瓜皮当翅膀。鸡肉蒸完后摆成蝴蝶形，在汤菜上面飘着，特别美观。汤清澈见底，但浓度特别高，口感好。

麻酱海参，就是将海参用葱姜料酒处理后，再炒麻酱。炒时，难度特别大，炒过火就苦了，不好吃，关键要炒出麻酱的香气。这道用普通食材做出的不普通的菜曾经受到周恩来的好评，现在已经很少有人能做这道菜了。

荣益海还有一道拿手菜是虾子(蟹子)扒乌参，这是一道大菜，难度在于乌参发的程度与含水的量，不能硬也不能太软了，要有嚼头。高级厨师处理海参都有绝活。荣益海的秘诀是要求某种干海参0.5千克发出2.5千克，不能多也不能少。像有的厨师将0.5千克发出三四千克来，含水量大，一烧就出水了，一见热就化了，出汤了，结果把海参的营养成分全破坏了，烧出菜来味不对。其实，有经验的厨师从海参颜色上一眼就可以看出加工程度。加工时，第一晚上用80℃—90℃的水泡，第二天开膛去肠子，再用80℃—90℃的水泡一夜，就差不多了。海参既能做菜，也能做汤，加工一共要经3天时间，不能图省事。

乌龙戏珠，是用虾和猪肉做成馅，酿在海参里。珠是用鹌鹑蛋煮熟去皮摆在中间，外边一圈是黑色的海参。经过艺术加工的菜品,不但造型美观,还提高了海参的营养价值和鲜味。

荣益海对清真食品很有研究。他强调,在回民餐宴的配制上,除禁猪肉、狗肉、驴肉外,还有一些禁食之品。如在诸水产中,无鳃无鳍者不食,像鱼而不叫鱼者不食,叫鱼不像鱼者(如鳖、鳝、墨斗鱼等)不食,无鳞者(如泥鳅、鲇鱼等)不食,横行的(如蟹)不食等。

荣益海特别注意到天津回民喜、寿、嫁、娶的宴席规格主要有五碗四盘和"八大碗"。回民的"八大碗"中,有红汤肉(牛)、白汤肉(羊)、氽丸子(羊)、滑鱼片、拆烩鸡、烩虾仁、熵面筋、红烧鲤鱼等,其中红烧鲤鱼用鱼盘盛(实际是七碗一盘)。上午吃面条,下午吃米饭、花卷、馒头之类。因而他在摆清真席时,就会尊重回民的习俗,摆好清真宴。

荣益海的清真菜有白蹦鱼丁、红烧牛尾、芫爆散丹、砂锅羊头等。他做的清真风味挂炉烤鸭,脍炙人口,独树一帜,已被推荐为国家级非物质文化遗产。

荣益海还精于素食。他制作的素食菜肴有数百种之多。烹调方法以扒、熵、烧、焖、烩、熘、炖、爆最为见长。菜肴口味纯正,讲究营养,外形美观;质地酥、脆、软、嫩。其用素材制作的清汤燕菜、浓汤鱼翅、素扒鱼翅、葱烧海参、蘑菇海参、两吃大虾等荤名素做的菜贵为上品。

中餐博大精深,做法有不同的风味。荣益海能研究客人的心理,根据不同客人的口味安排菜单,总能让客人吃得满意。荣益海最大特点是注重刀工,丝就是丝、丁就是丁、片就是片,一丝不苟,要求特别严。比如,金针炒鸡丝这道菜,要用不开花的黄花菜,黄花菜选不好,炒出来就老。用处理后的不开花的黄花菜炒鸡丝,出菜清新爽口,好吃又漂亮,受到外宾的好评。荣益海总结了一套经验,研究客人的口味,菜做得特别细致。通过不同烹法,炸就是炸,熠就是焯,出来的口味不一样。酸、甜、咸、辣俱全了,宴会一桌菜口味就丰富了。王光英在天津视察时,荣益海给他做了一道掐菜(绿豆菜)炒鸡丝,这道菜难度特别大。豆菜的嫩度要炒得恰到好处,不能过火,口感要脆嫩,颜色要雪白。鸡丝要软嫩爽口,不油腻,也得掌握好火候,不能出汤,营养价值才高。葱爆羊肉也难在掌握火候上,葱和羊肉爆出来要嫩,但不能有腥味,做出来的菜要鲜香嫩爽口。汽锅鸡里配料要有笋、香菇、虾、海米、金华火腿,做出来的汽锅全鸡要鲜香适口,营养价值高。所以荣师傅精心做出的菜肴总是受到国家领导人和国宾的好评。

四、培育桃李

荣益海对天津烹饪界的重要贡献还在于为行业培育出一批国字号的烹饪大师。

荣益海接受领导交给的培养接班人的任务,非常认真负责,对徒弟也要求非常严格。他为我国驻外使馆培养厨师,要求他们是多面手,中西餐饮都要会。利顺德饭店合资后,香港管理层要求严格,荣益海对徒弟的培训要求也越来越高,不仅是要他们有厨德、精厨艺,还要懂历史、晓礼仪。名师出高徒,在他的精心培养、严格要求下培养出一批以耿福林为代表的大师级厨师。

耿福林是天津餐饮界德高望重的大厨师,是天津市唯一获得金绶带奖的国际大师,也是唯一以个人命名的"耿家菜"的创始者。他擅长烹饪、雕花、面点,是精通中西餐的多面手。曾经为毛泽东包过包子,为周恩来做过贴饽饽熬小鱼,从国宴大餐一直到民间小吃,厨艺非常全面,不但技艺好,而且人品好,深受餐饮界的尊重。他14岁学徒,勤奋了一辈子,和多位师傅学习,包括荣益海、王耀祺、魏天成、张镇轩、崔小宝,谁有长处就跟谁学习,除了自身勤奋努力外,能取得成就和这几位大师分不开,其中荣益海是耿福林的启蒙师傅。

耿福林谈起荣益海对自己的教诲时,回忆道,荣师傅对工作认真负责,责任心特别强。原来天津接待外宾只能是利顺德饭店,再有就去张贵庄机场和杨村机场。比如,有次去杨村机场接待东南亚国家的柬埔寨、越南等外宾,他们喜欢吃辣的,调料要用鱼露。我们要迎合人家的风味,就必须买来鱼露,不然就出不来那种口味。荣益海就千方百计地弄来鱼露,达到外宾满意。这种精神一直被传承下来。

荣益海的脾气特别倔强,但他是真心对人好。他精通多方面的手艺,做菜精益求精。培养徒弟也一丝不苟,要求徒弟要和他一样,练成手艺后放在哪都是多面手,不能砸他的牌子,否则他会大发脾气。

耿福林回忆说,有一回做松鼠鱼,其刀工是有尺度的,我刚学时掌握不好,学一回不行,过了三回荣师傅就不干了,说:"呸!我教你这么多回,你还不会,也太笨了。"师傅是恨铁不成钢。再如宰鳝鱼,那时我从农村出来,没见过鳝鱼,那鱼像蛇一样,打滑抓不住,他说:"笨蛋,这都不会!"嘴里骂着,却耐心地教我掌握窍门,如何用手指抠住鱼,如何宰鱼,把技巧和技术都教给我。

耿福林说,荣师傅的厨艺、厨德特别好,他教你的是真本事,不是花架子,只有这样才能做好人、做好事。厨艺中用手工做的东西和高科技的不是一回事,比如鸡料子,用手工搅的和机器搅的就不一样。该用手的就得用手,不能偷懒。特别是鱼腐丸子,这是淮扬菜的看家菜,也是难度很大的一道菜。必须用江里的黄钻鱼,做法是先把黄钻鱼肉用手工剁碎了,把鱼刺剔出去,氽出的丸子不仅有脆性,还有弹性,口感特别好。荣师傅教我们做裙边,一般都是扒裙边，其肉含胶原蛋白，胶质性特别好，滋补性大，做这种菜一般都离不开动物油(大油与鸡汤)，不然味道不鲜美不好吃，所以用的调理原料有一定的要求，不能凑合，这样做出的菜才能效果好，有营养。荣师傅虽然做淮扬菜，但把津菜中的一些技法也融入其中，扒菜是津菜的特色手法。比如栗子扒白菜，要用天津的青麻叶菜。将生栗子的两头切去，放锅里煮，一煮口就张开了，剥出整栗子。放水、白糖、清油上笼屉蒸，蒸出的栗子特别甜、特别鲜、特别脆，和糖炒栗子味道不一样。白菜切条过油炸，把栗子放中间调味，挂点薄芡成菜。荣师傅做菜灵活性特别强，按照四季的要求变换菜品，善于变化。做栗子扒鸡就又不一样了，鸡从脊背上开刀，皮上抹上酱油过油炸，要出特别漂亮的枣红色，兑好料，放上栗子上笼屉蒸，出咸甜口。此菜适宜寒冷季节吃。

耿福林说，宴席中的雕花是个细致活，要求厨师既要心灵手巧，又要有艺术修养。荣师傅教我雕花更是耐心。当时我看到普普通通的食材在师傅手里经过加工，立刻变成神灵活现的吉祥动物，或者是如诗如画的风景，简直是太神奇了，对师傅的手艺佩服得五体投地，恨不得立时学会。师傅则耐心地开导我，"不要着急，要多看多练，提高自己的艺术修养与品位，做到厚积薄发"。他告诉我，餐饮的艺术加工，是一种食文化，文化不光是用来吃的，也是生活中的一种艺术享受。

耿福林在荣益海的影响下迷上了食品雕刻。有空就研究动物的形态、寓意与典故，研究用什么食材表现最佳。后来，他又去北京饭店学习，兼容并蓄各家所长，不断提高自己的厨艺水平。

在一次宴会上，耿福林用土豆、萝卜等食材雕刻出5只仙鹤，有振翅高飞的，有落在松树上的，有在水中找鱼吃的，形象各异，栩栩如生。又雕刻了一个亭子，小桥流水，如诗如画。耿福林还用白萝卜雕刻了一花篮的鲜花,经过染色处理,只见花团锦簇,姹紫嫣红。在座的中央首长看后大加赞赏。

在荣益海的教诲和耿福林的辛勤努力之下,耿福林成了享誉中外的烹饪大师。

荣益海在利顺德、国民饭店、天津干部俱乐部等处工作多年,直至退休。他在餐饮岗位上兢兢业业地为人民服务了一辈子,于1987年12月3日病故。

从荣益海到耿福林,他们都是热爱自己的烹饪行业,精益求精地做好本职工作,以其优秀的厨德、精湛的厨艺让客人吃到美味佳肴的手艺人。但是人们千万不要低估了他们为社会做出的巨大贡献。他们是中国优秀传统饮食文化的传承者,他们是引进外国及外地先进餐饮文化的创新者。

(部分资料提供者:耿福林等)

津门面点名师李文旭

吕舒怀　冀文蕊

李文旭
(1916-1986)

一、下卫谋生

1916年12月23日，一阵婴儿的啼哭声惊动了山东福山县一个偏僻的乡村。村中李家诞生一名男婴，取名为李文旭。

按说家族添丁进口是桩大喜事，何况头生就是个大胖小子，可对于贫困交加的李家来说，家中多一张嘴吃喝，却是愁事。李家世代为农，到李父这一辈，仅靠几亩薄田维持生计。小文旭生不逢时，恰又赶上战乱年代。李文旭的童年在苦难中度过，到了该上学的年纪，眼瞧着村中富家子弟背着书包上学堂，他格外羡慕，几番央求父亲送他上学识字。进学堂得花钱，自然会增添家庭负担。但李父是个明白人：供儿子念书有好处，或许将来能帮助李家摆脱困境。

李父勤劳而手巧，除了种地之外，他起早贪黑地开始干"副业"，编织箩筐、簸箕拿到集市上卖，换来钱供李文旭进了学堂。就这样,李父干完农活干编织,日夜操劳,靠那一点点收入强撑着让他读了3年,后来实在供不起了,李文旭只得中途辍学,天天下地帮助父亲干农活,那年他刚满10岁。家贫出孝子,他小小的年纪懂得了担当,面朝地背朝天地从土里刨食,帮父亲分担起家庭的担子。

1928年,李文旭的命运发生重大转折,现在很难说清当初是他家人的决定,还是他个人的抉择。12岁的李文旭打算离开福山老家,到天津卫去闯荡。

民国时,福山帮的厨师们已经在京津等大城市站稳脚跟,他们不忘提携后进,所以福山一带家穷贫境贫寒后生们,纷纷结帮搭伙到大城市学徒挣钱,贴补家用。正是在这样情形下,李文旭打点行装,辞别父母,跟随他的同村表兄前赴天津卫。

二、拜师学徒

一踏进天津,这个北方大都市的繁华和光怪陆离,让李文旭既惊讶又好奇,同时对未来的生活充满期冀。

20世纪二三十年代的天津,可算得上是当时中国发展最快、最文明、最时尚的大城市之一。

在一片灯红酒绿中,充斥街巷间的大小饭馆、大饭庄的生意火爆,食客如云。李文旭在此间听到熟稔的乡音,不少福山帮在此开饭店或当厨师。他经人介绍,先在全聚德饭庄学徒。所谓学徒实际就是打杂,想学到手艺,得伺候好师傅。孤身一人在外,吃住都在店里。小小的年纪每天清早起来,给师傅倒尿壶、打洗脸水,扫地,拾掇屋子,将换洗的干净衣裳替师傅码放好,换下的脏衣裳自己去洗,然后再陪同师傅上工。全聚德坐落在天津南市口,也是一家专营鲁菜的著名饭庄。起初李文旭学红案,给掌勺师傅打下手。一年后他又去了泰丰楼学徒。学徒生活十分艰苦,李文旭咬牙挺了下来。1930年，李文旭已长成一个白白净净、瘦高个儿的大小伙子了，这时他又到登赢楼饭庄干起跑堂，一直做了4年。从学徒到跑堂，几经辗转，饭店里里外外的业务他十分熟络了。但他的志向不止于此，要想出人头地，就要掌握一门安身立命的手艺，李文旭决心学会鲁菜的烹饪技术，成为一名掌勺的"大拿"。可惜他身单力薄，虽有心却难成红案厨师，不得不选择了白案，1934年，他拜天和玉饭庄的名厨于学寿为师，专攻面点制作。

李文旭能入名厨于学寿的法眼，其间还有一段插曲：起初李文旭刚到天和玉饭庄时，也是打杂工。赶上夏季每天起很早去八里台附近的一个冰场拉冰，供饭馆使用。这期间，他们共有4个人拉冰，同时供给多家酒楼。平素白天在天和玉几家酒楼干杂活，利用业余时间拉冰。因为拉冰时间起得早，很辛苦，李文旭不怕累，很勤快，所以赢得当时几家酒楼师傅们的喜欢。当时李文旭主要在学红案活。天和玉饭庄白案师傅于学寿看他干活心细为人敦厚，有一股韧劲，是个干白案的材料，最后于学寿将他们4人中的2人弄到自己手下，这其中有李文旭和一个叫"大六子"的学徒。从此他就在天和玉于学寿手下学习面案。

虽然白案是和面食打交道，面案的活儿也不轻省，讲究粗中有细，细中求精，精中出彩，手艺繁复，如各种抻面、油酥类、伊府面、水面活等。在于学寿精心传授下，李文旭从一招招学起，勤学苦练，用心钻研。

就拿抻面的技法来说，李文旭年幼家贫，营养不良，瘦高的个子没有力气，那麻秆式的胳膊根本抖不起那块面，为此他心里起急。师傅恨铁不成钢，连骂带数落，委屈的他甚至动了回老家的念头。可是当想到一家人指望他学点手艺，挣钱贴补家用时，那绝不能打退堂鼓。没有力气没关系，可以练！当李文旭看到别人用哑铃练力气,他就想我可以举砖锻炼。于是找来砖,每天加量地锻炼,1块、2块、3块……"世上无难事,只怕有心人。"半年下来,他的胳膊有劲了,抻面技术进步得很快。

俗话说得好,师傅领进门,修行在个人。拜师学艺,首先得师傅教以真传,其次更重要的是徒弟要有恒心,有悟性,能吃苦。李文旭具备了这几项条件,他暗下决心,一定要把于师傅的高超技艺学到手。

苦心修炼数年,李文旭终于出师了!在他面前将展开一条新的人生之路。

三、脱颖而出

1939年,出师后的李文旭到致美楼饭店执掌面案。

离开谆谆教诲和传授他厨艺的恩师于学寿,离开朝夕相处将近5年的南市天和玉饭庄,难免产生一种依依不舍的情感。人的经历本身就是财富,自从李文旭离开家乡,独立在天津谋生闯天下,一直辗转在南市周围几家鲁菜大饭庄。当时南市繁华至极,尤其餐饮业盛况空前,像玉华台、登瀛楼、泰丰楼等在天津都是一流的大饭庄,这些阅历使李文旭开阔眼界,增强了信心。为了争取更多的上升空间,为了开辟一片新天地,李文旭抓住了这次"跳门槛"的机会。

致美楼饭店坐落在法租界的劝业场后面的新华路。20世纪30年代前后,劝业场一带逐渐兴盛,商业高度发达,不少高档酒楼饭店择此宝地建楼开业,或设分店于此。致美楼饭店老板久闻李文旭为人老实厚道,技术高超,诚邀他加盟。师傅于学寿也劝说他人往高处走的道理,这样,李文旭最终选择了跳槽。跳槽在那时叫作"跳门槛",不管做红案还是做白案,只有跳门槛才能由徒弟变为师傅——这是人生一大转折点。

　　转过一年,24岁的李文旭在老家早已过了谈婚论嫁的年龄了。他不急,乡下的爹娘非常着急,托人在邻村说了个姑娘,姑娘长相俊俏,而且心灵手巧,虽然在家行小,但不娇气,什么活都帮娘干,唯一的缺点就是个子矮了点,当时李文旭回老家见了,不是很中意。后经过爹娘劝说,加之姑娘的家境好,如此一来李文旭也就同意了。然后选个良辰吉日,在老家摆了酒席,热热闹闹地把婚结了。那时大部分跑外的男人在家成完亲,等婚期一过,便把媳妇留在家里,自己就回城里上班,长时间过着两地分居的日子。眼看着临近假期结束,李文旭做了一个出乎所有人意料的决定:他要带新婚媳妇一起走,去天津生活。虽然在城里没挣上一砖一瓦,可他愿意夫妻互相照顾,长相厮守。

　　到了天津首先要解决住的地方。从山东一起来学徒的老乡租的房子旁有一间狭长的小屋,李文旭这对新婚夫妇暂且在这半间屋住下了。半年后,媳妇怀孕了,半间屋容不下三口人了,李文旭不得不四处找房子。当时在南市有个小四合院,其中一间不足10平方米的屋子要卖,他存的钱不够,就找老乡、朋友借,凑了些钱先把押金交上,这间小屋就成他们的家了。每月要还债,只要有一点富裕的钱,他媳妇就添置一些桌椅板凳,窗户上半部分是木楞子,糊上白纸,开的时候往外一推,用个木棍支上,下面是玻璃窗,玻璃被她擦得锃亮,玻璃窗上挂着碎花布的窗帘,炕靠墙的地方,用一块花布贴在墙上叫炕围子,阳光一照,屋内干净简洁。接着大儿子降生了,刚刚建立的小家虽然艰辛窘迫,日子却过得十分温馨。

　　李文旭成了一家之主,担当更多,责任更大,他盼望让妻子、儿子生活幸福,家庭不愁吃不愁穿,就必须尽心付出。那时,普通的饭馆做面点的师傅似乎作用并不突出,无非是做一些馒头、花卷和面条等粗陋的面食；而在高级饭店则大不相同，顾客讲排场摆酒宴，通常要求上精致的面点，面点师傅的功夫就显得格外重要了。尤其那些美食行家，常以品遍八方美味为嗜好，对饭店的菜品面点懂行且苛求。好在李文旭从师于名家，加上自己苦学钻研，练就一手绝活，他手工做的面点用料考究、制作精细、样式漂亮、味道颇佳。他抻成的面细如发丝、绵长不断；银丝卷面暄细腻、绵软可口；油酥类面食外焦里嫩、酥脆香甜，博得美食家们的称道，他逐渐也有了名气。

名气无论在哪个行业都是至关重要的。食客在享受精制面品时，他们不仅认了这家饭店，同时也领略到制作者的手艺，自然趋之若鹜。李文旭在致美楼干了4年，其后又在东亚酒楼、中原公司大酒楼等大饭店主掌面点白案，不少顾客也是慕名而至。遗憾的是，李文旭所处的年代生存十分艰难，通货膨胀、物价飞涨、民不聊生。辛苦挣到的钱很难维持一家生活，他和当时的人民大众一样盼望过上一种安宁幸福的新生活。

四、天津解放

1949年1月15日，天津解放了！饱经旧社会苦难的李文旭，由衷感受到新社会当家做主的喜悦。此时，他已经转到人民饭店主掌面案。人民饭店地处劝业场附近，规模不大，但如今是一家国营饭馆，吃饭的是人民大众，饮食业是为人民服务。新中国成立前，干饭馆的低声下气地伺候有钱人，如今他们服务的对象都是阶级弟兄。李文旭以从未有过的热情和干劲投入工作中，他以饭店为家，发挥自己的业务特长，表现出一种国家主人翁的姿态。

新生活伴随着幸福纷至沓来。李文旭的四儿一女相继出生，家庭生活充满欢乐。李文旭打算让孩子继承自己的事业，想来想去，选中三儿子李持章。他疼爱自己的儿女，对他们的要求也很严，据其子回忆说："我们小时候家里很困难，一家7口人就靠我父亲87.5元工资，当时天津80多元工资算高的。生活很简朴，当时住南市芦庄子9平方米的一间小房子，睡觉没地方睡，我和我父亲就在川苏菜馆住，晚上我父亲还要馇豆馅，一晚上馇两锅豆馅。一次他馇好豆馅找大铲子准备往外锄的时候，我趁机挖了一勺，刚放嘴里吃，他看见了，一个大嘴巴给我乎（打）老远，我印象特别深。睡觉只能在二楼进门中间的那块地方，不允许我到三楼，规矩特别大。"赶上20世纪60年代度荒时期，粮食供给暂时出现困难。饭店守着生米白面、馒头花卷，本可以捎点回家给孩子填饱肚子，近水楼台何乐而不为呢？而李文旭并不这样做，在他思想观念中粮食是公家的，公私就应该分明，绝不可占一点国家的便宜。一次，孩子到饭店去，见到刚出锅热气腾腾的白面馒头，馋得直咽口水。而当爹的只把蒸馒头揭锅后粘在笼屉上的面嘎巴儿让孩子吃两口。

李文旭对子女的"严格"，浸透着一种深邃的爱；他所恪守的"规矩"，是讲究做人的准则。他对自己也是一样。李文旭在人民饭店干了20多年，工作中勤勤恳恳，兢兢业业；业务上精益求精，刻苦钻研。不守旧，上级提倡发明创造，他就带着大伙研制包饺子机，以减轻手工包饺子的劳动力；不保守，后来带徒弟时，他倾尽自己平生所积累的技术和经验，毫不保留地教授给他们。时隔许多年后，当年跟他学过的徒弟们，仍然满怀深情地回忆那段难忘的时光——

"师傅对我们特别严厉，做面食需要看碱，我们常用的方法是，拿一块面在火里烧一下看看样子，然后把面就扔了，师傅看见就急了，这样得扔多少面，后来我们就把烤脏了的这点撕下去，剩下的放面缸里接着用。有一次银丝卷碱大了，师傅端出来就给我们扣

李文旭与爱徒蒋文杰

了，说不行这不能卖，这怎么对顾客？最后我们自己买回去了。师傅虽然对我们非常严厉，但特别关心我们。师傅特别认真，差一点都不行，我们有一个卖年货的展厅，师傅常去看，看顾客有什么意见，在师傅影响下，我们也注重反馈意见，师傅不仅培养我们厨艺，也培养我们厨德。"

李文旭爱岗敬业，对工作一丝不苟。餐馆里，面案一般都在最后面，李文旭每天开业前主动到前台，翻看订单，以免大家都忙，通知不及时会耽误上面点。一般的宴席两道点心，一咸一甜。甜点有一品烧饼、莲花酥、马蹄酥、枣花饼等，咸点有生煎包、四喜饺、盏头饺、烧卖等。标准高的就要配置四种点心，两甜两咸，四种面点要馅心不同、面团不同、制熟方法不同，要煮炸烤烙齐全，有的品种要两次才成熟，比方说，炸软脯，用糯米粉和面，包上豆沙馅呈长圆形下锅煮，煮七八成熟捞出沾上芝麻，坐油锅炸制，外脆里软，芝麻香浓。冬天要有一道暖和的，譬如高汤水饺，水饺要包得像指甲盖这么大小，几乎到了已经包不上来了，高汤是用鸡、肉熬制数小时后过滤,然后再放入小饺子,用精细的小碗盛上,汤是自然的鲜,小饺子味美皮薄得几乎能看见馅。另有核桃酪汤圆,核桃去皮,磨浆过滤;汤圆,糯米粉包馅,馅是自制的,有豆沙、橙子、腰果、巧克力等。将核桃浆煮沸,加糖放煮好的小汤圆,这样香甜可口的粥状的甜品就好了。夏天要准备凉点,李文旭擅长做糕类,像豆沙糕、豌豆黄,后来又研制了芸豆卷,做法是把芸豆磨成泥抹在干净的纱布上,一边抹豆沙馅,一边抹红果馅,对卷起来成如意卷,一块点心两种口味。另外,李文旭把莲蓉凉糕里加入鲜水果或干果,吃起来甜里带着香。杏仁豆腐一般都是定一大盘子,切块放在冰镇的糖水中,他觉得这样虽然好吃,但不够美观,他把煮好的豆腐倒入碟子中,一个一个地定制,冷却后在豆腐表面摆上图案,用果脯、京糕、摆些风景或动物造型,汤碗里倒上冰镇的糖水,把摆好图案的豆腐,顺势从碟子里推到碗中,碗里的糖水有浓度,可以把摆好图案的豆腐托起来,这道凉菜既赏心悦目又凉爽宜人。

正因为德艺双馨,李文旭得以在众多面点厨师当中脱颖而出,享誉津门。1970年,他离开人民饭店,其后在都一处、西来香、川苏、广东菜馆等主厨。这期间他经历了"文革",然后又迎来改革开放的东风。

五、独门绝技

从12岁学徒开始从业数十年,作为一位面点师,李文旭早年从师学艺,他刻苦钻研而深得真传,并且将其所学的手艺发扬光大。譬如他传承下来的手艺大约有各种抻面、油酥类、伊府面、水面活等。

作为一位名面点师,李文旭爱琢磨、好钻研,创造了属于自己的"独门秘技"。他研究的手艺大约有豌豆黄、空心面、改良银丝卷、香糟馒头、酥活造型等。

他精于面点制作，技术全面，对各种面团性能的理解和馅心的调制有独到之处。李文旭做的面点主要是北方面点，比如酥皮类、蛋糕、凉点类，酥皮分明酥、暗酥，尤其擅长制作油酥类，明酥做得漂亮极了，像酥盒子一圈圈层次薄细均匀，特别漂亮。如一品烧饼，它属暗酥类，点心的表皮酥层一触即落，如雪片状，入口即化，香甜可口。又如藤萝饼，当藤萝花盛开的季节，将藤萝花洗干净，凉开，加入白糖搓一下，让白糖充分地融入花中，然后放入坛中密封，用糖充分地腌制。数日后，腌制好的藤萝馅就可以制作点心了，或烤或炸，酥甜花香。他做的酥皮也特别好，有水油酥、油酥，所有馅芯都是自己炒，像豆沙馅、豌豆黄馅都是自己炒，特别是豌豆黄馅要用铜锅炒，铁锅炒出来颜色发黑不漂亮。

蒸食面点有门丁、银丝卷，银丝卷的馅心用的是发面，同时需要和两块面，一块是皮的，一块是条的，条面要嫩一些，老了不好抻，抻八扣条，然后刷香油和大油的混合油，再抻两扣细度就有了，切成段放盘子里稍微冷却一下再包，包好醒发一下再蒸，完全手工制作，和现在机械化制作的口感不同。

烙的面食有各种饼，鸭饼、家常饼，就是擀成长片叠几折，层在外面盘好了再擀，烙出来的饼层都在上面，一抓都可以起来，像现在的手撕饼。各种饼，烫面的、死面的、合子、馅饼、生煎包、锅贴，他淋的面糊出来后十分漂亮，糊的浓度要掌握好，火候和饼铛的温度掌握恰到好处，贴出来锅贴嘎带毛毛刺的，立着放盘子里，刺都在上面，漂亮极了，也是一道宴席点心。吃烤鸭的饼是烫面的，两张合在一起，中间刷油，两面烙好后再揭开，擀饼用的是气力，擀的特别匀，也好揭。

炸春卷：馅心鸡肉或猪肉煮熟切丝，鸡、肉、肉皮吊汤，晾凉成冻，加入切好的肉丝，加入笋丝调好口待用。

春卷皮：面粉加入少许盐，活成软硬适度的面团，经过揉、摔、醒，然后将一块面托在手中，不停地抖动（因为面比较软），使面不会掉下来，然后在温度适中的铁板上沾皮子（行话叫吊皮子），一斤面可出60张皮，薄如江米纸，白而透明。用吊好的皮子包上调好的馅心，炸至金黄色，外脆里香，汤汁浓郁。

豌豆黄：选上好的豌豆，去皮，煮烂，过罗，加入白糖，用铜锅炒制，去掉所有的水分，成浓稠状，装盘定制成凉糕，是一款不加任何添加剂的健康凉点。

李文旭制作宴席点心豌豆黄

李文旭还擅长做西点，西点类有马蹄酥、酥三角、小茶食等。一般宴席是一两道面点，高档的宴席4道面点，有甜有咸，制作方法要蒸、煮、炸、烙的都得有，这4道点心在整个宴席中要摆进去，是有标准的，根据季节，制作不一样，馅心不一样，面皮不一样，还要根据宴席的主题,比如寿宴的要做寿桃,一般寿桃都是用面做的,师傅用江米做成寿桃,像八宝饭做成桃形,夹上馅,摆上果脯,做出造型,用澄面做出2个叶子,用莲蓉馅做"把儿",用糖和淀粉勾兑成玻璃芡浇在上面。寿字、喜字都是用京糕条摆的,完全手工制作。冬天吃的高汤水饺、炸渔鼓面、小汤圆,也是自己制作的,不只是水煮,还有核桃酪小汤圆,核桃仁研磨成浆过滤后熬制,放上小汤圆,是山东的特色。杏仁豆腐夏天的点心,青油饼烙好后配酱汁瓦块鱼,鱼炖的是块的。青油饼制作比较费事,要抻要不断地加油让它松散,罗圈地蘸瓦块鱼汁吃。

"看似寻常最奇崛,成如容易却艰辛。"日复一日,年复一年,李文旭在看似寻常的厨师岗位上,几十年辛勤耕耘,成就斐然,遂成天津饮食行业面点厨师的翘楚。

六、如沐春风

20世纪70年代,改革开放的春风吹遍神州大地,各行各业打破禁忌,锐意改革,全国呈现出一派欣欣向荣的景象。

1978年,已年逾六十的李文旭率领青年职工创办了永庆楼,任副经理。那年永庆楼停业装修,竣工后想搞一个专卖烧卖的店,经理找到李文旭让他主办这个事。李文旭平时主要制作宴席点心,烧卖也做,但比较精细,用专用的烧卖走捶,一个剂子一擀,把剂子按扁,用干面粉覆盖在上面擀制,左转数圈,右转数圈,使面皮擀出褶皱,并且有飞边,包上馅如同花瓶状,这种做法不适合烧卖店的需求,怎么办?他找到经理要求出去学习,他说,要想干好,一定要把别人的经验学回来。就这样,他带上伙伴在北京烧卖馆学习了两个月,从馅心调制、面团的软硬、如何擀制等,统统掌握了。取经回到天津,李文旭带着青年职工热火朝天地干起来,永庆楼烧卖店开业了,作为天津第一家汉族人经营的烧卖馆,开业伊始便很轰动。李文旭根据天津人的口味,自己又研制了几种馅心,像麻蛤馅、肉馅、菜肉馅、干菜肉馅等,品种齐全,物美价廉,颇受广大食客的欢迎。每天尚没到开业时间,人们就已经排成长队在外面等候了。李文旭为了让还没有吃上和已经吃完烧卖的客人胃口舒服,他煮上一大桶小米粥,免费赠送,让等候烧卖的食客先喝碗小米粥暖暖胃,让吃完烧卖的客人喝碗粥"灌灌缝"(天津土语)。就这样,永庆楼烧卖馆非常火爆。此时,李文旭已经在劝业场一带名气很大。川苏菜馆很需要李文旭这样的人,随后他又被调到川苏菜馆负责面案工作。

七、授艺传承

李文旭已是天津市面点专业的领军人物。

改革开放后,市政府、市政协、市商务委、二商集团都非常重视饮食行业的发展,为了把老师傅的技艺传承下来,于1980年筹备建立了天津市烹饪技术培训中心,聘任李文旭担任面点专业教师,兼任白案组长,选址在黄家花园附近的聚华楼饭庄(现在的登瀛楼饭庄)。

李文旭是教面案技术的老师。培训班学员每周有两个上午上理论课,由二商校的专业老师上课,讲授从面性到原理的知识,从而让学员们发挥想象力,自己创新品种。李文旭非常耐心地品尝着每个品种,逐个地做出建议,有表扬,有批评。当时有个河东区的学员,由于做得不够好分数比较低都急哭了,李文旭就鼓励他,这次做得不好,我希望下次你是最好的。就这样他对每个学员进行点评,学员们也可取长补短、互相学习。

学习班共办了五期,第一、二期男学员比较多,三、四期女学员比例大了点,其中有两个女学员来自同一个区,刚来时大家还好,过了一段时间不知因为什么原因两人闹矛盾不说话了，李文旭发现后，及时做两人的思想工作，他把她俩叫到一起，语重心长地说，我们这种行业比较特殊，工作时间拉得比较长，所以大家工作中接触得就多，如果大家不团结那怎么能愉快地工作呢？你俩想一想，亲姐妹也没有你们在一起处的时间长呀，要互相谦让，互相关心。两个女学员惭愧地低下头，想到李文旭老师岁数已经很大了，教我们技术已经很辛苦了还为了我们的闲事操心，就当着李老师的面，表态今后会好好相处。还有一个女学员，她的基础差些，李文旭就给她开"小灶"，个别辅导她。有一道香蕉锅炸的面点，李文旭利用休息时间为她指导，告诉她炒是关键，并让她反复操作，直到符合标准为止。这名女学员孩子刚入幼儿园，她担心孩子不适应新的环境，上班时间偷偷抹眼泪。李文旭看到这种情形就说，放你一会儿假去看看孩子吧，并且语重心长地说孩子不可以溺爱，要锻炼他自强、独立的性格，要融入小朋友中。女学员深深被师傅感动了。李文旭既有慈父般的体贴，又有严父般的呵护。

李文旭教学因人施教，该严则严，绝不允许滥竽充数、误人子弟。有一次南市永元德基层店派了几位烧卖馆的面案人员去桃李园饭庄学银丝卷的制作。可来的这几个人全是做烧卖的师傅，一点面案的基础都没有，这可急坏了李文旭，因为她们来学银丝卷制作的时间不会长，得速成。无奈他专门为她们制订了一套学习方案，根据这几个人的情况和悟性，向市饮食公司领导建议：谁是干面案的料，谁不是干面案的料。李文旭的想法是，不能误人子弟，结果挑了两个人重点教授，其他人转入别的工种。

培训基地迁至长江道桃李园饭庄之后，新学员在李文旭的带领下，自己制作工具，把盛放主食的箱子底部改成竹箅子，这样通风好，存放的主食利落不粘连；另外，用白铁做蛋糕模子，里面铺上包装纸,用油刷刷上油,倒进打好的蛋糕液,烤蛋糕。那几年每年都搞年货市场,李文旭就带领徒弟烤制各式蛋糕,有果酱蛋糕、虎皮蛋糕、布丁,还有蒸的蛋糕、蛋卷,充实了年货市场,受到了大家的好评。

那时做蛋糕没有打蛋器,完全人工操作,蛋清、蛋黄分开用抽子打,蛋黄里加入白糖要把糖打化,蛋清要打成膏状,打的时候不可以停,一气呵成,这样蛋清不会澥;然后把打成膏状的蛋清和蛋黄搅拌在一起,再加些蒸熟的面粉,这样蛋糕糊就完成了。当时制作蛋糕非常辛苦,一天下来每个人的胳膊都抬不起来了。

授艺育人,传承厨技,李文旭倾尽平生所学,毫无保留地教授学员,几届学习班下来,他所培养的学生遍及天津餐饮业,可谓桃李满天下。至今这些学员已成为天津面点制作的佼佼者。

由于李文旭教学成绩斐然,1980—1983年连续被评为二商局系统先进教师、先进工作者;1983年7月,在天津最佳厨师比赛中,李文旭荣获面点专业第一名和天津市最佳面点师。

1983年,北京举办第一届全国烹饪技术比赛,比赛地点设在人民大会堂。李文旭担任全国烹饪名师技术表演鉴定会评委。

天津代表团选手中,有一位叫蒋文杰的学员,身强力壮,勤奋好学,他是李文旭的爱徒。他抻得一把好条。一块冷水面经过溜条,粗细均匀,抻到13—14扣根根不断,细如发丝,堪称艺术品。李文旭满怀信心推举爱徒蒋文杰拿龙须面去参赛。可由于紧张,集训的时候,反倒抻的面一把不如一把。李文旭就和徒弟一起研究,一遍不行再来一遍,他发现徒弟抻好的面直接下锅,手从里面抽出来的一刹那慢一点就会把面搞乱,影响美观。李文旭告诉蒋文杰把抻好的面先不急于下锅,把面放在一块板上两头去掉,一把面切得整整齐齐,然后顺势推到油锅里,这样面条会整齐地浮在油面上,随时用筷子调整外形,效果出奇地好。决赛那天,蒋文杰精心制作,一把细如发丝、洁白整齐的龙须面摆在评委面前,大家连连叫好,一致给予好评。蒋文杰以优异的成绩被评为全国最佳面点师,载誉而归。

八、大面点师

1983年在全国第一届烹饪大赛上,李文旭(中)与全国特级面点师、爱徒蒋文杰(右)合影

倘若将李文旭的一生分为两个阶段的话,那么似乎以1949年前后为分界线:1949年之前,他为了摆脱贫困谋生存,毅然离开家乡到天津闯荡,拜师学艺,刻苦钻研,练就高超的面点厨艺;1949年之后,他以新社会主人翁的姿态、全心全意为人民服务的精神,视厨德为本,爱岗敬业,勤恳工作。特别是改革开放以来,发挥余热,传业授徒,以传帮带方式,为天津饮食行业培养了一批又一批人才。他多次获得二商系统先进工作者和先进教师称号,继1983年被评为天津最佳厨师后,又评为津门特级厨师,其后光荣地加入中国共产党。

李文旭正直磊落,原则性强。1983年后,桃李园饭庄的香糟馒头是很有名气的。李文旭坚持了传统技艺，绝不偷工减料，所以桃李园饭庄外小卖部购买香糟馒头的人总是每天排长队。有一次由于原料断档的缘故，经理建议用料酒加糖暂时代替香糟（当时灶上制作糟熘鱼片就用料酒加糖代替糟），李文旭坚决不同意，结果经理没拧过他，暂停了两天供应，待调糟的原料买到后，方才继续制作并售卖。李文旭在桃李园时期，从面案制作出来的食品从不会出现质量欠佳的情况，凡是现场制作的宴席点心，在上桌前，李文旭肯定要过目，方可上桌。

凡是同李文旭接触时间较长的领导、同事或徒弟，都会清楚他做任何事都是有原则的，从不徇私，无论是领导或亲友统一视同仁。有一年春节前夕，市饮食公司某领导来到桃李园找到李文旭，要买些香糟馒头和银丝卷带走。李文旭不讲情面，毫不犹豫地告知对方，等腊月三十上午派人给你送去，因为桃李园只有在腊月三十上午才会对员工售卖，包括李文旭自己。春节过后，市公司经理来检查桃李园工作时，特意到面案操作间看望李文旭，并对他的做法给予了充分肯定。

李文旭公私分明，爱党爱国。有一个例子很具代表性。那年李文旭在劝业场附近的永庆楼烧卖馆工作，山东老家来人串亲戚。他爱人当时在街道上班，家中没有饭吃，为了招待亲戚，让儿子骑车到永庆楼烧卖馆找李师傅，永庆楼店经理知道了来意，直接就给装了1千克烧卖，让其子赶紧拿回家。当李文旭知道那1千克烧卖没付钱时，主动上收银台付了款。店经理表示不用付，但李文旭还是坚持自己的原则。李文旭当时说了一句令儿子记忆犹新的话：只有花钱买的才是自己的。

他对自己也从不搞特殊。1984年桃李园有了第一辆车，考虑李文旭和另一位冷荤特级师傅年岁大了，经理会就决定用车每天接送他俩上下班,但却被他拒绝,李文旭依旧天天骑自行车上下班,只有到各处做评委工作时,才会用车。他一生好钓鱼,那时他是每周二公休,每次全是周二凌晨两点钟骑车走,当天天黑后回来。经理说天天这么累,你好钓鱼就让车送你去。李文旭回答说,我是玩,没有必要坐车,骑车去就是额外享受……

60多岁的李文旭申请入党了,可以说是他用了大半生的体会表达了对党的爱戴——据其子李持章回忆:"80年代初期(具体哪年记不清了),父亲要上交入党申请书,这可难坏了父亲,年少时只上过三年小学,写申请书根本写不出。而且父亲还不好意思让徒弟们知道,有一天晚上对我说,让我帮他写东西,我要知道写什么?父亲只说,我说你写。记得父亲说道,敬爱的共产党组织,我是在服务行业为人民服务的一个老工人,我忠于党,我爱党,我想加入党组织……我明白了,原来父亲是要写入党申请书。我询问父亲您这么大岁数还入党吗?父亲反驳道,入党还分岁数吗?我顿时无语。后来市公司党委成员找父亲谈话,不久后他成为预备党员,时隔一年后转为正式党员,当时我不知道。"

李文旭一生从事厨师事业,年逾70仍坚持工作。在1985年春季体检中,李文旭被查出患有恶性肿瘤。医院找到了桃李园经理说明情况,同事们闻讯都忍不住哭了。单位领导和家属商量后决定不告诉李文旭,蒙在鼓里的李文旭同往常一样上班。过了一段时间,他每天傍晚开始发低烧,浑身无力。但他强打精神照常上班。为了隐瞒病情,他用自己的办法减缓发低烧的痛苦——抻面,凡是知道他患了绝症的人都在观察他,暗中垂泪。就这样李文旭坚持工作达半年之久。

不幸的是享誉津门的面点名师李文旭终因病重不治,于1986年10月9日晚病逝。市公司领导、职员、桃李园员工全来到了家中哭拜李文旭,时任全国总工会主席倪志福、国务委员陈慕华、天津市副市长王光英以及天津市总工会、市商委、二商局等领导来探望、吊唁。

追悼会上,有关方面领导致悼词,中肯地评价了津门面点大师李文旭的一生——

李文旭同志长期在党的培养教育下, 以他上述的光荣事迹,充分地表明他一贯热爱党、热爱社会主义、热爱饮食服务行业。他在思想上、政治上奋发上进;他在工作上一贯勤勤恳恳、兢兢业业、任劳任怨、积极肯干,对面点专业技术,他一贯勤奋好学、一丝不苟,尤其他在教学中为继承、发扬和创新我市面点技术、为行业培养面点专业人才方面付出了心血,做出了贡献。他在生活上一贯艰苦朴素、严于律己、坚持原则,为人正派。李文旭同志的病逝,是我们饮食行业的一个损失,使我们失去了一位老同志、一位在饮食行业中富有声望的老师傅。我们要化悲痛为力量,以他一生中光荣事迹为榜样,学习他的好思想、好品德,把他留给我们的高超面点技术在行业中继承起来,发扬下去,借以寄托我们的哀思。

(部分资料提供者:李持章、李树华、于润潭等)

天津菜的守望者贾景奎

孔令涛

贾景奎，1924年8月出生于天津武清县（今武清区）城关镇南街村，是天津著名的烹饪大师，与史俊生、杨再鑫、赵克勤并称为"津菜四老"。

贾景奎与"狗不理"创始人高贵友是同乡，当时很多武清人来到天津卫，以经营蒸食铺、包子铺为生。贾家穷，孩子上不起学，年幼的贾景奎在家拾柴火、放羊帮衬家里。

贾景奎
(1924-2012)

1937年，13岁的贾景奎，在同村王宝臣的推荐下，来到坐落在教堂后的廉江居包子铺做学徒。临行前，母亲舍不得孩子，把他搂在怀里亲了又亲，哭着道："上辈子打爹骂娘这辈子干勤行，干上这一行，要吃多少苦，受多少罪？"父亲也是闷头不语，最后说了一句话："干勤行好，能有口饭吃，待在家里早晚也是饿死。"贾景奎背上一个小包袱，头也没回地走出了家门。这一走，走出了名震津门的一代烹坛大师；这一走，走出了天津餐饮业的传奇人物，正是他把天津菜推向了一个前所未有的高度。

一、漫漫学徒路

廉江居包子铺不大,有十来个伙计,老板为人和蔼。初来乍到的贾景奎还是个孩子,在家根本就没干过做饭的活儿。掌柜的让他跟着盯屉,他学了几天,觉得没什么,就自己盯了起来。谁知道,自己盯,根本不是那么回事,辛辛苦苦蒸的包子,粘在屉布上下不来,一使劲包子就掉底了。掌柜的没骂他,而是耐心地告诉他,包子掉底的原因很多,首先上屉的时候屉布湿度不够,或者是屉布没洗干净,或是蒸制的时间过长,都会导致包子粘底;其次,包子馅太稀、面太软,也可能导致包子粘底。听了这席话,贾景奎明白了,天下的事情,没有看到的那么简单。从此以后,他每天都把屉布洗得干干净净,包子上屉前,他还要看看屉布是不是保留一点湿度,慢慢地就掌握了这项技能。

随后掌柜的又让他学兑肥碱、擞面、上馅等,当年高峰期每天数百斤的肉馅、菜馅,没有铰刀,完全靠刀剁出来,贾景奎的手腕子都累肿了。后来贾景奎回忆道,自己扎实的刀工功底就是在包子铺学徒的几年,天天剁上百斤的肉、菜才打下的。

上包子馅完全凭着一双手,要用手感觉肉馅的均匀度和黏稠度,冬天也只穿一个小褂,把小褂的袖子挽上肩,整个胳膊伸到带冰碴的馅里,不停地搅动,直到浑身大汗,脑袋上冒出丝丝的热气,才算合格。

他学得很快。掌柜的告诉他,天津包子讲究面要和好、发好,外形讲究菊花褶、抓髻顶、蒸熟不走油、不掉底。名家包子铺的主要功夫在馅上,各有不同。"狗不理"包子讲究用特制的香油和馅,同义成包子铺在馅里放一点浙江腐乳,陈傻子包子铺则放一点面酱。他都一一记下,下决心要做一个好的包子师傅。

来天津时间久了,他渐渐地发现,勤行的门类很多,包子铺附近的万顺成、正阳春、登瀛楼都是勤行,但是那里边的门道自己完全不知道。他最喜欢到大饭庄门前,看身穿白色裤褂的大师傅轮勺炒菜,尽管炒的是什么他不知道,更别提什么味道,但是他还是乐此不疲,流连忘返。掌柜的看出了他的心思,知道他是一个有心路、知上进的孩子,就把他叫到身边,对他说,孩子,这行都叫勤行,但是本质不一样啊,在咱这儿干一辈子顶多是包子匠,只有学烹饪,上灶炒菜,才能称为大师傅。

1939年,贾景奎来到三义庄广发源酒席处学习炒菜。

到酒席处干的第一件活计就是"定合碗",比如著名的天津烧肉,将五花肉煮至八成熟捞出,趁热抹去皮面上的水分,抹上糖色,然后,用八成热的油将肉炸至起色,捞出,稍晾,改刀切成大片;把肉码入容器内,放姜料、调料,蒸熟,下屉扣入盘中。贾景奎一边看师傅如何操作,一边默默记下技术的关键点。比如,糖色是天津厨师惯用的自制调料,不仅起到上色的作用,还可以给菜肴带来一种特殊的口味;调料的投放完全凭借师傅的一双手,糖、盐、料酒、酱豆腐、姜料的投放,看似漫不经心,实则把控精准,没有多年的经验,做起来会是失之毫厘,谬之千里。此外还有黄焖鸡块、扒肘子等。

酒席处经营的为红白喜事的宴席常见的吃鸭条鱼翅,简称鸭翅席。菜品中主要有炒金银丝、清炒虾仁、熘鱼片、炒鸡丁、炒三样、烩虾扁、烩全蟹、烩四丝、拆烩鸡、炸银鱼、滑鱼、炸比目鱼条、炸脂盖、扒鱼翅、扒海参、扒参唇、扒肘子、四喜丸子、清蒸鸡鸭、扒鸭条、元宝肉、樱桃肉、紫蟹锅,甚至也包办满汉全席。

酒席处菜肴的价码比相应的饭店便宜,北伐战争前后,普通的"八大碗"不过3元。"八大碗"以碗盛,一桌有八品,又有荤素之分,故称"荤素八大碗"。"荤八大碗"有元宝肉、熘南北、熘鱼片、炒虾仁、清蒸羊肉条、全家福、拆烩鸡、烩肉丝。"素八大碗"有烩面筋、炸元宵、素烩、炸饹馇、烩素冒、烩鲜蘑、炸鹅脖、素烧茄子,冬季还备有什锦火锅。顾客事先预订包桌,或单炒几个菜,届时送餐到门,十分方便。

酒席处后来发行一种帖子,类似于今天的购物礼券。主家不愿送人现礼,而付菜肴价款换取酒席处的一张酒席帖子。帖子为红单帖纸,上面写着"凭条取上席一桌",左下方标明酒席处的字号和地址,帖子背面有"本帖折价若干圆"字样,并加盖酒席处的印鉴。据老先生回忆,家中与某亲戚素有礼尚往来之谊,互相馈赠酒席帖子。有一次,竟然收到了一张清同治、光绪年间的酒席帖,这家酒席处早就不知道在哪儿了,可这酒席帖子还被人们当作有价证券,互相馈赠了几十年。

1941—1943年,厨艺小成的贾景奎来到天津著名的二荤馆凤鸣楼,天津风味的二荤馆既预订高级宴席又接待散座,二荤馆擅烹"四大扒""八大碗"。远在"八大成"兴盛之期,二荤馆就已十分火爆。天津的二荤馆早期以天一坊、什锦斋、慧罗春最为著名,当时的《商业汇编》刊登广告写有"时珍海味""喜寿宴会""应时小酌""家常便饭"等。这些二荤馆的规模也很大,设备齐全,有很强的技术力量,掌灶的师傅多是"八大成"饭庄学徒期满出师的青年厨师。民国初年,一批新的二荤馆,如燕春坊、凤鸣楼、四海居、中和楼等也相继开业。有些"八大成"饭庄倒闭后,也改为二荤馆,在原来的经营范围内,扩大散座,面向中低层食客。

他和师傅学习了津菜代表菜罾蹦鲤鱼的做法,这是一道以带鳞活鲤鱼炸熘而成的津菜体系中的传统名菜。因成熟的鱼,形似在罾网中挣扎蹦跃,故而用"罾蹦"二字取名。

制作此菜，要将活鲤鱼宰杀，去鳃、留鳞、留鳍，开腔去内脏和腹内黑膜，洗净，经过改刀，鱼头鱼尾向两侧敞开，头部不能切断，尾巴要能翘起来，皮肉必须完整；用毛姜水、料酒、盐腌制，然后，做油勺，烧至七八成热时，一手提鱼头，一手提鱼尾，将鱼身朝下，入热油中，炸至鱼鳞翘起，再将鱼背朝上，将整个鱼炸至鳞酥骨脆捞出，伏卧在大盘中，上桌时，带上预制好的糖醋汁，当着客人的面把汁浇在鱼的身上，发出响声，此菜即完成。

贾景奎觉得，要想干好厨师这一行，烹饪的基本功固然重要，但是还要了解和掌握服务对象的饮食习惯，天津人吃东西还讲究“应时到节”。比如，春节刚过，炒虾仁要用晃虾仁，因为这种虾的供应期极短，一晃而过，因此叫晃虾，之后是鲫头鱼，再后来是海蟹、鳎目；秋季就是河蟹；到冬季该有银鱼、紫蟹面世了。厨师要根据季节的变化，不断安排时令菜肴，用以满足食客的要求。

天津还有独具特色的菜肴，比如这道天津扒菜的代表品种之一——扒全菜，精选8种以上中、高档原料搭配成型，再进行扒制。按入肴原料分，有荤全菜、素全菜(又称罗汉斋、扒全素)、荤素全菜三大类。烹制的扒全菜，就是荤素全菜这一类型。选用的主料有水发干贝、青虾仁、水发海参、熟白鸡脯肉、火腿、笋、香菇、黄瓜、胡萝卜等。

制作时，将青虾仁上浆，用六七成热的油滑出，沥净油后，用鸡茸将虾仁粘成完整的橘子形，上屉蒸熟备用，然后将笋、香菇、黄瓜、胡萝卜、火腿分别切成片状，水发海参、熟鸡脯肉切成条及水发干贝，分别用沸水焯一下，沥去水分，按荤素、颜色、质地的不同将这些原料反码入盘中；锅置旺火上，油烧至七成热，下葱末爆香，烹姜汁、打高汤、放精盐、味精，将盘内主料轻推下锅(保持原形)烧3—5分钟，边晃勺，边淋芡，沿锅边淋明油大翻勺，回锅稍㸆，溜入盘中，再将蒸熟成橘子形的虾仁入炒勺加少许高汤调口，挂芡均匀，放在盘中心即成。

经过大翻勺，盛入盘中，多种原料依然排列整齐，不散不乱，突出了天津扒菜中拼配扒大翻勺的绝技，其味道鲜醇厚，原料质感相异，各有其本味特点，是高档宴席中的珍品。

贾景奎在制作这道菜的时候，总结了技术上的要点，挂芡的时候不能挂死芡，要挂活芡，就是一边挂芡一遍晃动大勺，让原料在勺内转起来，或是勺在火上，右手用手勺把水淀粉拉出一条线，只在冒泡的地方使芡，业内称之为"跑马芡"，所谓"内行一条线，外行一大片"。

1944年，贾景奎辞号来到惠中饭店，拜河南名厨沈民宣、卢殿元为师。河南厨师在当时占据天津各大饭店的厨房，其原因一方面是由于河南菜选料严格、刀工精细、烹调细腻、口味清淡，特别是擅长烹制山珍、海鲜及脱骨酿馅类菜肴，红烧鱼皮、葱烧乌参、扒紫爆、菜心扒熊掌、奶汁猴头、八宝葫芦鸭、清汤竹荪等适合大饭店的消费需求。此外，河南厨师和河南菜在京津地区走红，还和袁世凯有关。

袁世凯是河南人，因此聪明的河南厨师借用了这块金字招牌，借势造势，制造舆论，一时间河南餐馆成为京津地区达官显贵的聚集之所，生意越做越大。究其原因，凡河南餐馆，不论资方还是伙计、经理每人必须入股，人人是股东，饭庄的好坏直接影响他们的收入，都要对饭庄负责；河南餐馆不录用其他饭庄的人员，烹饪技术人员与管理人员由饭庄自行培养；一些饭庄为了招揽生意，他们把内部使用的酒席缴款单可以在连锁店内部流通使用，即在北京开出的交款凭证可以在其他地方的连锁店使用，这样就解决了当时军阀割据，货币不能流通使用的问题。这样的做法不仅活跃了业务,还使该饭庄的收款单成了馈赠亲友的礼品,类似于如今的储值卡,因此河南餐馆的生意也是风生水起。

河南厨师善于烹饪珍稀食材,小到蹄筋大到熊掌。烧蹄筋就是贾景奎在交通饭店学到的一道菜,此菜以水发蹄筋为主料,辅以香菇、大葱为肴。制作时,要把水发蹄筋改刀成寸段,放入用鲜鸡吊制的浓汤中入味;然后将发制好的香菇用五成热油温慢炸出香味捞出控净油备用;勺内留底油,下葱煸炒出金黄色,烹料酒、酱油、味精、高汤、白糖再放入蹄筋和香菇烧制,勾芡,大翻勺,出勺装盘。

1945年贾景奎又辞号来到燕春坊主持灶政,在这里他学会了一道津菜代表名菜,由于其形状似扇贝,而取名"软熘花鱼扇"。制作此菜,可选用黄鱼,在刀工处理上,要剔去鱼的脊刺、肋刺,取净肉,以坡刀法片成5厘米长、4厘米宽的扇面大片,鱼皮朝下,码在盘内,抹匀打散的蛋黄糊,用六成热的油温将鱼片炸至金黄色,捞出备用,勺内留底油,加糖、醋、少许盐,炒糖醋汁,鱼扇下勺,挂薄芡,大翻勺,打少许花椒油,将菜溜入盘内。

贾景奎琢磨菜,不但炒菜的时候琢磨,菜上去之后还要问问服务员,客人的反应怎样,有什么意见,有的时候还要去刷碗间看看,了解一下撤下来的盘子里剩下了什么,以此来研究不同顾客的口味和需求,对自己炒菜的味道进行调整。天长日久,针对不同地区、职业、年龄、性别的顾客的喜好有所了解,逐渐形成自己独特的操作风格。

比如,天津著名的红烧肥肠,贾景奎做起来就有自己的独到之处。首先,肥肠是直肠,因此异味很重,天津人把它称为"脏气味",所以如何去掉浓烈臊臭的异味至关重要,这一步没有处理好,下面的一切就是白搭。第一步,将直肠放在温水里清洗,一边往肠子里面灌水,一面将直肠翻转,剥净肠子里面的污物并洗净。此外,直肠内的白油是不可以全部剥光的,剥掉多余的絮状油脂即可,附着在肠壁上的油脂是干净并且有用的,在焖烧的过程中,它会形成"自来芡"。清洗完毕,将大肠翻回原状,切去直肠的两端。之后,放置在清水锅内,用旺火烧开,等到直肠的外层发硬紧缩时捞出,将大肠翻转过来,用盐和米醋反复揉搓,直肠中的黏液也是一种蛋白质,在盐的作用下蛋白逐渐凝固,就方便去除。米醋的作用是去臊味的,清洗过程必不可少。这一步一直要反复揉搓、清洗、再揉搓、再清洗,直到肠壁不留一点黏液,才算洗好。

接下来需要再放到锅里用葱姜和黄酒一起煮,如果感觉锅内的臊味依然很重的话,就得再换水和作料,一直到满意为止。这个过程大概需要一个半小时到两个小时的时间,直到汤色终于澄清,不再浑浊,锅里也没有一丝一毫的腥臊味道,用筷子可以轻松地戳进去的时候,就可以捞出来了。但是这个时候的直肠是胖胖的,如果这时拿去烧,烧出来的质感是"烂"而不是"糯",必须将它浸泡在凉水中冷却,捞出码放在盘子中,放入冰箱冷藏,使大肠重新收缩起来,才可以进行烧制。烧好的大肠,色泽红亮,有明显的"自来芡"质感,入口酥糯绵柔、肥而不腻,味道酱香醇厚、鲜而不臊、生津回甘、余韵不绝。

贾景奎还虚心向清真馆的师傅们学习,比如砂锅散丹,制作时,要选用熟白锅散丹0.5千克,改刀成骨牌块状,用沸水炒透,控净水分,放入砂锅中,然后用鸭油炝勺,放葱、姜米爆香,烹料酒、放高汤和胡椒粉一并倒入砂锅内,下主料,大火烧开,小火煨炖,待主料熟烂后,放少许牛奶和少许盐、味精即成。随菜上香菜和胡椒料小料碟。制作此菜的关键在于煨炖环节。炖时,火不可急,也不要大,成菜后汤汁奶白,主料软烂不柴不膻,咸香微辣。

红扒鸭子也是贾景奎向清真厨师学习的菜肴,制作此菜要分三步走:第一步,将熟白锅鸭子去骨,留净身,装盘上屉蒸10分钟后取出备用;第二步,把山药去皮洗净改刀成菱形块,用六七成热油炸成金黄色,捞出控油,连同鸭骨用红汁(葱姜蒜片、大料、料酒、盐、花生油炒制的一种料汁)㸆熟,盛入大盘餐具中间备用;第三步,热勺凉油,放红汁煸香,下高汤、盐,将蒸好的净身鸭子反面放入勺内,烧开,煨㸆至挂芡,大翻勺,溜入盘子中间,上面再撒上已入味的辅料点缀即成。此菜形状自然,完整美观,色泽金红透亮,咸鲜清香,肥而不腻,软烂不柴,富有营养。

1947年,贾景奎来到中和楼。这期间,杨再鑫就在中和楼主灶,因此,到了中和楼之后,贾景奎向杨再鑫学习了很多天津菜的技艺,贾景奎钦佩杨再鑫活路宽、干活麻利,杨再鑫则欣赏贾景奎做事研究、见多识广。两人一个头火一个二火,相互扶持、帮衬,成为天津餐饮业一段佳话。其间,中和楼经营玛瑙野鸭、炒青虾仁、罾蹦鲤鱼、官烧鱼条、炸熘软硬飞禽、熘油盖、银鱼紫蟹锅、煎烹虾饼、炸蹦两吃虾等上百种天津传统名菜。众多美食家慕名而来,使得中和楼名盛一时。

1952年,杨再鑫赴朝参战后,中和楼由贾景奎主灶。1956年中和楼公私合营后,贾景奎觉得浑身有使不完的劲。他说,过去是给东家、掌柜的干,如今是给咱劳苦大众自己干,心里有说不出的喜悦。他白天干业务,夜里上识字班学文化,还向党组织递交了入党申请书。

二、打造红旗饭庄

由于思想进步、技术过硬,1958年9月,贾景奎经赵继涵、孙振华介绍,光荣地加入了中国共产党,同年经红桥区饮食公司研究被调到同聚楼担任经理。同聚楼坐落在北马路,旁边有条胡同,连着天津商业的发祥地——估衣街,当时是一家鲁西南特色的菜馆。贾景奎来到后,就产生了一个大胆的想法,把同聚楼改造成天津风味菜馆。

那一年,正值全国五省三市卫生评比活动,贾景奎把卫生作为自己施政的突破口,狠抓食品卫生和环境卫生,小灶的料罐,他一天一换,一天一清洗;同时管理上,他紧紧抓住厨房、服务、核算三核对制度,堵住了跑、冒、滴、漏。经过评比,同聚楼凭借过硬的卫生制度、食品卫生、环境卫生和"三水一签"(洗脸水、洗手水、漱口水和牙签)等工作经验被评为卫生红旗单位,其先进的经验和做法,在全市餐饮行业中交流、学习。贾景奎乘势而上,将同聚楼更名为红旗饭庄,同时改造成天津风味菜馆。

贾景奎与红旗饭庄

他改造了厨房的布局,把灶按照天津馆"五鬼闹判"的要求,垒成一个厨师同时掌管着两个主火、一个边火、一个次火和一个汤火。主火是实火,下面烧煤,而边火和次火、汤火实际是主火的烟道,利用主火的余温对菜品进行加热,为的是节约火力。五个灶口呈梯形排列,再加上不下20种调料,气势恢宏。津菜厨师在操作上讲究的是五个灶口一起使用,常常是"做一望二料理三照顾四",这就要求厨师精神集中,动作要快,并根据菜肴火候的不同选择适当的火力。同时要求厨师在操作时对菜肴的先后顺序要清楚不乱。一般是用主火炒菜,用边火坐热油炸制或从汤火的锅里取热水焯制原料以加快菜肴的出菜速度,用次火烧、爆鸡、鱼等菜肴,还要不时给汤锅里续水、投料等。

但实际操作中也非一成不变。如在烹制鱼的菜肴时,在边火上坐油、炸鱼,同时在主火上炝勺,等鱼炸好放入炝好锅的勺内,烧开,再放到次火上小火爆熟。在这段时间内,陆续做别的菜,等到鱼熟以后,再移至主火,烧到汤汁浓稠,行内成为"硬收汁儿"。这时,其他菜肴也陆续完成,如此反复,几把大勺在几个灶口上下不停地翻飞、跳跃,厨师忙而不乱、紧张有序真是让人眼花缭乱、目不暇接。

另一个改变就是创新菜品,贾景奎大刀阔斧地对原来的经营品种进行了改革,增加了软熘鱼扇、炒青虾仁、银鱼紫蟹火锅、罾蹦鲤鱼、酸沙紫蟹、麻栗野鸭、酱飞禽等天津菜,保留了葱烧海参、九转大肠、糟熘鱼片、烩乌鱼蛋汤等一批鲁菜。此外,贾景奎还增加了天津包子、天津锅贴、捞面、水饺等百姓喜食的品种,使红旗饭庄更名开业伊始就顾客盈门。

此外他还重视蹲浆、爆卤、炒嫩糖色等津菜小灶的基本功,后墩经过刀工处理的里脊片、肉丝、鸡丝、鱼片、虾仁等,提前用盐、淀粉、鸡蛋上浆,使炒出的菜肴质地脆嫩滑爽,他还讲究制汤,他把用的汤分四种:一是毛汤,采用"吊"的技法,用鸡鸭熬制,用途较广,在没有鸡精的时代,汤中大量的氨基酸为菜肴增加了无尽的鲜味;二是白汤又称奶汤,采用"焖"的技法,用猪、鸡、鸭骨熬制而成,用于煎转、醋椒等白汁菜肴,如果在白汤中加入牛奶,则成为高级奶汤,可做"奶汤鲍鱼""奶汤鱼肚"等高档菜肴;三是素汤,使用提的技法,用黄豆芽熬制,雪白浓酽,用去核的苹果切成瓣和香蕉一起下到汤内,煮烂捞出,素汤的豆腥味尽出,用于素席菜肴。难度最大的是高清汤,又称双套汤,先用鸡、鸭、牛肉吊汤,过罗后以此汤与老母鸡、牛肉小火炖3个小时,将汤过滤去渣,加入剁碎的鸡胸肉和牛肉继续熬制3个小时,进行"套汤"。熬好后,再进行"套汤"一次。整个过程经过吊汤、提汤、套汤、双套汤4道工序,10多个小时,汤色呈淡茶水色,清澈透明,全无渣滓、浮油,但是鲜醇浓酽、回味咸香,凉后可成琼脂状能立住筷子,适合做高汤燕菜、扒通天鱼翅等高档菜肴。

20世纪60年代,先后有津菜名师史俊生、杨再鑫、杨培志等主灶,前墩有特级厨师马惠林配菜,后墩有中立园原东家辛秀章、辛秀普料理,面案是制作津式面点的权威芦桂林和馅活专家尤春江,服务部则是名师邓福友压阵。这样的阵容远远超过了其他津菜馆,其配合默契、珠联璧合,更使红旗饭庄名扬津门,跻身于天津正餐甲级餐馆的行列。

在经营中,贾景奎要求服务员要在服务过程中注重细节,一位客人进入酒店,有三个方面需要服务员用眼"看"出来:注意是几位客人,客人大致的身份特征等;从客人的眼神中观察需求信息及客人的态度;看细节,如在前厅看到提行李的客人,就上前协助;看到有一两岁的小孩,就添儿童座椅;看到客人摸口袋找烟,就赶紧递上火柴。同时,他要求接待散台顾客,要根据就餐的人数,确定大、小菜份。他常对服务员说,干餐饮就是"看人下菜碟",人家就来两个人,你非要给人家写大份菜,一个菜不够,两个菜吃不了,不如你给人家写两个小份菜,既不浪费,还让客人尝到了更多的菜肴,并规定4人以下，一律小盘菜，只要他发现服务员开了大盘菜，除了批评教育，还要扣奖金。

他要求厨师接单后，并不急于炒菜，而是"审单"，菜单上客人点了什么，有什么菜，通过菜单了解顾客的更多信息，从而调整菜品的口味，比如，点辣菜的菜多，说明客人喜欢辣，炒菜的时候就多放些辣椒，反之就别太辣。如果甜口的菜多，每道菜反而不能太甜，否则吃完会引起反胃。就是凭这样的精心与细心，使红旗饭庄格外得到顾客的青睐。

他严格管理，坚决杜绝原材料浪费的现象，当时有的厨师为了烧煤的炉火够旺，往灶眼里倒食用油、糖，他说这是暴殄天物。他还发动职工用黄瓜把、辣子把等料头腌制咸菜，免费为客人提供。

他恢复了天津名菜狮子头，这道菜无论是清蒸还是红烧皆虎虎生气般的响亮。观其形，青菜掩映下的肉丸子有肥有瘦，红润油亮；闻其香，可谓无法抵挡的美味。古人称此佳肴为"跳丸炙"，可上溯到南北朝《食经》的记载。津味狮子头选用五花三层、三分肥七分瘦的鲜肉，经过切、摔、拍、打等环节使之变得松软，接下来先炸后蒸，烹制出肥而不腻的天津狮子头。

此外，贾景奎始终认为，餐饮经营要扬长避短，市场的格局不应轻易被打破，"要给手艺人留饭"。当时饮食公司系统春节是不连市的，很多早点基层店在春节期间增添了汤圆业务，公司领导找到贾景奎，让他也打汤圆、卖元宵。贾景奎不干，他认为市场是一个完整的生态链，术业有专攻，他说，过去卖粽子、卖汤圆、卖切糕的都是手艺人，应时到节，做点小生意养家糊口，大买卖家如果连这点空间也不留，让这些手艺人怎么活？最后，他一甩袖子，告诉公司经理，"开水铺的看海河——净是钱了"。

从1960年一直到1965年，连续6年，每年夏季中办都调贾景奎到中共中央疗养院任管理员(经营管理)兼技术指导,负责中央首长的膳食安排。

在北戴河期间,厨房里几乎云集了全国各地各大菜系的名厨,一次,沈阳宝发园的厨师来到北戴河做沈阳的四绝菜,据说是当年少帅张学良最爱吃的四道菜,分别是熘肝尖、熘腰花、摊黄菜和煎丸子。贾景奎看着看着,突然看出了什么,忙问厨师,你炒的是天津菜吧?厨师愣住了,问贾景奎你怎么知道我师傅是天津人。贾景奎这才说,我看你这四个菜,共同的特点是嫩,却嫩得各有千秋,肝尖是滑嫩,腰花是脆嫩,黄菜是软嫩,丸子是焦嫩。这正是天津菜技法独特的体现。虽然在作料方面已经做了改进,但是还能看出来天津菜的影子。原来,天津宁河人国钧瑞曾在天津"八大成"之一的聚合成学艺3年,后举家闯关东。1909年国钧璋和弟弟国钧瑞到了沈阳,凭借着手艺,在沈阳大东区小东路小什字街创办了宝发园。这四道菜鲜香可口,征服了当时的顾客,连见多识广的少帅张学良,1927年春还专程慕名而来,吃后赞不绝口,特地见了国钧瑞,还赏了10块大洋……此刻,在场的人不禁对贾景奎的独具慧眼刮目相看。

1971年,贾景奎回到红旗饭庄。他一生中曾经先后5次离开红旗饭庄,但是最后都回到红旗饭庄,直到1992年退休。他是红旗饭庄的缔造者、开拓者,红旗饭庄就是他的孩子,他先后培养了一大批津菜的技术力量,除了史俊生以外,40后的王鸿业,50后的高碧仁、辛宝忠、吴玉书、田景祥、殷志刚、吕金梁,60后的李赤涛等,直到现在,这些人仍然活跃在灶前。直到20世纪末,红旗饭庄被市政府确定为津菜基地,肩负起弘扬津菜的重任。

三、援助索马里

1972—1974年,贾景奎担任索马里中国烹饪专家组组长,参加了援助索马里筹建首都摩加迪沙国宾馆的工作。

来到索马里,第一个挑战贾景奎的不是气候,更不是工作,而是抽烟。他烟量大,一天一包,要出国了,他准备了两条烟,主要是怕飞机上不让带这么多,想着省着点抽,等发了津贴补助,在当地买。可是谁想,专家组的其他成员,由于年轻,又是第一次出国,难免想家,有的已经戒烟又开始复吸,没抽过烟也想抽根烟以解乡愁。大家同时盯上了组长那不多的存货。"烟酒不分家",贾景奎明知道自己都不够抽的,还大方地把烟分给同志们抽。不到半个月两条烟就抽光了。烟断了顿,津贴迟迟没发,又不好催促领导,贾景奎只能自己想办法,一次在库房,看见有"大红袍"的花椒,就放在嘴里一颗,顿时又麻又辣,比抽烟刺激多了。他还告诉同事,辣椒本是舶来品,中国古代的辣,就是这花椒和吴茱萸之类的辣。没想到,这种"代用品"没用几天,强烈的刺激使口腔黏膜溃烂,满嘴都是泡。好在没多久,津贴费就发下来了,他们买了当地的卷烟,一饱口福。

索马里人烹制的饭菜,风味独特,丰富可口。待客的主食有大米饭、玉米饼、椰肉饼、奶制糕点等,副食有牛肉、羊肉、鸡、蛋、海产品、蔬菜等。贾景奎把中国的涮羊肉带到了索马里,向当地人介绍这种来自东方的美食,深受索马里朋友的喜爱。一次,一位政府部门的官员来品尝涮羊肉,谁知,羊肉上来了,却不能接受涮羊肉的味道,场面非常尴尬。贾景奎灵机一动,为他炒了一份葱爆羊肉。那个官员食欲大增,独享一份之后,向贾景奎提出再来一份。

香蕉是索马里的主要农产品,个头硕大,皮薄肉厚,味道香甜,在国际市场上一直畅销不衰,享有"世界最甜香蕉"的美称。索马里人招待客人时,餐桌上是少不了香蕉的,有供生吃的香蕉,也有香蕉饭、香蕉饼以及香蕉酒等。贾景奎就创制了拔丝香蕉、烤香蕉片、脆皮香蕉、香蕉鸡等菜品,最有特色的就是香蕉鸡的做法:首先将鸡脯肉切成大片,撒入盐和胡椒粉腌渍。其次取一段香蕉,用鸡片包裹住,裹上面粉、蛋液、面包屑,下入锅中煎至金黄。

贾景奎在索马里研制了很多用骆驼制作的菜肴。

炖驼峰。做法是:第一步是将干驼峰埋于炒过晾凉的粗盐中,放入炒锅内,在小火上煨炒,至驼峰膨胀如浅色油条时取出,放入盆内;第二步是将碱溶于八成热的水中,倒入驼峰盆内焖发,然后轻轻地揉搓,揉至像一般油发鱼肚时为止,用清水洗净碱味;第三步是将发好的驼峰切成长4厘米、宽2厘米、厚1.5厘米的块;第四步是净冬笋均切成长4厘米、厚0.2厘米的片,分别放入开水中一焯捞出;第五步是将鸡蛋同湿淀粉调成鸡蛋糊备用;第六步是汤锅内加入清汤放进驼峰置小火上炖至开沸时,离火晾凉,再置火上烧沸,将汤滗出控干,挂好鸡蛋糊;第七步是炒锅置中火上,放入花生油,烧到七成热时,下入挂好糊的驼峰块,炸成黄色时捞出控油;第八步是炒锅内放入葱油,中火烧至八成热时,放入奶汤750毫升、精盐、黄酒、姜汁、驼峰,煮沸后,打去浮沫,放入配料,煨炖5分钟,盛入汤盘内即成。

油爆驼峰。做法是:第一步是将驼峰用温水泡6小时,修去杂物,洗净;第二步是洗净的驼峰放锅内煮3小时捞出,再用凉水冲洗干净;第三步是冲洗干净的驼峰切成1厘米厚的片,两面刻上直花刀,然后改成1厘米见方的丁;第四步是驼峰丁放开水锅内加料酒余两次,捞出沥干水分;第五步是沥干水分的驼峰加湿淀粉拌匀;第六步是香菜择洗干净,切成1厘米长的段;第七步是酱油、味精、食盐、胡椒面、湿淀粉加肉汤150毫升兑成汁;第八步是锅内加油烧六成热,将驼峰下入,滑散倒漏勺内控油;第九步是锅内留油,放葱、姜、蒜炝锅,倒入兑汁爆起,再倒入滑好的驼峰,颠匀后盛入盘内,撒上香菜即可。油爆驼峰的特色是色泽银红旺油包汁,滋味鲜美。

小炒驼峰肉。做法是:第一步是将驼峰肉切成0.2厘米厚的片,用精盐、水淀粉上浆;尖椒、大葱均切成斜片。第二步是锅置旺火上,放入植物油,烧至四成热时,下入驼峰肉滑油,断生后倒入漏勺沥油。第三步是锅内留底油,下入尖椒、大葱、辣酱、精盐、味精、酱油炒香,再放入驼峰肉炒拌均匀,勾芡,淋红油,出锅装盘即可。

有一次,负责筹建国宾馆的官员缠着贾景奎非要吃北京烤鸭,这可难坏了他。他没有马上答应,晚上回到宾馆休息,他琢磨,自己根本就没烤过鸭子,随队的队员他问遍了,也没有会做的。他仔细一想,当年在北戴河中央疗养院的时候,他和北京全聚德的烤鸭师傅沟通过,也看过人家操作,虽然很多年过去了,但是当时技术关键点他记得很牢。他兴奋地起身,心里盘算着,鸭子是现成的,调料基本都有,薄饼可以烙,其他的虽然简陋些,但是可以因陋就简,主要是没有鸭炉。贾景奎想,可以用明火加暗火相结合的办法呀!于是他找来采购,告诉他买来鸭子不要开膛,要不就没法打气了,鸭坯子来了,用自行车气管子打气,掏膛、收拾好,里面支个小木棍,外面堵好眼,用开水烫皮,抹饴糖,没有饴糖,他就改用蜂蜜,刷匀了,挂在背阴通风的地方一晾。

甜面酱肯定是没有,但是多年酒席处出"外台子"的经验让贾景奎有的是办法,抓点面,用香油小火略炒,加上酱油、糖、蜂蜜和果酱调味,炒匀之后一尝,还真是这么回事。

第二天,他把高汤灌到鸭子里,先把鸭子放到煤气烤箱里,然后吩咐面案烙20张薄饼,告诉冷荤配点黄瓜、洋葱之类,估摸时间差不多了,又把烤鸭从烤箱取出,包上锡纸,在煤气炉上慢烤,直烤到鸭子骨酥肉烂、色泽枣红,闻起来香气扑鼻。官员闻到香气就跑过来了,贾景奎按照全聚德片鸭子的手法,给他片了108片,吃过以后,这位官员伸出两个大拇指,称赞烤鸭的味道好。

在索马里贾景奎成为中国烹饪餐饮文化的传播者,他给淳朴善良的索马里人民带去了悠久的中国饮食文化,传授了中国的烹饪技法和管理经验。一次他在为国宾馆员工讲述中国餐饮文化的时候,讲到了中国的馄饨。他说,在中国,有一种食物叫馄饨,天津、北京叫馄饨,广东叫云吞,福建叫肉燕,有的地方叫元宝、汤饺。翻译为难了,他不知道这些名称该如何翻译,只能用直译的办法。贾景奎接着说,每种馄饨都有自己的特点,有圆的、半圆的、三角的、长方的,馅有猪肉的、牛肉的、鲜虾的、海米的、干贝的、三鲜的、素馅的,还有水果、哈密瓜的。翻译又忙乎了一阵,贾景奎接着说,中国的馄饨已经传到了海外,意大利的"托特洛尼"、俄罗斯的"瓦伦尼克"、土耳其和伊朗的"曼图""曼都",与它都有关系,他们的"老祖宗"就是中国的馄饨。学员们都听傻了,连点头都忘了,一个劲儿地说"下次还要再给我们讲讲中国的馄饨"。

这些洋学生也越来越接受来自古老中国的烹饪技术。开始,不知道他们从哪儿学的中国菜,炸的春卷用鸡蛋和面,用油煎,厚得和烙饼一样。贾景奎找来一个盆,和好面,不稀不糊,一手抓着面,一手把着炒勺,一张一张地吊出薄如蝉翼的春卷皮。洋徒弟们都惊呆了,他们简直难以置信,情不自禁地鼓起掌来。等到他们实际操作,不是厚了就是薄了,要不就是弄了满手是面还撒了一地,他们彻底折服了。

一开始,他们看见中国的菜刀就害怕,因为他们用惯了西餐的长刀,贾景奎也不是特别要求,只要把原料切得符合规格就可以了,刀法也就不要求这么严格,直刀还勉强说得过去,斜刀、平刀、剞花刀就不好使了,好在他们都是"带艺投师",没多久也都像不像三分样了,就连松鼠鱼的花刀也难不住他们了。

洋学生们喜欢颠勺,因为颠勺观赏性强,特别是带着火彩,让洋徒弟们如痴如醉。贾景奎教给他们用沙子练习腕力,直到他们颠勺时沙子不再跑到勺外边了,贾景奎才让他们用正式的原料炒菜。闲下来的时候,贾景奎还为他们表演了津菜绝技大翻勺,但见他神态从容,炝勺、打汤、调味、推入主料、小火燔、挂芡、晃勺、打明油、一连串的动作干净利落,井然有序,啪的一个空中揽月,主料稳稳当当地落入勺中,洋徒弟们惊呆了,但是他们哪里知道,没有几十年的功夫,哪能把大翻勺演绎得如此酣畅淋漓,如此完美。

四、编写《天津菜谱》

1974年,从索马里回国后,贾景奎再次回到红旗饭庄担任经理职务,直到1976年,天津市二商局要编写《天津菜谱》时,领导找到了他。

《天津菜谱》是由贾景奎和河西饮食公司刘建章、南开饭庄(原四海居)刘凤山、水上登瀛楼饭庄安宝金,于1976年至1977年,历经两年共同研究写出的。此外,什锦斋田沛然、燕春楼周金亭、红桥饭店赵克勤等也积极参与了这一天津菜历史上具有里程碑意义的工作。

《天津菜谱》全书共三册,第一册蔬菜类125种、猪肉类144种、牛羊肉类73种、甜菜类36种,合计378种;第二册鸡类65种、鸭类55种、野味类36种、蛋品类17种、凉菜类145种、汤类55种,合计373种;第三册鱼类117种、虾蟹类94种、干货类130种、锅子类25种,合计366种。总共13大类,1117个菜品。其中详细总结和记载了天津菜的全貌,在当时堪称是一项浩瀚的整理工程,对天津市的餐饮服务行业起到了承前启后的作用。《天津菜谱》是天津市第一部关于详细记载天津风味菜肴的专业书籍。

在编写《天津菜谱》过程中,贾景奎始终贯彻实事求是、认真负责的精神,在研究每一个菜的投料时,他不唯经验,不唯书本,拿来油、盐、酱、醋、味精、料酒、糖等调料,认真仔细地做实验用戥子过分量,尽可能做到投料准确。比如在整理晋蹦鲤鱼这道菜时,参考了一个手写本子,记载放醋为125克,贾景奎亲自在水上公园登瀛楼现场实验,得出结论,放50克就足够。原来写放糖150克,经实验放100克就可以了,原来投酱油15克,实验放10克后用盐找口即可,原来放明油25克,经实践放10克蛮好。

在刀工上,切片的薄厚、宽窄、粗细、用尺子当场比量推敲,力求记载精确。刀工中丁、片、丝、条,传统叫法如毂子片、骨牌块、帘子棍、火柴梗、苍蝇头等一律按照长、宽、厚按寸、分表示,以示规范。

在编写的过程中,贾景奎还注意去粗取精、去伪存真、推陈出新的原则,对传统菜批判地继承,不好的就改正。比如,传统菜肴中鱼瓜、鸡瓜、肉瓜都是放酱瓜这一副料,色味均不佳,因此取消了酱瓜这一副料,菜名仍保留。再如,炒雀脯和炸熘飞禽都是放糖和醋,一个味道,经过研究,把炒雀脯改为咸口,以区别两个菜的味道。

锅塌里脊一菜,按照传统天津馆的做法,先把里脊用鸡蛋和淀粉喂好,用温油滑过,再烹汁入味,另起勺将鸡蛋摊开,将主料倒入鸡蛋内,翻勺,原汁使芡,打明油出勺。比其他风味菜馆的做法既好吃又漂亮,因此得以保留。

该书摒弃了天津菜中油大、色大、芡大的传统做法,保留了天津菜清、鲜、香的本味。比如木须肉,减少了淀粉和酱油的用量,不用面酱,稍放盐和味精,经过改进,此菜口味鲜美,色泽亮丽。

在《天津菜谱》编写过程中,传统的银鱼、紫蟹、油盖、鱼腐等当时多年不见的菜品,为了不致失传,也被挖掘了出来,编入菜谱;过去没有的原料,比如橡皮鱼等,也增写了拌鱼丝、炒鱼丝、五香鱼等,成为那个时代的烙印。甚至连华北人民喜爱的曲曲菜,也被编成咸甜两品菜肴,足以说明贾景奎是一位非常接地气的一代名厨。

说他接地气,还表现在菜谱中写进了烩豆腐、炒豆芽、菜叶汤、萝卜丝汤、家常面汤等低档菜肴。当时行业很多人认为要提倡高、中档的菜肴,以提高其身价。甚至当时还有行业内的人嘲笑他,说档次不够高。贾景奎不为所扰,坚持将他们一一记录下来,以示提倡之意。他说天津菜就是起源于民间、得势于地利、发展于兼取。因此在编写中挖掘了一些不常做的老菜,也增添了一些新菜。1117个品种中,有高档的鱼翅、燕菜,有中档的鸡、鸭、鱼、肉,也有低档的大众菜,由于一般饭馆重视了高档、中档菜,不愿做大众欢迎的低档菜,这里特意把低档菜也列入菜谱,以示重视。

在编写过程中,贾景奎克服了很多困难,如想找某位师傅出来参与编写工作,可是公司的领导、基层店的领导根本就不放人,只能骑着自行车,挨家挨户找公司经理、劳资科长、基层店经理,挨个磕头作揖。3年中,无论刮风下雨严寒酷暑,甚至经历了1976年的唐山大地震。有的时候,贾景奎的血压高,晕得起不来床,他休息两天,还是坚持工作。编写工作需要安宝金参与,他既是基层店的负责人又是门市部的负责人,实在离不开,他们就把工作班子直接搬到水上登瀛楼去写。就这样,在相当困难的条件下,使这本《天津菜谱》得以问世,将天津菜推向了一个新的高度,完成了一代津菜名师的夙愿。

《天津菜谱》编撰完成之后,在他的积极倡导下,天津市二商局又组织力量编写了《天津面点小吃》一书,它也是我市第一部记载天津小吃的专业书籍。后天津饮食服务学校老师们从《天津面点小吃》中抽取部分内容编写了《大众面点》，由天津科技出版社出版。

五、守望天津菜

贾景奎是天津菜的守望者、继承者。贾景奎对于津菜的贡献，是里程碑式的，他为我们留下了一本津菜菜谱、一个津菜品牌、一支津菜队伍。

20世纪80年代贾景奎担任烹饪大赛评委

1988年红桥区饮食公司决定恢复天一坊老字号。贾景奎和齐向前等负责筹建。在大胡同新开路选址重建开业。新建的天一坊饭庄为三层建筑，面积1825平方米，营业面积1618平方米，门口悬挂时任中顾委秘书长荣高棠书写的匾额，一楼西侧有烹饪教学教室，中厅有喷水池；二楼大厅接待散座，还设有喜寿厅，供喜寿宴席典礼使用；三楼东侧设有贵宾厅、振兴厅、聚合厅、聚芳厅等6个豪华单间，西部为中式风格幽静典雅、古色古香的仿古高级餐厅，同时天津市津菜研究培训中心、红桥区烹饪协会也在天一坊办公，形成天一坊饭庄"三位一体"的格局。1989年被天津市旅游局批准为定点涉外餐馆。

天一坊以经营津菜著称于津门，代表菜有罾蹦鲤鱼、煎烹大虾、酸沙紫蟹、麻栗野鸭等，挖掘了美宫鸭子、脆皮虾球、鸳鸯茄子等传统津菜，引进吸收了洞庭虾球、铁板系列以及创新了刺身系列、咖喱系列等高中档菜品，深受消费者欢迎。1987年天津市"群星杯"烹饪大赛中，花篮鱼卷获得优秀奖；1990年"迎亚运美食节优质菜品评选赛"中，龙凤盒、百花酿蟹斗、油淋鸡、百子鸳鸯卷等获得市公司优质菜品奖。

贾景奎晚年仍在弘扬津菜、培养新人

贾景奎1989年到红桥区饮食公司教育科从事员工的烹饪技术培训工作，1991年再次回到红旗饭庄，直到1992年退休。他曾任天津市烹饪协会理事、天津市津菜奖励基金会常务理事、天津市红桥区烹饪协会副秘书长等职务。退休后的贾景奎一直致力于津菜的普及和发展，先后为多家餐饮企业义务担任顾问。2000年，年逾古稀的贾景奎参与了红旗饭庄总经理张英凤女士《津菜》一书的编辑工作，提供了很多宝贵的资料。他关心红旗饭庄的发展、关心天津餐饮业的走向。他非常担心当时餐饮业追求高大上，动不动就燕鲍翅的畸形发展态势,当他知道红旗饭庄还坚持面向工薪、服务大众的经营宗旨不变的时候,露出了欣慰的笑容。直到2012年10月7日,生命的最后时刻,他还牵挂着餐饮、牵挂着津菜、牵挂着红旗饭庄。

总结贾景奎的技术特点,可以用京剧的"宽、广、硬、多"来形容。

"宽",贾景奎的烹饪技术知识面宽,在烧菜的时候,文武兼备,文是指理论、武是指实践,他认为只有理论联系实践,才能把菜品烧好,他文化程度不高,但是他熟读《随园食单》。他认为食材的选择,是一道美味佳肴的重要前奏,食材的鲜活、老嫩、应季等因素会直接影响菜肴的品质;在调味中不能一味地追求油多、火大、作料齐,还要掌握用糖不甜、用醋不酸、用酒增香的技巧;他重视火候,他认为在敬畏食材的同时,还要敬畏火候,什么时候应该凉拌、什么时候应该红烧、什么时候用武火快炒、什么时候用文火慢炖,都是经验和功夫的总结。

"广"是指思路广,他善于学习善于借鉴和创新,不墨守成规,他以前辈为师、以同行为师、以市场为师,虚怀若谷,不耻下问,虚心求教,取长补短、触类旁通,他常说唱戏的不惜跨剧种观摩,厨师也要善于打破门户,跨帮学艺;晚年的贾景奎提出了狭义和广义津菜的概念,狭义的津菜是指传统的津菜,贾景奎称之为"卫菜";他认为广义的津菜是使用天津的原料、天津的技法、在天津经营多年、深受广大津门百姓喜闻乐见的菜种。他认为,尽管天津也有川菜、鲁菜、淮扬菜甚至西餐等,但是经过多年的演变,俨然已经被天津的百姓认可,成为津菜不可分割的一部分。

"硬"是指基本功硬,他认为唱戏的功底是"唱念做打",烹饪的功底是"色香味形"。从原料进门到刀工、火工,一道优秀的菜品,全在功夫上,来不得半点虚假。他的烹制白蹦鱼丁,选用天津夏季特产的目鱼,色泽奶白,软嫩滑润,咸鲜清淡,略含蒜香。他烹制的官烧鱼条,色泽明快,外酥里嫩,汁抱主料,酸甜略咸成为津菜的经典菜肴。此外,脱骨鲤鱼、熘金钱雀脯、一品虾仁等都是他的拿手好菜。

"多"指的是品种繁多,贾景奎了解四季节气、风土人情、市场行情、饮食习惯以及市场行情、货源、食材、调料、品类等。他认为每种食材都有自己的性格和脾气,在食材搭配中有可荤可素,比如冬瓜、笋、蘑菇等,也有可素不可荤,如芹菜、百合等。他还掌握了多种食材的应用,在困难时期,他可以用梨酿出一种梨酒来满足供应,并用鲈鱼、鸡蛋发明了可以以假乱真的赛螃蟹。

人们往往认为大厨师们都藏着神龙见首不见尾的绝技,而贾景奎则认为,厨房里所谓真正的绝技就是需要厨师有对食材足够尊重和那种"敬事如神"的精神,所谓"手艺好学,深沉难当",正是这种超乎寻常的平淡和一如既往的坚守,才能传承中国烹饪的精神,使中国烹饪技艺薪火相传。

(部分资料提供者:张英凤、贾建中、刘彩梅等)

德艺双馨的津菜大师史俊生

吴玉书

史俊生
(1913－1981)

史俊生（1913—1981），津菜大师，与津菜大师杨再鑫、赵克勤、贾景奎同为"津菜四老"。

史俊生1913年7月7日生于天津静海杨官屯一个贫苦农民之家，尽管之前已有三个男孩，但全家还是非常高兴，见小男孩生得眉清目秀，就起名为俊生。小俊生14岁之前随父在家务农，全家租种几亩薄田，生活异常艰苦，难以为继，遂托人在天津给谋一份生计。于是15岁的史俊生第一次离开怜爱自己的父母，离开虽然贫寒但亲情融融的家。

这是1928年的深秋，母亲用旧衣服为史俊生改制了一身合体的衣服，穿上"新衣"的小俊生精神可人，这一天搭了一辆下卫的马车。父母一直送到村口，一再叮嘱史俊生要听话，手脚要勤快，好好跟师傅学手艺……一路颠簸，60多里的路在小俊生的心里觉得好长好长。

一、初到天津卫

从一个小乡村来到大都市,一切对小俊生都显得那么陌生,他无心欣赏这灯红酒绿、车水马龙的市景,只是一种无以名状的离别之愁在心中油然而生。在亲戚的带领下,来到醉春园饭庄面见掌柜的,年少的史俊生长得粗眉细眼、清秀可人,机灵中略带几分羞涩,掌柜见后也十分满意,便收留了小俊生。从此他走上了厨师生涯。

每一位从旧社会走过来的厨师都有一段辛酸的历史。俗话讲:"学徒学徒,三年为奴。"史俊生每天要很早起床,来到饭庄打扫卫生、掏炉灰、上煤、摘菜、洗菜、买菜、刷家伙、倒脏水,甚至下请帖打知字、叫条子一应杂活都压在了史俊生身上,但他从不叫苦,尽心尽力完成每一份工作。他心中永远牢记父亲经常教育他的一句话:"吃尽苦中苦,方为人上人。"尽管史俊生还不明白什么是"人上人""苦中苦",然而面对繁华的大都市,面对自己独在异乡,不免想起家中父母、兄弟姐妹,想起家乡的小伙伴,尤其看到和自己同龄的孩子还在父母面前撒娇时,不免百感交集。每当此时小俊生都会偷偷抹去泪珠,埋下头拼命地干活,用工作、用勤劳冲淡自己的思乡之情。

随着时间的推移,史俊生已经能熟练地掌握一些活计,并有时间在厨房帮助切些简单的辅料,还能仔细观看一些老师傅的操作。每逢此时,史俊生都有一种说不出的兴奋,恨不得自己也像他们一样,手握厨刀雕龙刻凤,挥舞炒勺上下翻飞。有时一边看一边学着师傅的动作手舞足蹈起来,并暗下决心:总有一天,我一定和你们一样,还要超过你们。他私下里找一些下脚料,什么白菜帮、菠菜叶练切丝、切片。找一把破炒勺放上沙子练抖勺,手切破了就抹上点墨鱼骨,手腕练肿了用温水焐一焐,接着练。好像着了魔一样,忘记了自己的存在。他仔细观察师傅们的每一个动作，握刀的手法，站立的姿态，以及如何抖勺、翻勺，然后就偷偷模仿，甚至怎么加作料，虽然只是凭空操作，都模仿得有模有样。

时间长了，周围的人发现史俊生不仅精明能干，而且还有礼貌，一派少年老成的样子，也都愿意教给他一些技术。史俊生也踌躇满志、跃跃欲试，凭借小聪明把一切都看得那么简单容易，好像自己一下子变成大厨了一样。然而有一件事教育了史俊生：有一次灶上师傅要用点大作料，正赶上配菜师傅不在，就让史俊生给切点大作料；史俊生非常高兴，虽然只是切点作料，毕竟是自己可以独立完成的一项"技术活"，于是就小心翼翼切了一盘葱拐子、姜拐子送到灶前，炒菜师傅一看就生气了，一把甩在史俊生的脸上，大声呵斥："跟师娘学的是吗？"引得旁人的一片哄笑，史俊生面红耳赤，心中非常委屈，心想大作料不就是大块葱大块姜吗？其实他哪里知道这里面学问大了，要学的东西太多了，自己连门还没入呢。这件小事好像一下子使史俊生明白了，自己每天模仿的只是皮毛而已，要想登堂入室必须脚踏实地从头一步一步学起。过后史俊生向师傅赔礼道歉，师傅也是性情中人，早把那事忘了。师傅告诉史俊生干厨师这一行要站有站样，做有做像，没样没像就没有传承，意思是说，站在灶前或案前要有一定的站姿，操作起来要有一定的手法，这样才能精神振奋，动作协调。师傅从站姿又讲到怎样手握厨刀，然后说咱就从大作料开始学，师傅说墩上师傅每天的第一刀就是切作料。

天津馆用的作料分为大作料、小作料、蒜米等几种，所谓大作料由葱、姜、蒜组成，葱要切成"娥眉葱"，像古代美女的眼眉一样，姜要切成"一字姜"，像火柴棍一样，蒜要切成"象眼片"，像大象的眼睛。小作料只用葱切成葱花即可……师傅讲完又给史俊生示范一遍。史俊生谨记师傅的操作要领认真操作、一丝不苟,时间不长就切得有模有样了。师傅看到史俊生很有灵气,又陆续传授了一些俏头(配料)的切法,什么蚂蚱腿、虾米腰、木樨片、骨排片,并告诉他丁、粒、米的区别,以及丁配丁、丝配丝、片配片等一些配菜常识。师傅教得耐心,史俊生学得认真,从此也激起了学习技术的热情和兴趣,心想,原来做饭有这么多讲头,好像有学不完的知识。随着史俊生技术不断提高以及对新知识的渴求,师傅又在平常工作中随时向他讲授些从未见过也从未听说的新名词,或行业术语及新的技术,什么上浆、挂糊,什么千刀丸子、万刀腐,分档取料,一头猪分若干部位,有上脑、上五花、下五花、和尚头、抹裆、臀尖等,各个部位都适于烹制哪些菜品,所有这些史俊生都了然于心,不到一年已完全掌握了墩上的全套工序而且运用自如。闲暇之时,仔细观察灶上师傅的一招一式,观看师傅炒出菜的汁、色、芡,从感官上了解每道菜的特点,细心揣摩。

二、学艺朝阳楼

　　一年以后,已不满足于切切配配的史俊生来到天津朝阳楼饭庄,开始正式学习炒菜。新中国成立前,天津菜馆学炒菜就从给师傅刷勺开始,每天提前给师傅把作料盆上满调料,搞好卫生,做一些落桌的辅助工作。到饭口忙时,师傅上灶炒菜,史俊生就给师傅刷勺、顺菜、上浆、挂糊,或装盘,干些下手活,从中观察师傅的一行一动,及菜品的色、香、味、形。忙的时候师傅不会告诉你怎么做,更不会教你炒菜,完全看师傅的动作和眼神。善于捕捉师傅的每一个动作,每一个眼神,是每个学徒的必备条件,这时的史俊生已经有了一些厨房的经验,而且对一些菜品也有了一些基本的了解。

　　菜品讲究色、香、味、形,色和形是菜品的外在体现,而味才是一道菜品的魂,如何抓住魂不是看出来的,这是需要师傅的传授和自己长时间的实践、体悟。一道菜的味道纯正,这里即有操作人员对原料性能的了解,火候的掌握,及每个人多年对烹饪的经验。师傅言传心授,有的特别之处,只能意会、不可言传。正所谓"鼎中之变,精妙微纤,口弗能言能喻"。投料的多少,先后顺序,火力的大小,原料粗细、薄厚等都直接影响菜品的品位。这些看不见摸不清的技巧,使初到饭庄的史俊生很不适应,不知从何学起。于是史俊生就虚下心来,遇到不明白的就向人请教,一个菜一个菜地问,一道菜一道菜地记,每道菜的特点口味都熟记在心。在给师傅刷勺时随时留意师傅投放的每种调料先后顺序,在帮师傅出勺装盘时,偷偷抹一下勺边余汁,品一下菜的味道,来验证"传说"中的味道和实际品尝到的味道。经过一段时间的学习,史俊生对菜品的色、香、味、形从感性到理性有了一个质的发展。

然而这些努力及付出只是最基础的东西,离自己想在灶前大显身手,相差甚远。中国烹饪几千年的历史,老祖宗留下足以让国人骄傲的饮食文化和文明,创造了无以数计的美食,创造了几十种烹饪技术——煎、炒、烹、炸、爆、熘、扒、烩……不一而足,各种技法有各种技法的特点,每种技法有每种技法适宜的原料,各种技法有各种技法所适用的火候,各种技法之间又有许多共同点和差异,火候运用不当就会差之毫厘失之千里,对这些技巧,老一辈厨师心知肚明,但茶壶煮饺子——有嘴说不出,全凭多年的实践经验。而要想学到这些真东西,光凭苦干不行,还要有悟性。

史俊生利用一切可以利用的时间给自己创造炒菜的机会,饭口高峰过后,史俊生给师傅递过毛巾,然后又递过茶水,让师傅休息,自己接过炒勺炒菜,炒完以后让师傅点评;别的厨师不在时,史俊生都主动要求替补,没事就找师傅讨教。史俊生虽然没有什么文化,好在他有一副好脑子,过目不忘,加之自己的刻苦钻研,虚心好学,又有师傅的指点,很快就能独立操作了,史俊生在这里打下了坚实的基本功,在自己的烹饪生涯中迈出了一大步。

三、拜师慧罗春

1931年,史俊生慕名来到慧罗春饭庄。慧罗春是当时天津著名的二荤馆,经营正宗津菜,这里人才济济,菜品精致,口味纯正。慧罗春当时的主灶师傅是津门名厨牛宝山,人称"牛三爷",牛三爷为"八大成"传人,身怀绝技,满汉全席,南北大菜皆能,本帮津菜更是精到无双,名震一方。牛三爷身材魁梧,为人正义、豪爽,一身傲骨有厨界大侠之美誉,派头十足,老板也敬让三分。每天早上要到澡堂泡澡,饭口之前才到饭庄。徒弟沏好茶水,三爷润好了茶,神气也来了,但见他身穿中式仿绸裤褂,脚蹬里礼服呢圆口布鞋,站在灶台前舞动炒勺如同关老爷驰骋沙场,一饭口下来,身上干净如初。史俊生初见牛三爷,不敢直视,偷偷观察牛三爷行动做派、一言一行,包括三爷的生活规律,一招一式都牢记于心。在下面依然勤奋,干好自己的本职工作,并有意识地向牛三爷请教一些技术上的问题。三爷这人没有门户之见,有问必答,几次近距离地接触,史俊生发现牛三爷是位外表威严,内心却非常真诚的人,心里非常高兴。

时间长了,牛三爷也发现这个新来的小伙子平时少言寡语、彬彬有礼、老实勤奋,手头也干净利索,心生爱怜,便有收其为徒之意。牛三爷一般不轻易收徒,这时放下身价主动收徒,可见史俊生孺子可教,牛三爷也是慧眼识英才。史俊生知道牛三爷要收自己为徒,高兴得几天睡不好觉,平时静如处子的他每天手舞足蹈,好不兴奋,然而拜师总要讲一些礼仪呀,也要给师傅一些进见礼吧,送什么好呢?正在为难之时,牛三爷找到史俊生说:"结为师徒全凭一种缘分、一份情意,咱不用那些形式,一杯清茶足已。"三爷亲自张罗,然后选择了一个好日子,在亲朋好友及同人的见证下,一场简单而充满温馨的拜师礼开始了。首先牛三爷向祖师爷上香,之后三拜九叩,然后端坐正中,史俊生向师傅三叩首,敬上清茶一杯,牛三爷勉励史俊生要敬师、敬业、敬客。

牛三爷喜收高徒也非常得意,每天都向史俊生传授新知识,从原料的鉴别到发制到烹制,从简单的"八大碗"到参鸡席、鸭翅席,从燕翅席到满汉全席的演变,以及满汉全席的设计制作。每天都有听不完的故事,学不完的新菜,见识了许多过去不曾见过的高档原料,如燕窝、鱼翅、鲍鱼、熊掌……在这里史俊生大开了眼界,聆听名师教诲,看见名师操作,才知什么叫天外有天,感觉自己要学的东西太多太多了。有了师傅的指导,加上史俊生聪明与勤奋,时间不长便脱颖而出,在外小有名气。师傅也大胆使用,每当有重要客人或一些高档宴席师傅都交给史俊生操作。有师傅给自己"把场",史俊生也信心十足,一些火候菜、功夫菜、高档菜操作自如。如遇老主顾来,师傅还会前去向客人致意,告诉客人这桌菜是由自己徒弟烹制,请客人指点,并请客人常来捧场,以此来抬举爱徒。史俊生对师傅的眷恋一直伴随一生,逢年过节或师傅寿辰,史俊生都不忘拜见师傅。到了晚年师傅手挂拐杖到红旗饭庄来看爱徒,每当此时,史俊生便放下手里的活,搀扶着师傅坐下,问长问短,亲如父子。牛三爷去世后,史俊生异常悲痛,守灵三天,为师傅披麻戴孝,为恩师送终,这对师徒情被业内人士一直传为美谈。

四、主灶便宜坊

1933年,已在餐饮界崭露头角的史俊生,技艺如日中天。俗话讲,教会徒弟,饿死师父,慧罗春老板有意让史俊生任主灶,并开出高薪。史俊生是重情义的人，得知后说我这碗饭是师傅给的，我不能和师傅抢饭碗，便毅然辞去慧罗春的工作，来到便宜坊饭庄。

史俊生到了便宜坊如鱼得水，使出这几年所学，增添自己拿手的天津传统名菜，如麻栗野鸭、炸熘飞禽、熘鱼腐、扒鱼翅等，在细"八大碗"的基础上，根据师傅传授的高级"八大碗"，推出适宜便宜坊和适宜不同人群的高档"八大碗"菜单。一经推出，顾客盈门，要想在便宜坊用餐必须提前预订，为便宜坊赢得了美名，饭庄老板更加器重史俊生。

史俊生是个外表温顺，内心好强的人，他敏而好学，从不自满，这时的史俊生虽然有些春风得意，但他不满足于自己现有的知识与技能，他要拓宽自己的活路，开阔自己的视野，为自己开创一条更宽的道路。

1936年史俊生辞去了便宜坊的主厨，来到了恩兴顺清真饭馆，在这里学习清真菜的制作。恩兴顺规模不大，但师傅手艺高超，菜味地道。史俊生放下身段，不耻下问，虚心求教，从简单的牛羊肉的制作到独具天津清真特色的白蹦鱼丁、扒海羊、熘鱼腐、熘三样、烧牛舌尾、锅塌三样等特色菜，都认真学习，还向老师傅求教全羊大菜。毕竟史俊生已有多年的烹调经验，隔行不隔理，他对菜的理解能力又特别强，所以有些菜品一看就明，一点就通，很快就能掌握清真菜的做法，并常将汉民菜中的一些技法引用过来，从而丰富了清真菜的烹饪技法。此时的史俊生已经是一位经过名师指教，又经历多家饭庄的历练，本帮津菜和天津清真菜两门抱，练就一身过硬技术和绝技的青年厨师了。

从1928年到1938年10年间史俊生先后在5家饭庄学习和主灶。从这家饭庄跳槽到另一家饭庄，在中华人民共和国成立前称之为"跳门槛"，许多前辈厨师都是通过这种方法学习和掌握更多的知识的，史俊生也不例外。在这10年间，史俊生练就了一身手艺，其刀工娴熟，勺工精湛，在天津餐饮界有一定的知名度，开始跻身于津菜名师之列。

四、献艺中立园

1938年，当时已享有盛名的史俊生受同乡辛秀章、辛秀普之邀（辛秀章乃中立园掌柜，辛秀普是股东）到中立园饭庄主灶，辛秀普司墩。中立园是一个中型餐馆以经营特色小炒为主，同时兼出"外台"，包办酒席，中立园的"八大碗"远近闻名，其单勾卤、三鲜锅贴、家常饼更是家喻户晓，中立园的小凉菜如炒雀渣、炒鸡爪、酥鱼、糖醋排骨等尤为味美精致。史俊生到了中立园后，根据附近环境和就餐人员的情况，推出许多具有自己独特风格的菜品，如侉炖鱼、熘松花、两吃野鸭、碎熘鲫鱼、酸辣汤、坛子肉、熘油盖、油盖烧茄子等几十种菜品，至今这些菜品一直作为红旗饭庄的看家菜。尤其是坛子肉，从中立园传到河北和东北等地后都标名天津坛子肉。由于中立园的菜品味美价廉，更有史俊生主灶，令中立园名传遐迩，使得一些社会名流前来就餐。著名教育家南开大学创始人张伯苓、东亚毛呢公司副经理陈锡三，以及大买办社会名流雍剑秋、陈芝琴、顾海田等都是中立园的常客。一时间中立园生意兴隆，天天客满，就连附近的学生也都到中立园就餐，令中立园应接不暇。

五、进大众食堂

1956年公私合营，中立园归为国有，史俊生和辛秀普双双来到大众食堂。大众食堂地处天津鸟市，旧鸟市又称河北鸟市，以区别在南市三不管附近的鸟市。这里的餐馆一般规模不大，常将炉灶搭在路旁，采取明堂亮灶，厨师煎、炒、烹、炸，香味四溢。刀勺叮当作响,热气腾腾。在围观者的喝彩声中,厨师更是得意卖弄,一会儿来个火彩,一会儿来个大翻勺,前翻后翻如同杂技表演,好不热闹。公私合营后把原来的元顺成、义盛永、北利成饭馆、洋顺居饭馆、德发成饱子铺5家小饭馆合并,成立大众食堂。

大众食堂开业之日,引来不少食客,有的洗完澡,有的听完书,有的遛完鸟, 陆续来到大众食堂, 要品尝品尝这位大厨的手艺如何。史俊生和老搭档辛秀普精心准备了许多特色传统津菜,如炒青虾仁、软熘花鱼扇、银鱼紫蟹锅、炸熘软硬飞禽、煎烹虾饼、酱蹦鲤鱼、烧肉、什锦锅子等几十种菜品。开业头一天就是一个碰头好。大众食堂的厨房临街明厨,隔着玻璃就能看到厨师操作,外面围满了看客,有的吃完饭也挤在人中,一边回味刚品尝的美食,一边评论,有叫好的,有鼓掌的,如同看戏一般。听戏、听书、看曲艺、品美食这是天津人的一大雅好。

天津人好吃会吃这在全国也是有名的。有一天来了几位衣着讲究的客人。客人要点一道吃鸡不见鸡,一道吃鱼不见鱼,一道是鸡没有骨, 一道是鱼没有刺。服务员一听顿时收起笑容安顿好客人,连跑带颠到了厨房,告知史俊生。史俊生听后不慌不忙,立马吩咐厨工准备原料,并和辛秀普分工合作。

其实这四道菜,吃鸡不见鸡就是芙蓉鸡片,吃鱼不见鱼就是熘鱼腐,见鸡没有骨就是口袋鸡,见鱼没有刺就是八宝脱骨鱼,这四道是名副其实的功夫菜,最能考量一位厨师的功力。芙蓉鸡片要用鸡胸肉用刀剁成茸泥状,然后调入蛋清,用温油划成片状,洁白细嫩,故名芙蓉鸡片,被人形容为吃鸡不见鸡。熘鱼腐就是把净鱼肉斩成豆腐泥状,调入葱姜水、大油、蛋清等调料,氽成丸状,裹上糊,用温油定型,然后熘制,软嫩如同豆腐故名鱼腐,这道菜难度极高,所谓千刀泥子万刀腐,一道工序不行就会使菜品失败。见鸡没有骨和见鱼没有刺,这是两道运用脱骨方法完成的菜,俗称脱骨鸡或脱骨鱼。脱骨鸡是一只去净毛还没有开膛的鸡,把鸡从脖子处开膛,然后顺其骨节,筋皮将骨头和肉分离,取出鸡骨和内脏,然后填入馅料蒸制而成,这道菜要求厨师刀工娴熟,熟知鸡的骨骼部位,下刀准确,如同庖丁解牛,稍有不慎就会前功尽弃。脱骨鱼就是将一条750克左右的鱼打鳞去腮不开膛,用竹刀从鱼嘴处伸进去,将鱼的骨刺和鱼肉分离,然后将骨刺和内脏从鱼嘴抽出、洗净,填入八宝馅烧制而成。

这几道菜说的容易操作难,只见史俊生从容镇定,让几名厨工做下手准备剁鸡泥、鱼腐以及馅料,自己则脱鸡脱鱼,时间不长准备就绪。史俊生有条不紊地调味、划油、蒸制、烧鱼,一道道菜送到客人的桌前。客人见这几道菜没有难倒大厨,而且菜的口味纯正,暗生敬佩。饭后几位客人来到后厨拜见史俊生致谢,从此成为史俊生的"知味"好友,后来史俊生走到哪就跟到哪,非史俊生炒的菜不吃。

六、加入共产党

1958年9月,史俊生光荣加入中国共产党,成为一名光荣的共产党员。史俊生始终没有忘记自己就是一名普通的劳动者,一直坚持在生产一线。史俊生历任支部委员和红桥区饮食公司党委委员。由于史俊生在餐饮业所做的成绩,从1958年到1965年连续7年被评为天津市劳动模范,1956年被评为先进工作者,1959年被评为天津市先进工作者代表、天津市劳动模范、河北省财贸系统先进工作者,1963年被评选为天津五好职工代表,1971年被评为天津市优秀党员。在众多荣誉面前,史俊生一如既往,兢兢业业,永葆厨师的本分。

史俊生曾受组织委派，先后到部队、外埠饭店进行培训和交流。不管在什么地方传授技术，史俊生都以兢兢业业的工作态度投入进去，他不但以精湛的厨艺和忘我的无私奉献，受到受援单位的表彰，还在较短时间内培训了大批学员。史俊生的厨德和技艺感动着每位学员，同时史俊生也本着“教学相长”的态度，虚心向同行学习了许多技术，结交了许多朋友。

七、传艺湖南省

在湖南湘潭饭店交流期间，史俊生诚恳地把天津菜的特点介绍给对方，湘潭饭店自认湘菜是中国八大菜之一，对名不见经传的天津地方菜不屑一顾，也不愿意把自己的名菜拿出来展示。史俊生也看到这一点，心想既然是和人家交流学习来的，咱不亮点真玩意人家凭什么和你交流。于是史俊生除了详细地介绍津菜的技法、津菜的历史之外，还选出几道天津代表菜：扒全菜、官烧鱼条、八宝葫芦鸭子、扒鱼翅四道菜表演给湖南的厨师看。

第一道菜扒全菜，只见史俊生溜好勺，炝勺打汤烹入调料，然后把码好的全菜推入勺中，微火㸆、挂芡、打明油、晃勺，有条不紊，突然，啪的一个大翻勺，全菜腾空而起，然后稳稳落在勺中，史俊生顺势转身将菜溜入盘中。湖南同行顿时惊呆了。

第二道菜官烧鱼条，史俊生还是不慌不忙，一边操作一边讲道，官烧鱼条原先叫烧目鱼条。传说当年乾隆皇帝六下江南，多次驻跸天津。有一次乾隆来津，住在天津城北万寿宫，御膳就由当时天津著名津菜馆聚庆成饭庄供奉。聚庆成饭庄是天津八个带“成”字号的大饭庄之一，开业于康熙元年，相传为庆贺康熙登基而建成开业的，聚庆成饭庄以擅长烧烤菜肴享誉津门，在他们供给乾隆的众多美味佳肴中，烧目鱼条色香味俱佳，深为乾隆赏识。高兴之余，乾隆召见厨师,赐给厨师黄马褂和五品顶戴花翎,并赐菜品为官烧鱼条,从此后官烧鱼条这道菜让许多大饭庄争相仿制,成为津菜传统佳肴,广为流传。史俊生从挂糊、炸制到调味认真讲解,每个重点细节都毫不保留地传授给湖南同行,湖南同行也听得如痴如醉,认真地记录每个环节。讲解结束时一道官烧鱼条也出勺了。但见主料金黄、黑色木耳、白色玉兰片、绿色黄瓜点缀其间,色调明快和谐,抱汁汪油,咸甜略酸,外酥脆里鲜嫩,别具特色。

紧接第三道菜扒鱼翅,史俊生这道扒鱼翅是借鉴了宫廷菜的发制方法提前用"金汤"煮蒸三次,所谓"金汤"是宫廷菜中对高清汤的一种称谓,然后将鱼翅码顺放在大汤盘中,再放"金汤"、鸡、肉、干贝等调料蒸透,运用天津勺扒技法,前几道菜的成功使史俊生更充满自信,但见他神态从容、炝勺、打汤、调味、推入鱼翅,小火燣、挂芡、晃勺、打明油,一连串的动作干净利落,井然有序,啪的又一个大翻勺,只见史俊生一个空中揽月,鱼翅稳稳当当地落入勺中。

第四道菜史俊生不动声色,卖了一个关子说,我给你们变个葫芦吧,然后不慌不忙走到大灶前,掀开盖子,端出了提前加工好,预先蒸制的八宝葫芦鸭。这道菜一亮相,湖南厨师立刻围拢过来,只见黄澄澄、油亮亮的一只葫芦鸭,不知馅料怎么放进去的,怎么去的骨,左看看、右看看,一脸茫然,后悔当时人家干活时为什么不看一看呢。这时史俊生又炒了一勺金黄油亮的汁芡浇在葫芦鸭上,更显此菜高雅、富贵。一群年轻的厨师缠着史俊生不放,非要重新做一遍,史俊生也非常高兴,因为天津菜得到湖南同行的认可。

以后史俊生又陆续为湖南同行介绍、烹制了炒虾仁、软熘鱼扇、罾蹦鲤鱼、麻栗野鸭、煎烹虾扁、鸡脯扒白菜等。史俊生的诚意打动了湖南同行的心,他们也开始主动和史俊生交流厨艺,介绍湖南菜的历史、技法及一些代表菜如东安仔鸡、油淋庄鸡、鸳鸯鲤等十几道湖南菜。史俊生在湖南的技术交流使天津菜走出津门，使外省人认识津菜，了解津菜，促进各菜系交流，在那时传媒还不太发达的年代，应该说做出了极大贡献。

八、红旗厨师长

1963年，为加强红旗饭庄技术力量，扩大红旗饭庄知名度，史俊生受上级委派，调入红旗饭庄，任厨师长。史俊生的到来无疑给予红旗饭庄最大的技术保障，当时的经理是贾景奎，名厨姜万友、卢桂林、马慧林，堂头邓福友，可谓人才济济，是天津最早的甲级饭庄之一。

史俊生到了红旗饭庄以后，首先规范菜品质量，制定一套完整的质量标准，从投料标准、口味、色泽、特点每个菜都有明细标准。然后规范操作标准，从刀工丁、丝、片、粒、泥、茸及各种刀口，史俊生都先示范，再具体到菜品成熟。史俊生还利用一切可利用的时间，现场传道解惑。他常说天津菜就要体现"天津味"，所谓"天津味"就是要用天津特产，以天津独有以及天津擅长的技法，烹制出独具天津特色的菜肴，才是"天津味"。

史俊生德高望重却为人谦和，厨艺高超却平易近人，誉满津门却淡泊名利，深得大家爱戴，故此大家都尊称其"老师傅"，史俊生文化不高，但凭自己多年的勤奋专研，虚心好学，博闻强记，加之在各家饭庄主厨，精通津菜、鲁菜、湘菜，活路颇宽，会菜极多，在业内有"活菜谱"之称。

史俊生不是一位"严师"，但他却是一位解人情、明道理、精通"鼎中之变"的一代烹饪大师、一位名师。他以高超的厨艺和高尚的人品影响着后辈弟子，史俊生弟子众多，如其高徒姜万友、王鸿业秉承师训,承其衣钵,已成为津菜的领军人物。受其教诲的学生中如金宝林、田景祥、殷志刚、李赤涛、辛宝忠、吴玉书等人,在全国烹饪大赛及天津历届烹饪大赛中摘金夺银,成为新一代的中国烹饪大师,田景祥、殷志刚、辛宝忠、吴玉书被评为首届"天津烹饪大师",许多人荣获天津市劳动模范、天津市特殊贡献的高级技师、技术拔尖人才、天津五一劳动奖章等荣誉称号。史俊生的厨艺后继有人,史俊生的品德代代相传。

九、技艺压津门

史俊生早年拜津门名厨牛宝山为师,深得恩师真传,同时遍访名师,以厨艺会友。他见贤思齐,博采众长,谦虚好学,不耻下问。凭借几十年对厨艺的不懈追求,中年即达到炉火纯青的境界,南北大菜无所不能,尤其扒菜堪称一绝。

品史俊生的菜是一种味觉的享受,看史俊生做菜则是一种艺术享受,他不仅刀工娴熟,其脱骨鸡、脱骨鱼更是独步烹坛。而史俊生的勺技更是一绝,至今无人与之比肩。史俊生的大翻勺左右开弓,四面开花,前翻、后翻、左翻、右翻,随心所欲,轻巧自如,尤其是带火彩的步步高,令人叹为观止。史俊生的翻勺不是为了卖弄技巧,而是根据菜肴火候的需要不同而采用不同的技巧。如爆双脆这道菜,选用的主料是鸭胗和肚仁,用爆的技法,首先将刀工处理的鸭胗和猪肚仁用淡碱水浸泡几分钟,然后用响边水将肚仁和鸭胗卷快速焯至花状,用高汤、蒜米、盐、味精、姜汁、料酒、水淀粉兑成料汁备用。用热油将猪肚仁和鸭胗冲一下,捞出,快速将油勺加热,加入少许底油,放入主料,顺势烹入少许料酒,这时勺内热油会突然起火,马上烹入调好的料汁,用手勺快速拌匀,顺着勺内的火彩由内向外颠动炒勺并一次比一次高,菜肴在勺中翻滚,火彩在勺中裹着菜肴起落,动作飘逸大方,然后一转身,一个水中捞月,菜已盛入盘中。这道菜是一道火候菜,非常考验厨师对火候的掌控能力,菜的成败都在这一瞬间。史俊生巧妙地运用火彩,促使菜肴加快成熟,从而达到清鲜爽口、脆嫩似瓜的特点,整个菜品一气呵成,不能有一点拖泥带水。这种颠勺的技法由于是勺内的原料在勺中由内而左上角颠翻,要求动作连贯,一下比一下高,所以叫步步高,又因其动作似儿童玩的拨浪鼓,故此又称拨浪鼓,至今少有人使用。

史俊生还善于敲勺,能在不同的时段敲出不同的花点。每当一道火候菜或拔丝类的菜出勺后,史俊生都会敲出一段轻快急速的花点,催促服务员赶紧上菜。有时在业务高峰过后,在出完最后几道菜的时候,史俊生也会不失时机地敲一阵花点,调节一下紧张的气氛。每当此时厨房内便会刀勺齐鸣,奏起一场刀勺交响乐,师徒一阵欢笑,而史俊生也一脸童真之态,一点看不出大师的威严。

史俊生以手头麻利、动作潇洒为人称道,擅长使用"五鬼闹判"。在业务高峰,回头案上菜品成堆,俗话讲"毛厨子上不了热锅台",一般人一见心就毛,史俊生操作起来如大将临阵,哪个菜先上,哪个菜后上,哪个菜熘,哪个菜炒,哪个菜用文火,哪个菜用武火,五个火眼,五把勺都派上用场。前面炒勺冒烟,后面汤锅滚开,这个勺要挂芡,那把勺要翻勺,只见史老师傅不慌不忙,颠、翻、抖、晃从容镇定,工夫不大,菜品陆续送到客人餐桌,所以也有人把厨师形容为镇鬼之神——钟馗与五个小鬼(五把炒勺)打斗嬉闹,也称"五鬼闹判官"。

史俊生几十年一直在津菜馆任职,在清真馆主过灶,也在酒席处司过厨,积累了丰富的经验,对原料有极高的鉴别能力,一般原料用眼一过就能知道产地,用手一过就能说出出品率及质量好坏,对各种档次的宴席无不精通,如燕翅席、鸭翅席、全羊席、天津"八大碗"等,高档名馔、南北大菜无所不能。他在扒、爆、烧、熘、蒸、煎等技法上研究颇深,特色小炒更是精巧无比。

十、设计新席面

史俊生一生设计和烹制过无数燕翅席。燕翅席始于清代乾嘉年间,它是满汉全席的简化形式,即去掉一些不必要的宴席礼仪,在保留满汉全席的风韵和特色的前提下,减少菜式,控制宴席场面,使桌面更加精炼而又不失豪华,适应现代人的消费需求与餐饮习惯。

该席在20世纪二三十年代的天津极为盛行,非常讲究上菜程序和服务礼仪。客人进门先被导引至客厅小憩,奉上进门点或到客茶食。客齐后移入雅厅,揖让升座,先上叉烧肉、红烧鸭肝、蒜蓉干贝、五香鱼、软炸鸡、烤香肠等佐酒菜,品绍兴老酒,然后上燕窝、熊掌、鲍鱼、鱼翅等大件,以一大带二小形式上菜,寓意一君二臣。其中穿插有甜品、素菜及汤羹,最后上热毛巾敷面。再至客厅小坐,续上四干、四鲜及茶水,恭送客人。

史俊生还擅长烹制全羊席,全羊席也称全羊大菜,据说是继满汉全席之后的宫廷大宴之一,原是宫廷招待信奉伊斯兰教的客人的最高宴席。全羊席的菜点安排和上菜顺序是仿照满汉全席的方式进行,整个席面既豪华又丰盛,其特点是用整只羊的各个不同部位,烹制出各种不同品名、不同口味的菜肴来,而且所有菜肴不带一个羊字,全都以一个美丽的形象生动的别名代之。后来从宫中流传到民间,天津的鸿宾楼和富贵楼等饭庄能烹制全席大菜,到1949年后继续流行。但摒弃了许多的繁文缛节,使菜品更加精良、实用,以至于到后来,全羊席只是全羊席菜品的代名词了。史俊生生前也曾烹制过许多全羊席菜品,保留了许多全羊席菜谱,如迎风扇(羊耳尖)、明开夜合(羊上眼皮)、望风坡(鼻梁骨肉)、千层梯(上膛肉)、香糟猩唇(羊上嘴唇肉)、明鱼骨(鼻脆骨)、彩凤眼(羊嘴肉)、提炉顶(羊心尖)、犀牛眼(羊腰子)、金鼎冠(羊脑)、苍龙脱壳(羊舌)、拔草还园(羊百叶)、烩虎眼(羊后蹄)、冰花松肉(羊肺叶)、蜜蜂窝(羊麻肚)、锅烧浮金(腰窝肉)、红白棋子(羊肠)、百子葫芦(葫芦头)、炸银鱼(羊尾油)、梧桐子(羊肝)等。

史俊生早年曾在酒席处供过职,对天津"八大碗"研究颇深,可以根据主顾的需求设计出不同规格的"八大碗"席,如粗"八大碗"、细"八大碗"、高级"八大碗"以及素"八大碗",还曾创制了喜、寿"八大碗"。

十一、拿手名菜多

史俊生的菜如同他的为人一样见素抱朴,不尚奢华,淳朴中蕴含一种内在美,如全爆、爆三样、烩面筋、虎皮肘子等。他的高档名菜同样继承传统,得古法之神韵,如砂锅炖熊掌这道名菜,史俊生就采用了熊掌的古法发制。其发制方法是用黄胶泥把熊掌包上,用火烧干,剥去泥毛,洗净,去掉绒毛,用水煮至七成熟去脚掌垫,去骨,用纱布将熊掌包好放入高汤锅内煮熟,取出掌面向上,放入大砂锅内,加入高汤、酱油、料酒、盐、葱、姜、猪肉片、味精,上火炖至酥烂。这道菜成菜后酥烂如腐,汤浓味淳,极具津菜特色。

史俊生不仅善于继承传统的烹饪技艺,还能根据原料的特性、天津人的食俗,进行不断的创新和探索,如侉炖鱼,是以烹调方法取名的一道山东名菜,具有浓厚的胶东地方特色,在山东沿海广为流传。这道菜传到天津后,因其和天津的家常熬鱼差不多,所以不被天津人认可,史俊生进行大胆的改进,把鱼改刀成条,挂上喇嘛糊,炸至糊硬时捞出,大料、葱姜炝勺,打入高汤,放入炸好的鱼,盖上盖,焖至汤汁浓香时放入调料,盛入汤盘中,然后撒上葱丝、香菜即成。其最大特点是使鱼的营养成分溢于汤中,使汤、鱼肉更加鲜美,口味酸、辣、咸,汤浓味醇。至今这道菜已成为红旗饭庄的看家菜,常卖不衰,有的顾客每每点这道菜吃到一半时还要再三添汤,而史俊生也不厌其烦,添上汤找好口,同样精心,不使客人失望。

史俊生的熘黄菜更具特色,这道菜是未见其菜先闻其声,每当厨房传出节奏清脆、富有韵律的击勺声,就知道史俊生在做熘黄菜了。熘黄菜用鸡蛋黄配上适量高汤、团粉及调料调匀,将勺烧热,放入大油和调好的蛋液,慢慢推动蛋液勿使其粘勺,由慢到快中间还要随时加入一些大油,随着蛋液的逐渐凝固,手勺击打的频率也在加快,直到蛋液黏稠光亮,不粘手勺时装盘,这时史俊生顺势炒一点汁,手勺轻轻一甩,一条小鱼跃入盘中,其色之美,其味之香,其质之醇妙不可言,真乃绝品。据他讲这道菜要用手勺推炒108下,可见此菜难度之大。

史俊生勺工了得,火候的掌控更是出神入化,以炒青虾仁为例,看一看他是如何把握火候的。炒青虾仁是天津一道代表菜,有极高的知名度和代表性,其主料选用深秋和初春时节捕获的青虾。炒青虾仁的辅料根据季节的不同而不同,春夏季用鲜豌豆,秋冬季用嫩黄瓜。青虾仁呈浅粉红色,俗称娃娃脸,翠绿的豌豆或黄瓜点缀其间,淡雅美观。炒青虾仁采用津菜擅长的清炒技法,菜品清汁无芡,咸鲜清淡,虾仁脆嫩,回味香甜,被老师傅形容为嘣脆细甜。一般饭馆做这道菜是先把虾仁上浆,热勺温油将虾仁炸熟,然后葱花炝勺放入主辅料,烹入调料(有的饭馆还要挂点芡)即可出勺。看似这道菜也没什么毛病,但是极不讲究。史俊生做炒青虾仁时首先将虾仁用清水洗一下,然后用盐、水淀粉、蛋清上浆,上好浆的虾仁不能马上用,要先静置两小时以上,让浆汁充分融合在虾仁上,这叫蹲浆,关键是虾仁滑油,注意史俊生是用滑油而不用油炸,用热勺温油将上好浆的虾仁用手捻着下到勺里,用筷子轻轻把虾仁滑开,视虾颜色均匀放入辅料,这时虾仁已达到八成熟,捞出控净油,勺留底油,葱花炝勺,放入主辅料,烹入醋、少许料酒、姜汁、味精、高汤,迅速颠翻均匀,这时青虾仁已达到九成熟,出勺装盘。当服务员把炒青虾仁端到客人桌前时,青虾仁与料汁充分融合,青虾仁鲜嫩及成熟恰到好处,真正达到脆而不艮、嫩而不生的津味特色。史俊生烹制的炒青虾仁具有口味鲜嫩脆甜、虾仁饱满光亮的特点。

城里有一位老中医是一位美食家,从史俊生在中立园时就喜吃他做的菜,公私合营后从大众食堂又追随到了红旗饭庄。谈起他的菜如数家珍,尤其钟情于炒青虾仁这道菜,每餐必点此菜。有一次到红旗饭庄就餐,正巧赶上史俊生出外开会未归,此菜由一新来的徒工烹制。这炒青虾仁一端上桌,老中医一看就对服务员说,把你们领班找来。领班一到,老中医就说这炒青虾仁不对,这不是史俊生炒的。因领班和老中医很熟悉,就问,您怎么知道不是史俊生炒的?老中医说,这个炒青虾仁没有史师傅炒的饱满清爽,端上桌后没有一种清鲜扑鼻的感觉,所以我断定不是史师傅炒的。由此可见史俊生的厨艺在顾客心中已经深深地扎下了根。

史俊生活路宽,其素席也是别有天地,像他烹制的扒素鱼翅,几可以假乱真,炒虾仁(南荠)、烹刀鱼(豆皮、山药)、糖醋排骨(生面筋、藕)、生炒鳝鱼丝(香菇、笋)、红烧大肠(水面筋)、官烧鱼条(山药)、高汤燕菜(冬瓜)等也都形象逼真。

十二、挖掘老传统

1958年天津各行业大比武,史俊生和另一位津菜大师马慧林合作,10天中,仅豆腐菜就烹制了138道,至今还有许多豆腐菜品在红旗饭庄常卖,如一品豆腐、虾仁爆豆腐、鹌鹑豆腐、脆皮豆腐、焦熘豆腐、甘蓝豆腐、箱子豆腐、熊掌豆腐等。

史俊生几十年挖掘整理出许多濒临灭绝的传统津菜,如口袋鸡、八宝脱骨鱼、玉带鱼、软硬飞禽、炒雀渣、炒鱼瓜、熘油盖等,尤其是史俊生烹制的口袋鸡,他使用剪刀,剪断贴在鸡骨上的筋膜,从背部脖子处,一点点脱至大腿直到尾部,动作干净利落,只需五六分钟,一只整鸡即可脱完,然后装入清水,滴水不漏。

史俊生是烹饪大师,同时也是饮食文化的传播者。中国是文明古国,礼仪之邦,设宴请客是"礼"的重要组成部分,《礼记·礼运》载"夫大礼之初,始于饮食……犹若可以致其敬于鬼神"。中国古代治国也认为"民以食为天""治大国若烹小鲜"。中国的文人墨客也大都是美食家,饮食始终与治国、礼仪、文化连在一起,如果人们的饮食仅仅为了满足生理需要那就失去了文化的价值,所以人们在饱餐之余,还要讲究吃得好、吃得美、吃得雅,把美食作为宴客交往传递友情的组成部分,同时赋予文化的形式和内涵,使之摆脱对物欲的追求,升华为一种精神享受,这就是饮食文化。

史俊生的烹调生涯始终遵循这一条路发展,他认为厨师不仅仅只是把菜做好就万事大吉了,应该通过美食,传承饮食文化,体现天津城市的风貌,彰显中华文明,表达一种意境。

天津五方杂处,商贾云集,各方人士齐聚津门,其饮食需求必然是众口难调,然而这些人的饮食嗜好也必然对津菜的发展产生深远的影响,所以饮食品也要顺应这座城市的发展,顺应大众的"味需求",这也使津菜逐步形成了善用两鲜、精于调味、讲究汁芡、注重火候、口味咸鲜清淡的特点。应该说每个有成就的厨师都承担着承前启后的重担,史俊生也不例外。他上承前辈、下传后学、中载弘扬津菜之重担,他从小即在天津各类菜馆摸爬滚打,一招一式,都中规中矩,承袭传统,因此史俊生的菜在处理口味关系上具有清鲜淡雅、酸甜适口的特色,少有大辣大咸大甜的口味,给人一种儒雅大气、回味无穷、不偏不倚的中和之美。其海味菜必以姜汁烹之(不用姜丝),给人一种吃姜不见姜的含蓄之美;有些菜放糖,但却不能吃出甜味来,而是用糖来融合菜中的其他味道,从而使菜中的口味更加柔和,鲜味更加浓厚,令人回味无穷;有些菜放醋但不能吃出酸来,而是在烹调的瞬间烹入勺中使醋酸迅速挥发,留下醋香味,这是需要技巧的。看似史俊生随意,其实不然,他是积几十年的临灶经验,已达到炉火纯青的最高境界。

史俊生烹制菜肴始终遵循传统,从一刀一式、一翻一抖,到装盘上桌都有一定的法度,总能通过史俊生的菜传达一种意境,体现中国饮食文化的博大精深。

史俊生烹制鱼类菜时,总是以左手按住鱼头,右手持刀,从鱼腹偏面开膛,然后去内脏,再根据烹饪需要打上花刀(红烧鱼要十字刀口、干烧鱼要兰花刀口、醋椒鱼要元宝刀口、清蒸鱼要双十字刀口)。烹制成熟后,出勺装盘时,开膛的刀口一定要朝上,上桌时鱼腹一定要朝向主客人,这就是我们常讲的鸡不献头,鸭不献掌,鱼不献背。一是因为鱼腹刺少最为肥美,更主要的中国是礼仪之邦,最讲礼节,这样做是表示对客人的一种尊重,是和善友好的表示。据史俊生讲,鱼不献背的由来是出自专诸刺王僚的故事。当然这里面还有许多讲道,如文心武背,即看主客是文人还是武将,如果主客是武将那么可以献背,文人可以献腹,一条鱼看似简单,史俊生却化平淡为神奇,将普普通通的一条鱼赋予一种文化。

十四、厨师－楷模

史俊生的一生没有轰轰烈烈的壮举，只是默默地坚守在自己心爱的灶台前，一生没有离开。晚年受聘于宁河饭店，当时患有小肠疝气，为了不影响工作，用腰带扎一块砖头止痛，坚持带徒授课。1981年6月16日因突发脑溢血倒在灶台前，经抢救无效于晚8点10分在宁河医院去世，终年68岁。史俊生将一生献给了他喜爱的烹饪事业，他的品德留给了后人，成为后人学习的楷模；他的精神留给了后人，成为后人研究进取的动力；他的技艺留给了后人，成为津菜瑰宝。

(部分资料提供者：齐向前、张英凤、史鸿顺、张桂生等)

西餐大厨师王耀祺

许　先

王耀祺
(1913-2006)

在近代中国,能做西餐大菜的大厨师是屈指可数的,而王耀祺就是其中的佼佼者。王耀祺(1913—2006),北京人。他14岁时在北京法国医院学徒做西餐,之后学习英式大菜和点心,然后在北京六国饭店做厨师。20世纪30年代初来到天津,先后在天津万国马场(华商马场,在现白堤路)、英国马场(现工业展览馆)、德国马场(在大营门)做厨师,后来曾到北戴河的同福饭店做厨师,再后来回到天津,在回力球场(现第一工人文化宫)、起士林担任主厨。1949年后,一直在利顺德大饭店担任西餐主厨,直至退休。

王耀祺是著名的西餐大厨师。他精通英式、德式、法式、意式、俄式西餐,并且能用流利的外语和客人对话。他不但能做大菜还擅长做甜点,如布丁、苹果派、香蕉派、饼干等。他的厨艺与厨德享誉中外。

一、天津的西餐文化圈

说起王耀祺来，还得从天津的西餐文化圈谈起。因为中国近代在天津形成的西餐文化圈，是产生与培养西餐大厨师的文化土壤。

近代中国看天津。天津是中国北方最早和最大的开放城市，是近代文明传入中国的跳板和窗口。单就西餐而言，则是最早进入中国北方的基地。关于西餐进入中国最早的文字记载，学界尚有争论，但就"较多的中国人接收了西餐"这一文化现象而论，较为完整的文字记载应是见于晚清的《清稗类钞》，书中对于西餐做了较为详尽的介绍。书中写道："国人食西式之饭，曰西餐。"这是对西餐概念的基本界定。

最早的西餐食客是天津的外国侨民。天津开埠之后，随着帝国主义入侵和各国在津设立租界，外国的侨民不断增加。据统计，至1945年天津的侨民已达10万人。还有一个情况，即是十月革命成功之后，不少亡命的俄国贵族、将军、地主、资本家流落到天津，由于他们没有国籍，所以便集居在以小白楼为中心的地区，形成了一个很大而且集中的"西餐群"。

在天津的中国人中也有个"西餐群"，就是众多在洋行做事的"高职""海归"，下台政客、军阀等高层寓公，赶时髦、吃洋荤者等。中国人将早期的西餐分为几类，分别称为番菜、大餐、大菜等。大菜是针对小吃而言的。番菜即西餐，中国最早的西餐厅叫番菜馆。早年的中国人将一切洋人都看作"生番"，带有歧视色彩，渐渐地外国人来中国的多了，"番"字就被"西"字所代替。所谓番菜就是西餐正餐、大餐。

中国人吃西餐还有个熟悉与适应的过程，这叫异文化的本土化。

黎元洪是民国史上的名人，在武昌起义后被推戴为民国副总统。他在海战中患下胃病，退隐津门后用的饮食疗法就是不吃中餐改用西餐。黎的西餐菜谱是，早点牛奶麦片粥，午餐与晚餐都是一汤、一鱼、一肉、一素菜。另吃一片面包，最后喝一杯咖啡。尽管黎元洪吃西餐吃得坚决，但在中国的传统节日，特别是除夕与中秋，必须要吃中餐，而且还要查看儿孙们拿筷子的姿势是否正确，以示中国人不能忘本。

二、精湛的西餐厨艺

有了消费人群，天津的西餐业便突飞猛进地发展起来。

最初，天津的西餐店大都由外国人在租界里开设的旅馆经营，此外便是一些西点店，这主要是为适应大批侨民到来之需。比如英租界开业较早的有弥纳客店、施摩斯客店、兰士颠点心店；稍晚，则有天津第一家由英商开设的环球饭店(今皇宫饭店)，以及之后德商开设的利顺德饭店等。直到19世纪末到20世纪初，西餐馆的经营者和顾客主要还是外国人，如著名的起士林就是由德国人经营的。

王耀祺是由外国厨师培养亲授，精通法式、英式、意式、德式、俄式等西餐烹调的大厨师。他最初学的是法国菜，而且是在法国医院跟法国厨师学的正宗的法国大菜。

法国系世界三大烹饪王国之一，几个世纪以来，法国饮食在国际上，尤其是欧洲食坛上一直占主导地位。法国菜以美味可口出名，不仅菜肴种类众多，烹调方法也与众不同。大凡欧洲的佳肴，可以说大多是法国厨师烹制的，因为欧洲第一流的大饭店或餐厅所雇用的厨师大多是法国人。

法国人讲究吃，而且舍得花钱。他们爱吃猪肉、牛肉、羊肉(肥嫩的)、鸡、鱼、虾、鸡蛋和各种烧卤、肠子，不爱吃无鳞鱼，也不爱吃辣味菜，一般偏好吃略生、鲜嫩的美味佳肴。布丁、奶酪、水果和咖啡是饭后不可缺少的。进餐时，他们讲究吃什么菜配什么酒。他们最喜欢饮葡萄酒和苹果酒，吃法国菜而无葡萄酒是大煞风景的。而且法国菜大都以地名、物名、人名而命名。

王耀祺在法国师傅的严格培训下，掌握了法国菜的操作要领。

在烹调上，他特别注意火候，掌握菜肴的质量与鲜嫩，特别学会了烹什么原料配什么酒的本领。比如，粉红香槟酒可以配鹅肝、火腿或家禽肉，亦可配中国美食中的红烧肉。而白葡萄香槟酒则可以配羊羔肉，亦可配中餐的清蒸鱼和白灼虾等。香槟酒无论是作为开胃酒饮用还是烹菜，其最佳温度要在8℃—10℃。饮用前要在冰桶里放20分钟或在冰箱里平放3个小时。

在食材上，他学会了用肥嫩猪肉、羊肉、牛肉、鱼、虾、鸡、鸡蛋及各种肠子和新鲜蔬菜、蜗牛、蚯蚓、马兰配菜；学会用丁香、胡椒、香菜、大蒜、番茄汁等作调料，学会以煎、炸、烧、烤、炒等烹法，做出焗蜗牛、大鹅肝（简称雀肉）、黑麻菇、百合、烧牛肉、烧羊腿、牡蛎（生吃）等法式名菜。

经过几年的学习，他做的法国菜已很地道。如海鲜酥皮忌廉汁是用柔滑的芝士加上开胃的酸忌廉做成的鲜焗土豆皮，配合南美特制鱼沙律、鲜嫩的三文鱼，再加上油绿的青椒、法式洋葱汤，酸甜香浓美味、醒胃可口；而烟熏鸭胸肉配意大利老醋和蜜糖汁则鸭胸肉嫩、味道香浓；还有香煎龙利鱼香槟汁，是选用深海龙利鱼，打捞后立即冰冻，烹制时以煎为主，外脆内软，肉厚多汁；还有法国羊鞍扒是选用肉质格外滑嫩的羊排，而且无羊膻，再配上香草汁、薄荷汁，妙不可言。

王耀祺通过学习认识到法国菜讲究细节、崇尚拘谨隆重的特色。他深深地体会出，烹用一顿正式的法国菜，从开胃菜、海鲜、肉类、乳酪到甜点，要花上四五个小时，虽然程序繁复，但它不仅是填饱肚子的进食，更是一种文化，一种美的享受。从厨师的烹饪技艺到享受餐厅幽雅浪漫的氛围，欣赏餐具、器皿与食物巧妙搭配而带来的视觉美感，都体现了法国饮食文化的神韵。而正是这种神韵的培养与熏陶，给王耀祺的西餐之路打下了坚实的基础。

王耀祺在精通法国大菜后，又学习了英式西餐。

英国的美食就像英语一样，是个大杂烩，广泛地吸收了世界各地不同的饮食文化特点。由于英国长期的殖民历史，英国的传统菜式早已融会了世界各地的佳肴风味。

英国人列举自己的菜式，往往要举软炸鱼、炸土豆条、烤牛肉、约克布丁等，但这些很难说是正宗的英国菜式。在英菜中，正餐前要上汤。汤很浓，原料通常是蔬菜，也有用肉的汤。最常见者有蘑菇汤、番茄汤、大蒜汤、土豆汤、鸡汤、苏格兰汤（用蔬菜和大麦熬成），还有浓咖喱汤（用蔬菜和咖喱熬成）。英国菜通常分三道上：头盘（通常是汤）、主食和甜点。英国菜与美国人的饮食特点大致相同（也有不同之处），如英国菜调料中很少用酒，调味料大都放在餐桌上，任人自由挑选。英国菜的烹调方法以烧、煮、焗、烙、烤为主。他们对肉类、海鲜、野味的烹调均有独到的方式，对牛肉又有特别的偏爱。如烧烤牛排，在食用时不仅附上时令的蔬菜、烤洋芋，还会在牛排上加上芥末酱。在辅料的使用上有奶油及酒类；在香料上则喜好豆蔻、肉桂等香料。在北京，王耀祺学习了牛肉腰子派、炸鱼排、皇家奶油鸡等英式名菜的制作技术。

王耀祺的另一门功夫是熟练地掌握了烤炉技术。英国的菜式几乎是离开烤炉就做不出来。英国菜的主食往往是烤肉——烤牛排、烤猪肉、烤羊肉、烤鸡肉，连烘肉馅饼或烘果馅饼也需要烤。其做法是把炖好的肉和蔬菜果品用薄薄的面皮裹起来，再放进烤炉里烘。烤炉里有各式各样的烘盘，肉和蔬菜都放在烘盘里用慢火烤，就会把肉和蔬菜的味道都调出来，成为英国菜的代表味道。王耀祺做英菜的功夫在北京六国饭店得到了充分的施展。

1930年之后，正值西餐在天津兴盛，餐厅缺少高级西餐大厨师之际，王耀祺应邀来到了天津主厨。凭着他在北京六国饭店执掌西餐大厨的口碑和能烹英、法、意、德、俄各式大菜的精湛厨艺，先后被聘请到万国马场、英国马场、德国马场及北戴河的同福饭店做英式、法式、德式大菜。之后便被请到回力球场主厨意餐。

回力球场坐落在天津意租界马可波罗广场。球场除供客人打回力球娱乐外，还设有意式西餐厅供餐。

意大利菜的特点是味浓，喜欢原汁原味，一般都直接利用物料内在的鲜味烹制。在烹调方法上，多用炒、煎、炸、红烩、红焖等方法，烧烤菜较少。

意菜有丰富的面食，仅用通心粉做的各种面条就有40多种，有供做汤的、有供蒸煮的、有供烧烤的、有供填馅的。此外，还有各式方形的馄饨。米饭的种类也不少，有乳酪饭、藏红花饭、蘑菇饭、鸡肉饭、鸡肝饭、虾仁饭、米兰香饭、炸肉丸乳酪饭、豌豆饭和柠檬菜粥等。在意菜中，各种米饭、面条和馄饨都是作为菜肴上桌，而不是作为主食用的。

意菜中奶酪用途很广，著名的巴美仙奶酪，通常被磨成粉掺入米饭、面条和肉类同食。意式的色拉米香肠用碎牛肉做馅心，以大蒜调味，质硬形大，世界闻名。

意菜中喜用海鲜烹菜。意式烙鱼味道鲜美、制法别致，风行于欧洲各国。意菜和法菜一样，以蜗牛、生海蚌、生牡蛎为美食，而且几乎在所有烹饪中都离不开葡萄酒、奶油和橄榄油。

王耀祺大厨师烹饪的意菜（晚餐）菜单如下：

头盘：冷菜，火腿香肠、沙拉或腌蔬菜。热菜，煎、炸菜式，如炸鱿鱼。亦可拼盘。

第一道菜为汤、意粉或烩饭。

第二道菜为主菜，均为以烧烤或油炸的海鲜或肉类，享用时可随意加点盐与橄榄油。

意菜中的素食不多，蔬菜主要担任主菜伴碟的配角。如有需要者也可以向厨师提出要求。

然后是甜点。在吃甜点前通常可以多点一份芝士。吃过甜点后可以点咖啡、红茶或餐后酒。

三、主灶起士林

在中国人眼中的西餐其实是一种泛指，西餐中法餐、英餐、意餐、德餐、俄餐等虽均为西式美食，但却各具特色。

在天津开埠初期，外国商人纷纷涌入。在外商中，最占优势地位的要数日、英、德三国的商人。

英国商人实力很强，如环球饭店、英国马场等均为英资。但到后来则缺乏热诚勤奋的勇气，实际事物大多依靠买办进行措办，只是贪图社交上的享乐，热衷于打网球、乘马、游猎、赛马等游戏，夜间则聚集在俱乐部，沉溺于打台球和饮酒打牌，行坐奢侈，近乎偷安。

而德国商人则不然。他们热情而富有气魄，在各行业进行着惨淡的经营。或者依靠团体之力，或者依靠个人之手，远从本国将具有专门特长的技术专家派到中国调查本地所需，从而制造出的货物销路很好。德国商人对业务忠实勤奋，并且乐于结交中国人做朋友，再加之背后德国银行的支持，因而德企在天津发展得很快。德资起士林餐厅就是个成功的例子。

　　了解天津西餐文化的人都很熟悉起士林餐厅的大名。它的招牌名菜、精美西点、幽雅布局，给用餐者留下深刻的印象。起士林不仅是天津开设最早的西餐厅，更是引领了西餐文化在天津传播的进程。

　　起士林供应的是典型的德国大菜：

　　冷盘：奶油、干酪、鲜鱼或罐头鱼、灌肠制品、火腿、鱼(肉)冻配洋姜、鱼(肉)拼盘、煮或烤的家禽、蒜烤猪里脊、红烧肉、煮舌头、沙拉、稀奶油、酸奶、鸡蛋沙拉、半烹鸡蛋。

　　第一道菜：肉、鱼、蔬菜、米或豆类浓汤，家禽或野味汤，各种肉、米、通心粉和蔬菜等做的清汤，有摊鸡蛋和馅饼的鸡蛋清汤，家常面条鸡汤，肉或鱼做的稠辣汤，酸黄瓜汤。

　　第二道菜：煮或烤的鱼配土豆和蔬菜、焖或烤的牛肉、烤家禽或野禽、肉饼炸猪排、煎薄猪排、鸡肉饼、肉饼或炸肉饼、小香肠或短粗香肠配熬白菜、荷包蛋、摊鸡蛋以及焦烤菜肴。

　　甜食：新鲜水果、罐头水果、煮草莓或果冻、乳脂果汁冻、加水果汁和甜汁的露酒、布丁、苹果泥、冰淇淋、各色各样的点心。

　　此外，在进餐时，每人备有奶油。午餐一定要以黑咖啡或者是牛奶咖啡结束。午餐和晚餐都备有啤酒。水果、凉菜必须是冷的。

　　起士林的出现为住在天津的外国人增添了一个好去处。地道的手艺加上顾客至上的经营理念，使得起士林在天津有了很高的知名度。起士林又推出自己的拿手菜黄油焖乳鸽、德式牛扒、罐焖牛肉、红菜汤等，很受欢迎。

　　起士林除了供应德法大菜，其制作的精美糖果和面包也很有名。当时的天津外侨众多，对于西式面包、糖果的需求非常强烈，而单靠从国外进口远不能满足市场需求。况且面包等西点应当是现吃现做的，等漂洋过海而来的面包点心到来时，味道早已变得如同嚼蜡一般。因而阿尔伯特·起士林看准了商机,坚持精工细做,以品牌信誉,赢得了顾客的感情,打响了面包、糖果的品牌。起士林还走了红运。通过汉纳根与中国买办高星桥的帮助,拿到了一个很肥的大单,为驻守在京奉铁路沿线的外国驻军供应面包。这使得起士林业务剧增,在租界中声名鹊起。

之后,起士林因故得罪了法租界官员,被勒令3天内迁出法租界。无奈之下,阿尔伯特·起士林只好将店迁至德租界中街的光陆电影院(今北京电影院)对面,重新开业,更名为起士林餐厅。

起士林新址开张后生意更加火爆,除了各国侨民和官员经常光顾外,天津的达官显贵对起士林也格外偏爱。袁世凯曾经包下起士林餐厅过46岁的生日。黎元洪过生日在起士林餐厅定做了一个1米高、直径1.1米的大蛋糕。此后,天津的有钱人每逢过生日都想到要去起士林餐厅定制蛋糕,撮一顿西餐,那被看作很有面子的事。

20世纪初,是天津起士林餐厅发展的兴盛时期。当时公司有5位德国人,中国雇员多达60人。他们的待遇比较高,所以很敬业。店里的高级厨师可以做正宗的大餐和西点。公司拥有的餐具同时可供2000位客人使用,牛肉、奶酪、做面包和蛋糕的原料,都是从新西兰、中国香港运来。店内不仅经常客满,公司还派出厨师、侍者上门给侨民、大公馆去做派对。曾经有段老电影资料记载:“起士林西餐店的门脸、店堂进进出出的中外绅士淑女们……拥有400个座位的屋顶花园、三人小乐队、大派对的豪华场面……镜头转向了面包房,戴白色高帽的厨师们在忙碌,烤炉跟前有七八个中国赤膊大汉,轮流用丈把长的工具把面包运进运出……”反映了当时起士林的盛况。

1933年后,起士林餐厅几经易主,店主先后在天津的长春道(天祥后门),以及北京、上海、哈尔滨等地开了分店。店主的后人描述道:"在那个时候,凡是到过中国的外国人,几乎没有不知道起士林的。居住在天津、北京、上海的欧洲人家庭,写信给国内的亲人朋友,也常常提到去起士林用餐、聚会的事情。"

德国在二战中战败。1947年8月23日,起士林餐厅作为战败国资产被接管。店主罗伯特·托比希一家被限时离开。起士林餐厅被接管者改名(习惯称起士林)。起士林大楼的现址,1949年前叫维格多利餐厅,由俄籍犹太人开办,由中国人经营,专营俄式、法式西餐。维格多利前身——义和顺西餐厅因与老起士林店相距不远,互相竞争激烈。1949年后,起士林整合了几家西餐厅迁到现址的大楼内,恢复了起士林的店名。

1947年,王耀祺来到起士林作高级厨师,把精力主要放在经营受欢迎的俄式大菜上。

当时,起士林餐厅坐落的小白楼一带聚集了大批的俄国侨民。虽然当地有白俄经营的狄更生道(今徐州道)上的太平食堂和天津食堂,董事道(今曲阜道)、大光明渡口的华富林食堂,但只是供应一菜一汤,面包、咖啡免费。在大沽路与狄生路拐角的大成西餐厅也经营俄式大菜,但都规模不大,满足不了侨民对俄式大菜消费的需求,于是起士林的俄式大菜成了津门名牌。

俄罗斯人的烹调技术也是比较高明的。俄式大菜在世界上久负盛名,不仅色美味鲜,品种繁多,而且烹调方法也与众不同,多用煎、煮、焗、炸、串烧和红烩。调味品特别重用酸奶油,甚至连沙司和某些点心中也要加上一点。酸奶油不仅味酸、多脂肪,而且富有营养,能增加食欲,还可以帮助上色。所以俄菜中许多肉类一般要抹上一些酸奶油后再行烤制。白脱黄油使用的也比较多,许多菜肴烹制完成后,都要浇上一些白脱。

俄菜以面包为主食,以肉类、鱼类、禽蛋和蔬菜为副食,肉类以牛、羊肉为主,猪肉次之。

俄菜要配黑麦面包、白脱黄油、酸牛奶、酸奶渣、西红柿、酸白菜、酸黄瓜、咸鱼等,还要上生吃腌鱼片和腌肥肉片,特别要有鱼子酱(不吃墨鱼、海蜇、海参和木耳)。

俄菜的午餐和晚餐都比较讲究。各种菜肴都要烧得比较透(不吃带血水的肉类和毛蚶),鸡蛋要吃嫩的。无论是午餐和晚餐,都要上各种浓汤,如红菜牛肉汤(俗称罗宋汤)、猪肉汤、鸡汁汤等。冷盘小吃也很讲究,每餐中间吃冷盘的时间比较长,久不撤盘。

俄餐要配伏特加和啤酒。红茶要加糖和柠檬,不上绿茶、葡萄酒和柠檬汽水,但要上酸牛奶。

王耀祺根据多年做西餐的经验,很快地掌握了做俄菜的秘诀——“五大领袖”“四大金刚”“三剑客”的制作。

“五大领袖”是指俄菜中面包、牛奶、土豆、奶酪和香肠,“四大金刚”是指圆白菜、葱头、胡萝卜和甜菜,“三剑客”是指黑面包、伏特加、鱼子酱。王耀祺认为,熟练地掌握了以上要领,就能烹出一手地道的俄式大菜。

俄式菜中的外形花哨的甜面包是用作茶点食用的,只有微咸的罗宋(俄罗斯)面包才算是主食。对此,上海人称其为“罗宋”,哈尔滨人称其为“列巴”。王耀祺掌握了用硬小麦和强小麦做面包的技法,做出的面包非常筋道,干了也不掉渣。做“列巴”已成为天津起士林的特色产品,至今,人们去浙江路的起士林,仍然可以买到正宗的“大列巴”。

配面包吃的要有鱼子酱。俄菜的鱼子酱有灰(明太鱼)、红(鲑鱼)和黑(鲟鱼)三种,灰的口味重,红的太腥,黑的最妙为上品。对俄菜来讲,吃面包时抹上王耀祺做的黑鱼子酱和黄油那是难得的享受。

王耀祺摆俄式大菜,可以摆出酸黄瓜、腌渍菜、沙拉、香肠、奶酪、鱼冻等几十个品种的凉菜。然后上汤,如红菜牛肉汤、白菜汤等。晚餐通常不上汤,凉菜后就上正菜,一般是烧烤的鸡鸭鱼肉。

正菜吃过,撤去刀叉菜盘,端上大蛋糕或甜馅饼以及果酱、巧克力、水果和冰淇淋。此时顾客可以随意要面包。接下来就是一壶浓茶。不过,俄餐也从善如流,到了后来,不论是中国饺子、德国香肠、英国牛排,还是鞑靼羊肉串、乌克兰红菜汤、法国奥利维耶色拉,也统统地收入了俄国大菜的菜单。

起士林餐厅的红菜汤在20世纪的三四十年代是闻名遐迩的。红菜汤是俄式大菜中很有名气的汤菜,系出自沙皇的宫廷。此菜色泽粉红悦目,奶白飘香,油脂大,味香浓,既美味,又增加人体热量。味感入口酸甜,略带咸味,令人百吃不厌。红菜汤之所以流传至起士林,是因为曾有位俄国厨师入盟起士林。后来经过王耀祺等厨师不断地实践、探索,红菜汤成为起士林的招牌名菜。

四、辉煌利顺德

王耀祺身怀绝技,在1949年后到了大名鼎鼎的利顺德大饭店担任西餐主厨。

在天津,要吃西餐,首选是起士林和利顺德。但是两者又不一样。起士林的消费对象主要是天津的外籍侨民和"西餐圈"的社会人士,而利顺德则主要是接待国内外政要和社会名流。

利顺德的餐饮服务设施功能非常齐全。它拥有装饰豪华、风格各异的宴会厅、功能厅、会议厅及中西餐厅,总餐位近一千个。略去中餐厅不谈,单就可以开西餐宴会的场所而言,就有若干个豪华场所。

泰晤士宴会厅,为19世纪英式宫廷风格,古典高雅,可以容纳

40—60人用餐，并设有风格迥异的6个雅间和贵宾休息区；马可波罗西餐厅，为英式古典建筑风格。有百年历史的拱形玻璃穹顶、老式吧台、储酒木桶，别具一格，客人可以尽情品尝欧陆美酒佳肴；白金汉宫宴会厅，被誉为"津门第一厅"。系英式豪华装修，古典高雅，富丽堂皇，橱窗内陈设着饭店的百年文物，历史文化气息浓郁，可容纳60—100人用餐；温莎厅，厅内开阔通透，装修豪华，是举办宴会的佳所；维多利亚多功能厅，色调明亮清晰，设施齐全，可容纳150—200人的酒会。

鉴于利顺德的文化气场，曾经得到了清代皇族的赏识。慈禧太后在1896年赏赐给利顺德饭店股东德璀琳的一品顶戴花翎，如今仍珍藏在饭店的白金汉宫宴会厅内。末代皇帝也慕名而至。在1925年至1931年溥仪在天津寓居期间，每隔几天就要到利顺德"传旨"进"御膳"或者享受西餐冷饮。饭后和皇后婉容、淑妃文绣一起跳舞，然后是喝茶听音乐。现在大厅中陈列的由美国哥伦比亚唱片公司20世纪初生产的留声机，就是当时专供溥仪听音乐用的。

王耀祺来到利顺德当西餐主厨，首先了解了饭店经营西餐的脉络，以便传承其优势，再结合客人的消费需求及自身的技艺特长，使得利顺德的西餐大菜精益求精。

五、独树一帜

利顺德是最早由英国人建造和经营的饭店，开始的时候，根据接待对象的需求，没有中餐只有西餐。由于利顺德接待的大都是各国首脑政要、名流巨贾，所以利顺德的西餐大菜要适合西方人的生活习惯和较高的档次。初期饭店聘用的厨师都是英国人。厨房器皿餐桌、餐具都是专门从英国定制的名牌。西餐大菜所用的原料、制作、口感、造型、颜色都要求严格，所以利顺德的西餐正宗不但在中国有名,而且蜚声欧洲。

做出正宗的西餐,难不倒有多年做西菜经验的王耀祺。他不但能做英式、德式、法式、意式、俄式5国西餐,而且能用流利的外语和客人对话交流,听取意见,不断改进菜品的质量,所以很受客人欢迎。

王耀祺设计的利顺德菜单:

早餐有煎鸡蛋、煮鸡蛋、牛奶、咖啡、桃酱、面包、各式各样的饼干、布丁、甜点、苹果派、香蕉派、煎火腿等。

正餐"头盘"(头盆)或称开胃菜,即主菜前的前菜。冷碟为西式泡菜、黄瓜沙拉、蔬菜沙拉、三明治、哈密瓜火腿、龙虾、鲑鱼、鱼子酱等;热碟有白汁芦笋、鹅肝、蜗牛等;还有苹果派、香蕉派、桃酱、面包、各式各样的饼干、布丁、甜点等。

接下来是羹汤,分清汤、浓汤两种,都是用肉熬的上汤。清汤是滤去渣,浓汤则调成稀糊状。王耀祺的汤还有红菜汤、奶油蘑菇汤、俄式饺子汤(用鸡蛋和面)、面条汤、奶油燕麦粥等。

王耀祺的典型拿手大菜是马奈斯鱼、黄油鸡卷、虾卷、烤火鸡、烤乳猪、铁扒鸡、面条鸡、烤冰激凌、栗子粉花篮等。

最后上甜点及水果,配以咖啡和奶茶,必备面包和黄油。

别看这看似简单的菜式,它却凝结着王耀祺的心血。王耀祺是将利顺德的西餐当作一种文化去传承的。

中餐与西餐是两种不同的文化。中餐是以养生为目的,以美食为载体,其精髓是精、美、情、礼。中餐的原料可以是一种或多种,调料可以是一样或多样,步骤可以是一步或多步,最终是要五味致和,达到一种和谐。这一切讲究的是度,即整体的配合。中餐烹饪背后体现着一种阴阳五行、相生相克的哲学支持。根据这种辩证法思维的指导,烹饪菜肴的过程,一切以菜的色、香、味、形、器的协调为度,在度之内的千变万化就决定了中国菜的富于统一和变化。以调味为例,人们可以从化学味觉角度尝出咸、酸、苦、甜、鲜来;从物理感知的角度感觉出脆、嫩、细、酥、软来;还可以从化学、物理和心理的角度品出丰、腴、爽、适、舒来。中国的八大菜系尽管基本规律相同,但一个菜系一个味道,甚至一个厨师一个味道,多炒一铲则老,少抖一次则嫩,追求的是火候,妙就妙在这个"模糊"上。

而西餐则不同,西方烹调更倾向于科学性、营养性,这种倾向使其日趋机械化与规范化。作为烹饪技艺,西餐自成体系,特点鲜明,讲究营养;作为一种文化传播,西餐注重礼仪,能使消费者领略异国情趣,增进文化交流与了解,促进友谊;作为一种饮食服务,西餐强调文化品位、服务质量、环境氛围。此外,西餐还在快餐标准化等方面具有许多新观念、新做法,值得中餐借鉴。

经过深入研究,王耀祺首先在西餐常用原料上下功夫,严格而仔细地选料,毫不含糊。

从常用原料上讲,尽管西餐和中餐大体相同,但是重点不同。比如畜肉,中餐多用猪肉,而西餐则大量使用牛羊肉。对牛的全身,除皮骨外,王耀祺则按照不同的部位,如头、舌、牛腩、里脊、牛柳等运用不同的烹法,烹出各种菜肴,更精选里脊做牛排和牛肉扒。王耀祺选用牛肉也非常严格,要用进口肉和牛仔肉。所用牛肉在宰杀后,经冰冻半月左右再做处理,这样的牛肉烹出菜来无血腥味而且清香鲜嫩。王耀祺运用烧烤、铁扒、煎炸、焗烩多种技法,根据不同客人要求来烹制牛肉:有的要七八成熟,有的要三四成熟或生吃,有的则要烤得十分酥烂,因人而异,视席而变。

在禽肉中, 西餐视火鸡为名贵原料, 特别是圣诞节和新年除夕,火鸡是必备的原料。鸡在中餐里使用广泛,而在西餐中,鸭和鹅的身价要比鸡还珍贵,因其体大肥硕,味道浓郁,所以经常使用于高级筵席。而王耀祺却精做禽菜，无论鸡、鸭、鹅菜，他都非常拿手。

王耀祺还善于用海产原料烹菜，如比目鱼(偏口鱼)、鲑鱼(大马哈鱼)、鲳鱼(平鱼)、鲈鱼、黄鱼、加吉鱼、鲟鱼、石斑鱼和大虾(对虾)、龙虾等。王耀祺多用海鱼是因为其鱼骨大而刺少，方便食用(河鱼虽然鲜美，因小刺过多，不便于上大席)。但对于刺少、细嫩、鲜美的河鱼，也常用于烹菜，如用鳜鱼做炸鳜鱼、奶汁鳜鱼等。

王耀祺用来烹菜的蔬菜品种很多，主要有土豆、黄瓜、番茄、胡萝卜、葱头、红菜头、菜花、圆白菜、生菜、芹菜、菠菜、豌豆等。这些蔬菜虽然可以在国内市场上购买，用不着进口，但王耀祺都对采购的人要求很严，精益求精，如不符合要求便执意更换。

西餐烹制中还需要不少不可或缺的辅料，如奶皮、西餐面酱(做汤汁的调味品)、鱼鳔(精制胶，用于凉菜)、沙拉酱(蛋黄酱，用于拌菜)、清豆油(用于炸、煎原料)、少克汤(经过烤制的牛、羊骨和牛、羊、鸡肉煮的汤，用于各种汤菜)、麦片(燕麦蒸制，用于做粥)、小麦芯子(小麦碎块)、通心粉(用于汤菜，做主料或配料)、粗细面包渣(用于煎、炸热菜)、纸上饼干(将蛋糕糊滴在硫酸纸上，烤制的小圆饼干，用于甜菜做配料)、香叶(桂树叶，用于烤菜或汤菜做调料)、槟榔(做调料)、柠檬(汤菜配料)、黄鱼骨(鲟鳇鱼煮熟去肉剩下的软骨，用于热菜、汤菜的配料)、青果(橄榄果，可蜜饯、盐藏，用于汤菜做配料)、香菜根(荷兰芹菜，用于汤、菜配料，亦可做装饰)、西餐姜(又名辣根、洋姜，用做调料)、红豆(用于甜菜配料)、黑枣(又名黑李子、洋李脯，用于汤菜配料)、嘎必里茨(一种马槟榔属植物的花蕾或嫩浆果的腌渍罐头制品，用于做酱和汁的调味品，也做汤菜的配料)。

王耀祺还擅长调制各种少司。少司是外语的译音。它是西餐菜肴中常用的一种汤汁，不同的菜肴要配不同的少司。少司的种类很多，根据稀、稠和口味的不同可分为两大类，即冷少司和热少司。热菜用的少司还可分为浓、薄、稀、清四种。

王耀祺制作浓少司时，一般是用油炒面，炒到发出香味后，冲入适量沸汤或沸牛奶，用棍条旋搅成糊状，然后再加入各种调味品调配而成。成品色泽白色，为制作多种少司的基本少司。若在炒面粉时加入番茄酱一起炒制，便可制出红少司。基本少司与红少司一般用于菜肴的浇或煨。浇是把少司浇在成品上食用；煨是用少司煨半成品，然后把半成品放入烤箱里进行烤制。王耀祺用此法制做奶油烤鱼、烤拌菜等菜肴。

薄少司，顾名思义是要比浓少司薄些。王耀祺用此来烩菜等，如做红烩鸡、烩牛肉等。王耀祺制薄少司是将炒好的面粉加入主料的原汁而成。烹菜时，将少司再倒回烩锅里，使菜肴的主料挂匀少司，至浓度合适为止。此时少司的作用是使菜肴滋味醇厚，汁浓味厚。王耀祺也用薄少司来煎制食品，如煎猪肉饼等。稀少司被王师傅用来烤制熟的食品，方法是以主料的原汁加烤骨汤，再用油炒面粉调成适当浓度制成，多用于烤鸡、烤猪肉等。清少司是用原汁加清汤或烤骨头汤以及各种酒调配而成，王耀祺用于制作法式烤牛外脊、烤火腿等菜肴。

王耀祺对西餐的辅料非常重视，有些辅料、调料，他要亲手调配与制作。比如，他能调制出口味各异的几十种沙拉。而且餐桌上的咖啡，他从来不用买来的咖啡粉，而是用咖啡豆亲手磨制，以保证质量。

菜肴的标准化是西餐的特色之一。标准化使得菜品的制作趋于简明，质量则更有保证。王耀祺在烹制菜肴中非常重视西餐标准化的概念。比如他在制作苹果派时，坚持使用量杯、量匙等度量工具。他做了几十年的西餐，难道还拿不准一道小小的苹果派吗？不是,他这样做是保证菜品的质量,也是保证王耀祺的西餐大菜绝对正宗,毫不走样。

六、誉满津门的招牌大菜

王耀祺创造了利顺德大饭店的金字招牌大菜,享誉中外。

马奈斯鱼。

主料:鳜鱼或青鱼。

制法:英式大菜。煮鱼,难度在掌握煮鱼的火候。然后将芹菜、胡萝卜、洋葱头煮熟后摆盘。最后,浇以自己调制的马奈斯(蛋黄酱加奶油)。

特色:酸甜口味,好吃好看。

黄油鸡卷。

主料:鸡胸肉、黄油。

制法:将鸡胸肉片开,用胡椒面、盐腌制,包上冷冻的黄油,沾鸡蛋液、面包渣,然后过油炸。再用炸过的面包片为托架,配上胡萝卜、芹菜、炸土豆条成菜。

特色:酥香咸香。

黄油虾卷。

主料:大虾(对虾)、黄油。

制法:将虾从中间剖开,去掉虾线,用厨具拍子把虾拍平(不能拍破)。然后用胡椒面、盐进行腌制,用虾把冷冻的黄油包在里面。沾鸡蛋液、面包渣,过油炸(注意黄油经热会化了,但不能流出虾外)。造型是让虾的尾巴露出来,成形像一只玉米棒子。

特色:外形美观,味道咸香酥脆。此菜烹制难度很大,非常受外宾欢迎。特别是英国和法国外宾到利顺德用餐,常常点名要吃王耀祺做的这道菜。

烤火鸡。

主料:火鸡。

制法:用进口的火鸡制作。欧洲产的火鸡,个头大,肉质细嫩,但纤维较粗,须烹制得法才好吃。先将火鸡宰杀去毛,开膛洗净,之后用威士忌酒腌制。然后烤制成菜。

特色:外脆里嫩,酥香咸香。

王耀祺师傅不但能做西餐大菜,还擅长做西餐甜点。他所做的甜点种类很多,如:

卷筒蛋糕。

原料:鸡蛋、白糖、盐、蛋糕油、牛奶、低筋粉、色拉油。馅心用鲜奶油或果酱。

制法:先将原料制成蛋糕糊。然后放入烤盘,上火230°C,下火200°C,烤制8分钟。取出后抹果酱卷制定型。用时切片。

特色:香甜柔软,富有弹性。

面包圈。

原料:低筋粉、黄油、白糖、盐、土豆泥、奶粉、鸡蛋、泡打粉、糖粉等。

制法:将熟土豆泥过筛。黄油、白糖搓化,分次加入鸡蛋搅匀,放入奶粉、盐、泡打粉、低筋粉、土豆泥,加温水和成面团,然后成型为圆圈。醒发。用180°C油温炸成金黄色。捞出后面包圈表面沾糖粉。

特色:香甜暄软。

曲奇。

原料:低筋面粉、鸡蛋、白糖、黄油。

制法:将黄油和白糖搅打至蓬松,加入鸡蛋搅匀,再将面粉筛入黄油蛋糊内调匀。将面糊放入带花嘴的裱花袋中,烤盘内铺上油纸,将面糊挤成花形饼。然后放入烤箱内上火170℃,下火180℃烤制15—20分钟。

特色:松脆香甜。

苹果派。

原料:水油皮:中筋面粉、黄油;油酥面:低筋面粉、黄油;馅心:苹果、葡萄干、白糖、白兰地酒、鸡蛋。

制法:先将中筋面粉加入黄油与水和成面团备用。用低筋面粉加入黄油搓成油酥面备用。将苹果洗净,去皮,去籽,切片,锅内点油,放入苹果片、白糖,炒至黏稠(熬果酱时,要用不锈钢锅或铜锅,防止氧化,用小火熬)。然后放入洗净的葡萄干,倒入少许白兰地酒拌匀出锅。

将和好的水油面皮擀开,放入油酥面,包起后,擀成长方形,折叠再擀成长方形,再左右向中间叠折,擀开再对折,擀成长方形,去掉四边。将以上半成品切成5厘米的长条状。条上抹上蛋液,放入苹果馅,表面再盖上一层水油皮,将两边压实,表面再刷上蛋液。入烤箱,下火180℃,上火200℃,烤制15—20分种。

玉米布丁。

原料:低筋面粉、细玉米粉、黄油、白糖、鸡蛋、果脯、泡打粉、白兰地酒。

制法:将黄油加入白糖搅打至蓬松,分次加入鸡蛋再搅拌均匀。放入切碎的果脯,倒入白兰地酒、泡打粉、低筋面粉、细玉米粉搅拌成蛋糕糊。倒入布丁纸杯中(八成满即可),放入烤箱内,上火170℃,下火180℃,烘烤20分钟。

特色:口感松软,甜香味浓。

葡萄干酥饼。

原料:低筋面粉、黄油、鸡蛋、奶粉、白糖、小苏打、葡萄干。

制法:将黄油、白糖搓化,加入鸡蛋搓匀,再加入筛过的面粉、小苏打、奶粉和葡萄干,用叠压的方法将以上原料和成面团。将面团搓条,下剂,团成圆饼状放入烤盘内,表面刷上蛋液。将烤盘置入烤箱,上火200℃,下火180℃,烤制15—20分钟。(黄油和白糖搓匀,鸡蛋分次放。)

特色:香甜酥脆。

七、用西餐传递友谊

王耀祺在天津的西餐界是很有威望的。他在中华人民共和国成立初期就被政府聘为西餐的考评员,是天津西餐界的权威人士。在利顺德大饭店,凡是有重要的接待任务,也总是由王耀祺出头担当重任。

1958年,毛泽东视察天津新立村,利顺德大饭店承担了供餐任务。王耀祺挑灯夜战,仅三明治就做了一夜,保证了给首长和随行人员、各国的农业专家、各国记者每人都能吃上一份。不仅如此,凡是天津的重要涉外活动,都要聘请王耀祺前去主灶。几十年来,他接待过欧美各国代表团、商务考察团,去过外国人下榻的宾馆,去过饭店、招待所、机场、部队去做西餐,次数数不胜数。但是无论是大型酒会还是小型商务会谈,王耀祺都能计划得特别好。中餐做菜讲究汁芡,西餐则讲究应用香料调出的不同少司。红色的、白色的、咖喱的、番茄的,不同的菜配不同的少司,好吃又好看。王耀祺每次接受任务都能根据不同国家、不同民族、不同客人的饮食习惯,从宴会设计,确定菜单到准备食材,考虑得周到,准备得细致,制做出的菜肴和甜点精美。所以总是得到客人的好评。

王耀祺的烹技不但在天津的知名度很高,而且在中国西餐界享有盛誉。

鉴于王耀祺在中国餐饮界的威望，在20世纪的五六十年代，他曾多次被国家有关部门请到北京，参加国宴或接待各国贵宾及民间艺术团体的接待任务，制作精美的西餐传递中国人民的友谊。1959年国家举办国庆十年大庆，王耀祺应邀负责大型酒会西餐点心的制作。王耀祺精心为国宴制作了面包、甜点、苹果派、香蕉派、曲奇、布丁等，各种不同而精美的西餐点心，技惊全座，受到了热烈的欢迎，当然也得到了总理的表扬。

有一次在招待柬埔寨贵宾的宴会上，王耀祺为西哈努克亲王做了马斯板糖。此糖乃是西餐中最高级也是最难做的糖果，只出现在高级宴会上。其制作过程非常复杂：先要将杏仁加糖粉用碾子压碎成泥（两者比例适当，多了少了都不行），然后在适当的温度下捏制成苹果、香蕉、梨、草莓、胡萝卜等不同水果与蔬菜的形象。成品犹如工艺品，色彩艳丽，栩栩如生，不但好看好吃而且可以在常温下保存15天。在场的亲王夫人看后，爱不释手，十分赞赏，竟请求带回去收藏。

八、大师厨艺　后继有人

作为天津西餐界权威的王耀祺在业界是位厨艺厨德兼备的大厨师。他为天津的西餐界不但留下了马奈斯鱼、黄油鸡卷等一批名菜和精美甜点的制法等一批非物质文化遗产，而且还为业界培养了一批国家级的西餐烹饪大师，为天津的餐饮西餐业的后继有人做出了巨大的贡献。其中佼佼者，要数主厨利顺德的耿福林。

耿福林从师于名厨荣益海，也从师王耀祺学习西餐和甜点，使其成为能兼通中西大菜和甜点的烹饪大师，也是天津市唯一获得金绶带奖的国际烹饪大师。

根据耿福林的回忆，王耀祺对工作兢兢业业，技术精湛，对徒弟也是认真负责,倾心把厨艺传给后人,他自己就跟王耀祺学了不少的东西。

耿福林说:"王师傅有道名菜叫烤冰激凌。此菜的制作难度很大。利顺德用的冰激凌不能从市场上去买现成的,而是要自己动手制作。制作时,是用冰兑好配料放到木桶中摇动,桶被摇转发生摩擦就会摇成了冰激凌。每次制作,都是王师傅亲自兑料,然后让我这个徒弟去摇桶。当年我年轻力壮,不惜力气,但也摇出了满身大汗,王师傅看我累了,就帮助我去摇。

"王师傅做个蛋糕,把中间挖去,将冰激凌放到蛋糕模具里。用蛋清打出泡沫,加生粉兑好比例搅在蛋糕里,把冰激凌包上,像馒头一样,然后放在360°C的烤炉中去烤,进炉3分钟取出来。蛋清泡沫上撒有冰花糖,颜色发黄,冰花糖则化成了晶莹的水珠,非常漂亮。服务员用托盘上桌,客人用刀将蛋糕一切两半,里面的冰激凌竟然不化。客人吃着冰激凌,感到十分新鲜而惊讶。"

耿福林还学到了王耀祺的两个绝活:一是面条鸡。王耀祺的这道菜是用当年的公鸡。将俄罗斯洋葱头焯完切碎后放到鸡肚子里。外面用油酥面片切成条把鸡裹上,放到烤箱中烤,烤至面条金黄色酥脆,再浇上少司成菜。二是栗子粉花篮。王耀祺的这道菜用于大型酒会,上桌非常美观大气,但制作难度大。制作时,首先要熬糖,做成花篮模型,然后以栗子蒸熟后用糖搓成造型。再将橘子、苹果、山楂等水果做成糖蘸子放在花篮里。甩糖丝将整个花篮包起(此处的甩糖丝是关键技术。要掌握熬糖的火候,使糖丝像棉花一样软,像头发一样细)。上桌整个花篮金丝闪亮,非常壮观。

王耀祺对徒弟既热心又要求严格,他的弟子如今大都成了饭店的骨干,担起了传承西餐文化的重任。

西餐餐饮是一种文化,西餐厨师是创造西餐美食的灵魂。我们在回顾天津西餐业的发展史时，且莫忘了西餐大厨师王耀祺的卓越贡献。

（部分资料提供者：耿福林等）

后 记

王新民

  《近代天津名厨师》一书的出版，是全市餐饮界翘首以盼的一桩喜事，是对本书记述的既是平凡餐饮人又为大国工匠的近代天津名厨师的最高礼赞和最好告慰。作为研究成果，也将为天津这座历史文化名城奉献一抹绚丽的食文化靓色。

  "一点浩然气，千里快哉风。"回顾两年多的撰稿组织工作，感慨良多：

  立项决策契合习近平总书记"以人民为中心"的新时代精神。习近平总书记指出，"我国哲学社会科学要有所作为，就必须坚持'以人民为中心'的研究导向"。2014年4月29日，市政协文史委主任祝宝钟、专职副主任王之音召集市食文化研究会、市烹饪协会、市餐饮行业协会、市饭店协会负责人、相关学者专家举办专题研讨会，讨论由市食文化研究会提出的为近代天津名厨师立传事宜。为小人物、大工匠立传的动议让参会者群情振奋，反响热烈。市政协文史委领导当场拍板立项并决定将该书列入《近代天津名人丛书》。会上,研究确定了立传名厨师人选,责成市食文化研究会牵头落实撰稿工作。其后,市政协文史委文史处时任处长杨志武又于当年8月14日举办了立传启动和撰稿人培训活动,拉开了《近代天津名厨师》的撰稿序幕。

以钉钉子精神推进落实。自古有言,不经其事,不知其难。在两年多的撰稿组织工作中,市食文化研究会以"咬定青山不放松"的精神推进工作落实。为搜集名厨档案史料,进档案馆、图书馆,下功夫到市、区饮服公司、有关集团公司并与天津广播电视台《话说天津卫》节目合作,面向社会征集有关近代天津名厨资料,以锲而不舍的精神找寻原始资料,搜集到大量档案史料;为丰富撰稿素材,先后召集了28场座谈采访活动,并多次在本市和外埠组织走访名厨师后人、徒弟同事、亲朋好友,获取了许多生动、鲜活的素材;为保障撰稿工作质量、进度,先后邀请地方史专家方兆麟,一级作家宋安娜、吕舒怀和研究会顾问王治强加入撰稿人队伍,保证了撰稿质量,推进了撰稿工作进度。

社会各界鼎力支持。为名厨师立传的消息不胫而走,业界欢欣鼓舞,有业界同人说,综观全国,为名厨师立传的事前所未有,天津开创了为名厨师立传的先河,这是行业的大喜事,一定全力支持。

撰稿中,许多本市著名学者专家、业界知名人士、社会美食家做出了贡献。著名学者罗澍伟、许先先生年届耄耋,分别承担了总编审和4篇传记的撰稿工作;市政协文史委文史处时任处长杨志武和有关处室人员承担编审工作并多次给予具体指导、帮助;时任会长王建涛、时任常务副会长兼秘书长王新民做了大量组织部署和协调工作;编审谢宁参与采访,认真审校;办公室主任李津做了许多繁杂细致的具体工作;市餐饮界、社会各界人士齐向前、耿福林、白庆华、王文汉、刘新田、柴金梁、韩福年、赵嘉祥、张英凤、吴玉书、冀文蕊、于铁、王小福、马裕民、孔令涛、王颖、贾洪涛等在档案史料搜集、视频音像录制、场地支持等方面提供了各种帮助;140多名参与采访座谈的学者专家、作家记者,名厨师后裔、亲朋好友、徒弟同人、社会美食家以及有关人士刘云、刘哲、刘洋、王胜利等均为本书出版做出了贡献。在此,对上述人士以及未提及的为成书做出奉献的人士,一并表示衷心感谢!

2017年11月29日